U0452883

DARK HISTORY OF THE TUDORS

都铎王朝

[英] 朱迪斯·约翰　著

马启月　译

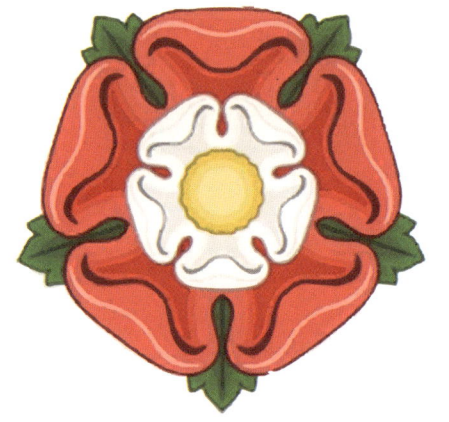

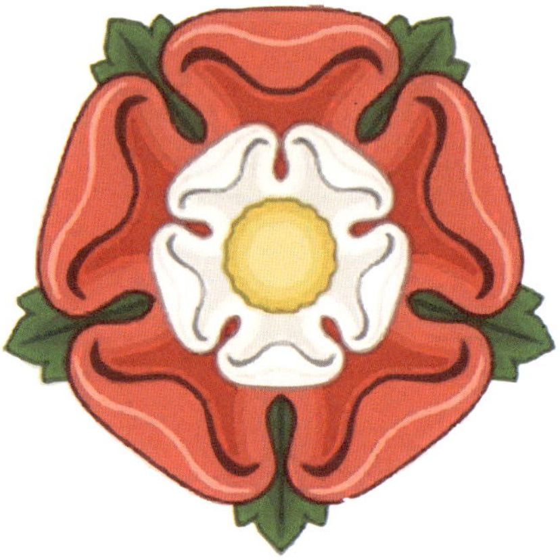

SPM 南方传媒 | 广东人民出版社

·广州·

目录

引　言		001
第一章	亨利七世：王朝的起源	009
第二章	亨利八世：传奇的诞生	045
第三章	亨利八世：婚姻、密谋与处决	087

第四章　爱德华六世：改革、叛乱与革命　121

第五章　玛丽一世：玛丽小姐真倔强　151

第六章　伊丽莎白一世：受人崇拜的童贞女王　187

第七章　伊丽莎白一世：都铎王朝的遗产　225

引　言　001

引　言
INTRODUCTION

◆

　　中世纪以来，英格兰王国在数百年内上演了一段充斥着暴力、耻辱与杀戮的兴衰史。这些位高权重的英格兰统治者时常被血腥背叛的阴影所笼罩，他们身上关于背叛和阴谋的故事几个世纪以来一直令人感到兴奋、震惊与沉迷。

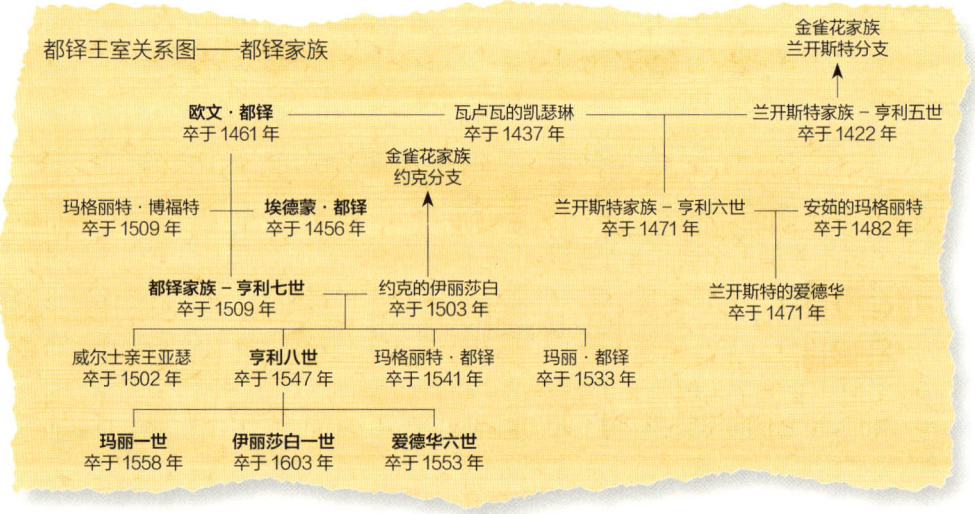

都铎王室关系图——都铎家族

欧文·都铎
卒于 1461 年

瓦卢瓦的凯瑟琳
卒于 1437 年

金雀花家族
约克分支

金雀花家族
兰开斯特分支

兰开斯特家族 - 亨利五世
卒于 1422 年

玛格丽特·博福特
卒于 1509 年

埃德蒙·都铎
卒于 1456 年

兰开斯特家族 - 亨利六世
卒于 1471 年

安茹的玛格丽特
卒于 1482 年

都铎家族 - 亨利七世
卒于 1509 年

约克的伊丽莎白
卒于 1503 年

兰开斯特的爱德华
卒于 1471 年

威尔士亲王亚瑟
卒于 1502 年

亨利八世
卒于 1547 年

玛格丽特·都铎
卒于 1541 年

玛丽·都铎
卒于 1533 年

玛丽一世
卒于 1558 年

伊丽莎白一世
卒于 1603 年

爱德华六世
卒于 1553 年

谋杀。篡夺。通奸。战争。
英格兰国王万岁！

　　爱德华三世（Edward III）是 1327—1377 年间的英格兰国王。他的英明神武为英格兰日后的政府以及强大军事力量的发展奠定了基础，与他那昏庸的父亲爱德华二世（Edward II）相比，他的成就十分值得称道。爱德华三世有十二个孩子。其中两个儿子被封为公爵——冈特的约翰（John of Gaunt）是

对页图　国王亨利六世与王后安茹的玛格丽特。玛格丽特看似单纯善良，却曾拥有着不容小觑的权力，在亨利六世精神错乱期间，她成了英格兰的实际当权者。

第一代兰开斯特（Lancaster）公爵，兰利的埃德蒙（Edmund of Langley）是第一代约克（York）公爵。他们的后代使英格兰陷入了长达三十年的内战，直到1485年都铎（Tudors）王朝建立并统一了交战的两个家族，这场内战才得以和平结束。

走进都铎家族

下图 亨利·佩恩（Henry Payne）的画作《红白玫瑰之选》（Choosing the White and Red Roses，1908年）描绘了莎士比亚的戏剧《亨利六世》第一部分中的一幕场景，红玫瑰和白玫瑰分别象征着交战的两个家族，摘下红玫瑰的表示支持兰开斯特家族，摘下白玫瑰的表示支持约克家族。

都铎王朝诞生的时代，权力与名望的争夺伴随着谋杀与阴谋的腥风血雨。但在这之前，几代人一直活在谋杀、废黜、暴力与监禁的阴影下，直到都铎王朝建立，动荡的英格兰海岸才迎来了短暂的和平。

冈特的约翰之孙是著名的英雄国王亨利五世（Henry V）。他在阿金库尔（Agincourt）战役中表现出色，战胜了法国，并于1420年迎娶瓦卢瓦的凯瑟琳（Catherine of Valois）为妻。他们育有一子，但没过多久，亨利五世便于1422年去世。凯

瑟琳独自生活在这个陌生的国家，在欧文·都铎 [Owen Tudor，在他的母语威尔士语中读作欧文·图德（Owain Tewder）] 的怀抱中寻求慰藉。瓦卢瓦的凯瑟琳是兰开斯特家族亨利五世的遗孀，而欧文·都铎担任她的管家（wardrobe keeper）。他卑微的地位使得这场婚姻起初不能公之于众，因此没有与他们婚姻有关的确切证据存在。

瓦卢瓦的凯瑟琳······
在欧文·都铎的怀抱中寻求慰藉······
而欧文·都铎担任她的管家。

亨利六世（Henry VI）从他父亲手中继承了英国和法国的王位，但他较小的年纪和不稳定的精神状态成为日后争端、阴谋和暴力的导火索。1445年，为了恢复与法国的和平关系，他娶了性情易怒的安茹的玛格丽特（Margaret of Anjou）为妻。

亨利六世虔诚心善，但性情孱弱，时常精神崩溃，与他性格强势的妻子形成了鲜明对比。他们的儿子威斯敏斯特的爱德华（Edward of Westminster）在1471年战死，王位的继承人因此变得扑朔迷离。

神奇的国王

亨利六世死后不久，人们便纷纷传言称他拥有圣人的力量，可以创造奇迹。据说，"向亨利国王献上一枚钱币"就能使奇迹发生，比如疾病会获得痊愈，有些人甚至认为这能够免其一死。于是，人们纷纷去他的圣地朝拜。在亨利八世统治时期，亨利六世甚至差点被封为圣徒。

由于亨利六世不稳定的精神状态，在他精神崩溃期间，第三代约克公爵理查（Richard），即第一代约克公爵埃德蒙之孙，于1454年被任命为英格兰的护国公（Lord Protector）。1455年1月时，亨利的精神状态几近恢复如初，已经能够重新掌权。但那时理查已经尝到了权力的甜头，还得到了有"造王者沃里克"（Warwick the Kingmaker）之称的理查·内维尔（Richard Neville）的支持。

右图 这幅画展示了 1471 年威斯敏斯特的爱德华作为爱德华四世的俘虏在丢克斯伯里的情景。据说，爱德华王子是被爱德华四世手下耀武扬威的支持者所杀。

　　讽刺的是，约克公爵理查本人从未戴过王冠，但他的两个儿子却成为国王，这表明他们与邪恶的父亲一样有能力进行背叛。理查和内维尔组建了一支反抗亨利六世的军队，1455 年 5 月在圣阿尔班斯（Saint Albans）战役中获得了第一场胜利。胜利者随后将神志不清的国王囚禁在伦敦塔（Tower of London），直到 1456 年亨利六世再度康复后又重回王位。此时约克的理查已经露出了他的真面目，他逃往爱尔兰，直到 1459 年才回国，发誓这次不会再让亨利六世掌权。亨利六世再次被囚禁在伦敦塔，理查作为护国公摄政。理查虽然没有成为国王，但几乎享受了同等的待遇。

　　同年，安茹的玛格丽特获得了兰开斯特家族的支持，与苏格兰的詹姆斯三世（James III of Scotland）结盟，不断集结军队准备对抗约克的理查。交战双方在韦克菲尔德（Wakefield）大战一场，战役中兰开斯特军获得大胜，理查本人阵亡。

　　亨利六世再次陷入神志不清的状态，直到 1461 年 6 月理查之子约克的爱德华（Edward of York）篡夺了他的王位。

引言　005

风流的爱德华

爱德华外表英俊潇洒，乐于交际，富有魅力，但他有一个致命的嗜好——滥交。他喜好享乐，天性放纵，永远无法拒绝漂亮的脸蛋。爱德华喜欢找其他男人的妻子当情人，这使他树敌不少。他与情人们在外有好几个私生子，但也和妻子伊丽莎白·伍德维尔（Elizabeth Woodville）生了十个孩子。

父亲的罪过

　　爱德华四世（Edward IV）在局势混乱之际夺取了王位。他在位时表现得与亨利六世全然不同。首先，两者在形象上大相径庭，作为约克王朝的首位国王，爱德华英俊、高大、勇敢，是一位善于鼓舞人心且富有魅力的国家领袖。不同于亨利六世，他还是一位强有力的领导者，手握制定国策的大权。但篡位并不足以保证其稳坐王位，1470年，爱德华四世的表亲、素有"造王者沃里克"之称的理查·内维尔，为谋求自身权益，恢复了亨利六世的王位，并利用亨利胆怯的性格以他的名义对国家实行统治。这是因为爱德华不听从于他，内维尔对此感到不满。此外，他还反对爱德华1464年与伊丽莎白·伍德维尔结婚，因为她的家族获得了理应属于他的头衔与财富。

　　内维尔密谋让亨利六世重回王位后，让这位国王成为他的傀儡。爱德华四世与他的兄弟格洛斯特（Gloucester）公爵逃亡到了勃艮第（Burgundy），直到1471年才回国。此时可怜的老亨利再次被关进了伦敦塔，而爱德华四世在丢克斯伯里（Tewkesbury）战胜了内维尔和他的军队。在这场战役中，威尔士亲王威斯敏斯特的爱德华被杀，这意味着亨利六世失去了唯一的继承人。不久之后，也许是由于丧子之痛，抑或是生命最后几年中种种事件的影响，亨利六世在 5 月 21 日晚去世。有传言称是爱德华四世下令谋杀了亨利，但并未得到证实。

爱德华四世获得了最终的胜利，但不幸的是，不久后他的健康状况便开始恶化，最终在 1483 年 4 月死于中风。临终前，他知道自己大限将至，任命他所信任的兄弟格洛斯特的理查为护国公摄政，因为当时他的长子只有十二岁（英格兰国王在十八岁成年时才能够独立统治国家）。作为王位的合法继承人，他的儿子爱德华在 1483 年 4 月 9 日即位为国王。但爱德华五世（Edward V）最终没有成为真正的国王。他那卑鄙的护国公叔叔一直控制着他，并在 6 月 26 日篡位，自己宣布加冕为理查三世（Richard III），此时距离爱德华四世去世尚不满三个月，而理查曾面对王兄宣誓要效忠于爱德华五世。理查三世绑架了年轻的爱德华国王和他的弟弟约克公爵理查，将他们关进了伦敦塔，此后兄弟两人行踪不明。

"不露声色、弄虚作假、背信弃义"

理查三世的故事引人入胜，直到今天仍有许多争议。他死后，历经都铎王朝的统治，人们更加认为他是一位嗜杀成性、为了权力不惜一切代价的君主。画像中的他虽然看起来有些狡猾刻薄，但也显得相当英俊。然而，在威廉·莎士比亚（William

真伪难辨：理查三世

在莎士比亚的笔下，理查三世成了一个十足的恶人，丑陋的外表符合他黑暗、阴险的个性。一直以来，人们认为戏剧中对于理查外表畸形丑陋的塑造及由此引发的诸多缺陷，是为了烘托他卑劣的性格所杜撰的。然而，2013 年在莱斯特（Leicester）发现的理查三世遗骸（见第一章）证明了理查确实患有脊柱侧凸的疾病。

可是我呢，天生我一副畸形陋相，不适于调情弄爱，也无从对着含情的明镜去讨取宠幸；我比不上爱神的风采，怎能凭空在袅娜的仙姑面前昂首阔步；我既被卸除了一切匀称的身段模样，欺人的造物者又骗去了我的仪容，使得我残缺不全，不等我生长成形，便把我抛进这喘息的人间，加上我如此跛跛蹒蹒，满叫人看不入眼，甚至路旁的狗儿见我停下，也要狂吠几声。

——莎士比亚，《理查三世》①

① 引用自方重翻译《莎士比亚全集》，人民文学出版社，1978。——译者注

Shakespeare）的《理查三世》中，他的形象却是残疾甚至畸形的，是一个身心都丑陋无比的人物。

艺术中往往隐藏着些许真相，理查如愿以偿地取代了侄子爱德华五世，篡夺了他的王位，判处他及兄弟在监狱中度过短暂而不幸的余生。有传言称，是理查杀害了对他不满的两位王子，以此永绝后患。但好景不长，他也没能长久地拥有这顶尊贵的王冠。两年间不断的叛乱和猜疑导致理查三世战死沙场，约克家族在玫瑰战争中最终败给了兰开斯特家族。

血腥的玫瑰战争是英国历史上最著名的战争之一。然而，这场充斥着杀戮与背叛的戏剧性战争，与都铎家族的故事相比也相形见绌。

有传言称，
是理查杀害了
对他不满的两位王子，
以此永绝后患。

左图 图中，理查三世摆出了一个经典的肖像姿势（头部和肩部呈一定角度）。然而，通过画像我们无法看出这位精明的国王正深受着脊柱侧凸的困扰。

第一章

亨利七世:
王朝的起源

Henry VII: Origins of a Dynasty

都铎王朝的统治时期为 1485 年至 1603 年。与金雀花王朝（1154—1485）相比，它的统治时间并不算长。但都铎时期的数位君主都值得载入史册，他们有的是英格兰史上最伟大的君主之一，有的则可跻身最臭名昭著的君主之列。许多黑暗、肮脏的故事揭露了他们的罪行，其中包括谋杀、处决、叛国、非法监禁、玩弄女性、婚外生子、宗教动乱和焚烧异教徒等。

第一章 亨利七世：王朝的起源 011

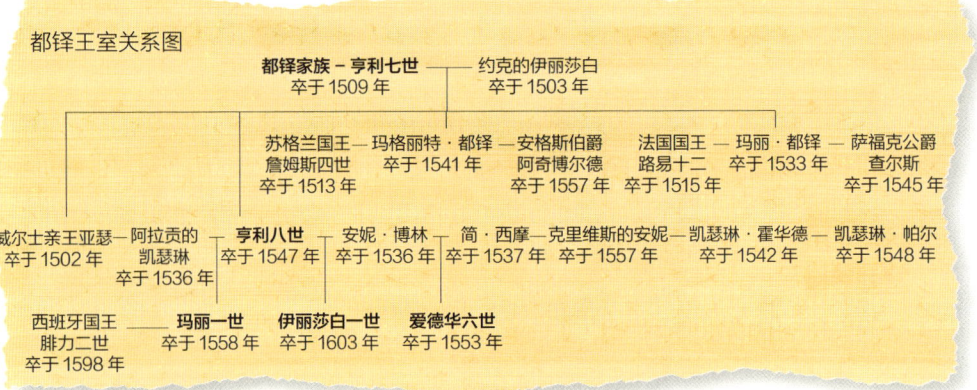

都铎王室关系图

都铎家族 - 亨利七世 —— 约克的伊丽莎白
卒于 1509 年 卒于 1503 年

苏格兰国王——玛格丽特·都铎——安格斯伯爵 法国国王——玛丽·都铎——萨福克公爵
詹姆斯四世 卒于 1541 年 阿奇博尔德 路易十二 卒于 1533 年 查尔斯
卒于 1513 年 卒于 1557 年 卒于 1515 年 卒于 1545 年

威尔士亲王亚瑟—阿拉贡的 亨利八世 安妮·博林 简·西摩 克里维斯的安妮—凯瑟琳·霍华德 凯瑟琳·帕尔
卒于 1502 年 凯瑟琳 卒于 1547 年 卒于 1536 年 卒于 1537 年 卒于 1557 年 卒于 1542 年 卒于 1548 年
卒于 1536 年

西班牙国王 玛丽一世 伊丽莎白一世 爱德华六世
腓力二世 卒于 1558 年 卒于 1603 年 卒于 1553 年
卒于 1598 年

◆

都铎王朝第一位国王亨利七世的动荡统治开始了。

1485 年，亨利七世即位，但此时他的王位并不稳固。在他加冕时，比他更有资格的继承者多达十余人，其中也包括他的母亲玛格丽特·博福特（Margaret Beaufort）——她是冈特的约翰的曾孙女，是其直系后裔。复杂的局势、政治的操纵以及对于自身王位正统的坚信，使里士满（Richmond）的亨利最终成为亨利七世——都铎王朝的第一位国王。在位期间，他成功地结束了玫瑰战争，合并了约克和兰开斯特两大家族。但是，亨利七世及其先辈的王国并不太平。亨利一直活在恐惧之中，唯恐他人篡夺他来之不易的王位。

流亡中成长

亨利曾令约克王朝的统治者感到不安，因为他危及了爱德华四世和之后理查三世的统治。为了保护他的安全，在很小的时候亨利就被送离了家门。1471 年亨利十四岁时，他的父亲、屡弱的埃德蒙·都铎已经去世。作为有资格的王位继承者，

对页图 图中是国王亨利七世，他身穿奢华长袍，手持一朵红白色的"都铎玫瑰"。这朵玫瑰由代表约克的白玫瑰和代表兰开斯特的红玫瑰结合而成，象征着在都铎国王统治下合并的两大家族。

012 都铎王朝

右图 画像中的爱德华四世看起来健康快乐。然而，他在四十一岁时却突然死于一场未知的疾病。在很多人眼中，这是他荒淫无度的结果，他的死亡也导致了王位争夺战的再次爆发。

亨利在玫瑰战争时期生活在英格兰是很危险的，因此他被母亲和叔叔贾斯珀·都铎（Jasper Tudor）带到了布列塔尼（Brittany）。布列塔尼是一个独立的公国，由弗朗索瓦二世（Francis II）统治，在当时还不属于法国王室领地（尽管法国国王极力想将它并入国土）。这意味着亨利在那里是相对安全的，不会受到爱德华四世及理查三世的影响，他们都企图说服路易十一（Louis XI）将亨利送回英格兰，而他若是真的被送回去了，他那对王位构成威胁的身份很可能会导致其被监禁甚至被处决。

在流亡期间，亨利学会了宫廷礼仪，适应了贵族生活。除了传统的教育之外，他还学习了骑马、跳舞和赞美宫中夫人们的恭维话。然而，尽管他生活得潇洒自由，但他仍然有可能与玛格丽特和贾斯珀一同被遣送回英格兰。

第一章 亨利七世：王朝的起源 013

伦敦塔

如今，伦敦塔成为热门的旅游景点，塔内王室的珍宝数不胜数，塔外的游人也络绎不绝，这座巍巍高塔不禁让人回想起英格兰过去的那段血腥历史。伦敦塔始建于 11 世纪的"征服者威廉"（William the Conqueror）时期，最初是一座宫殿。

然而，这座塔在 14 世纪却成了一座监狱，并因此而臭名昭著。任何觊觎、挑战王位或是犯下叛国罪等待处决的人都会被带到这里，他们中的一些人在这里永远消失了（见"塔中王子"）。建成以来，该塔还曾作为堡垒、军械库、国库和王家动物园。

下图 宏伟的伦敦塔如今依旧叠立，它见证了英格兰过去的血腥历史。伦敦塔由几座塔楼组成，其中包括韦克菲尔德塔（Wakefield Tower），1471 年精神错乱的亨利六世就死于此处。

014 都铎王朝

跨页图 经历了前几年权力争夺的腥风血雨，亨利六世的精神失常愈发严重。在 1460 年的北安普敦（Northampton）战役中，亨利六世被俘。造成该结果的部分原因是埃德蒙德·格雷（Edmund Grey）的背叛，他拒绝与约克军作战，导致了兰开斯特军的惨败。

亨利在布列塔尼长年的流亡生活直到 1485 年才结束，为了从理查手中夺回王位，他回到了英格兰。在他的整个流亡生涯中，爱德华和理查曾多次试图解决这一日益危及王位的威胁。1483 年爱德华四世去世后，其长子爱德华五世仓促即位，同年王叔理查又从侄子的手中篡夺了王位，这些事件的发生使得亨利做出了一个大胆且鲁莽的决定——他要亲自夺回国王权力。这个决定将影响英格兰的君主政体、政治结构和宗教发展长达一个多世纪。

重建王国

1484 年，亨利在白金汉（Buckingham）公爵（他背叛了理查，投靠了亨利）的帮助下，曾试图从理查手中抢夺王位，但最终失败。亨利和他的盟友们计划从多塞特（Dorset）发起进攻，但发现理查的部队已在此等候多时。亨利逃回了布列塔尼，而白金汉公爵在逃往威尔士的途中被杀。不过，亨利很快就采取了下一次行动。现在，其他颇具影响力的兰开斯特派和约克派的流亡者都给予了亨利更多的支持，其中就包括始终对他保持忠诚的叔叔贾斯珀·都铎。在理查和布列塔尼公爵弗朗索瓦二世的整个谈判过程中，贾斯珀始终保护着自己的侄子。面对强势的爱德华四世，起初弗朗索瓦是保护且支持亨利的，但后来他变得不太可信。自 1483 年路易十一去世后，他便开始秘密地与理查进行谈判。亨利和他的支持者在发现弗朗索瓦的背叛后逃到了法国。在那里，年轻的新法王查理八世（Charles VIII）为他们提供了新的栖身之所，但是对于亨利的夺权之路，他几乎没有提供任何实质性的帮助。

亨利的地位尚未稳固，而此时他在法国、英格兰和威尔士获得的支持也越来越多，这意味着他再次夺取王位的时机已经到来。亨利不仅占据"人和"，还拥有"天时"，因为理查三世

贾斯珀·都铎

亨利的叔叔是亨利最伟大和最值得信赖的顾问之一，除此以外，人们对他所知甚少。贾斯珀与他的侄子及嫂子一起流亡，与玛格丽特·博福特一起帮助亨利夺取王位，并同他一起参加了具有决定性意义的博斯沃思（Bosworth）战役。贾斯珀的忠诚部分源于其对同父异母的兄弟亨利六世的深厚感情，尽管贾斯珀父母秘密婚姻的合法性存在疑点，但亨利六世还是授予了他爵位。贾斯珀也是一位运筹帷幄的军事家，他的战术在博斯沃思战场得到了很好的运用。为酬谢他的功劳，亨利在1485年授予他贝德福德（Bedford）公爵的头衔，这使他成为亨利议会中包括玛格丽特·博福特和约翰·德维尔（John de Vere）在内少数贵族出身的成员之一。

左图　贾斯珀·都铎（右）在教堂彩色玻璃窗上的画像。

真伪难辨：预言之子？

亨利获得威尔士支持的一个重要原因，是有人声称他是"玛布·达罗根"（Mab Darogan），即威尔士语中的预言之子，亨利极尽夸大地利用了这一点。

玛布·达罗根是威尔士民间传说中的一位神话人物，他的故事可以追溯到亚瑟王（King Arthur）时代。据说，他从盎格鲁－撒克逊人（Anglo-Saxons）手中夺回英格兰，并将权力还给了凯尔特人（Celts）。

亨利进军威尔士并击败了理查，毫无疑问地成为这个传说的化身，而这也是他获得胜利以及日后与威尔士保持良好关系的原因之一。

唯一的儿子和继承人爱德华于 1484 年去世。这使得亨利通往王位的道路畅通无阻，彻底解决了约克家族对其王位的威胁。

采取行动

亨利计划通过威尔士入侵英格兰，这是因为他的威尔士背景能够得到那里几位掌握权势者的支持，其中便包括里斯·阿普·托马斯（Rhys ap Thomas），他是一位有影响力的地主和军人，他承诺向亨利提供部队。

权力的契约：亨利与威尔士

亨利在恰当的时机利用了他的威尔士背景。他出生于威尔士的彭布罗克城堡，并在那生活了四年之久，此后，亨利为了保命，不得不前往布列塔尼。他给长子取名为亚瑟，这个名字来自威尔士家喻户晓的亚瑟王传说。

亨利在 1489 年封亚瑟为威尔士亲王，这在很大程度上帮助他获得了威尔士人的支持。同时，他还在 3 月 1 日庆祝圣大卫日（St. David's Day）[①]。此外，为了确保在统治期间始终能得到威尔士人的支持，亨利还通过颁布宪章赋予了某些威尔士群体享有与英格兰人同样的自由权利。

当然，他也确保了自己给予的任何特权都能得到丰厚的回报。尽管他在适当的时候给予了威尔士人足够支持，但实际上他只有四分之一的威尔士血统，加冕后也再没去过那里，而且他自始至终都不会说威尔士语。

---

① 圣大卫日，即每年的 3 月 1 日，为威尔士国庆节，最初为了纪念威尔士守护神圣大卫而设立的纪念日。——译者注

018　都铎王朝

　　这一次，亨利和他的舰队驶向了威尔士西南海岸的米尔福德（Milford）港。在那里登陆后不久，亨利便获得了兵力支援，这使他不再仅仅依靠约两千五百人的微薄兵力（由雇佣兵和大约五百名英国流亡者组成）来面对理查的精锐部队。尽管依旧处于劣势，但这第二次的作战取得了一定成果，亨利通过彭布罗克郡（Pembrokeshire）开始向什鲁斯伯里（Shrewsbury）进军，继而又向英格兰中部地区挺进。理查没想到自己已然尽失人心，他以为亨利的军队会在途中遇到反抗，因此没有在自己的地盘上做好充分的战斗准备。不过，他匆忙集结的军队兵力仍然远超敌军。亨利的作战计划得到了牛津（Oxford）伯爵约翰·德维尔的帮助，后者背叛了约克派，转而投靠了亨利，并且在他统治期间一直忠心耿耿。

对页图 该图展示了想象中理查三世在博斯沃思战场上被亨利七世击败时的场景，尽管不确定究竟是谁给予了理查致命一击。在这幅极具感染力的宣传画中，新国王的形象威严而勇敢。

决战

1485 年 8 月 22 日，亨利·都铎在莱斯特郡临近博斯沃思的荒原遭遇了理查三世所率领的军队。此时亨利的军队兵力仍然远少于理查，因此他没有十足的把握获胜。然而，博斯沃思战役最终决定了两人不同的命运。这主要是由于理查的部分支持者临阵倒戈，其中包括亨利的继父，即玛格丽特·博福特的第三任丈夫托马斯·斯坦利（Thomas Stanley），以及诺森伯兰（Northumberland）伯爵亨利·珀西（Henry Percy），他们的军队不仅没有支援理查，反而向其发动了进攻，此举帮助亨利取得了最终的胜利。

叛军的反戈一击宣告了理查在这场战斗中注定失败的结局。眼见大势已去，理查和他剩下的两百名士兵孤注一掷，不顾一切地向亨利杀去。然而，他们最终失败了，只杀死了亨利身边的一名旗手。

亨利的手下包围了理查，他无路可退，最终倒在了战场上。没过多久，他的军队也土崩瓦解了。理查的死亡意味着亨利以征服者的身份夺取了王位。有传言称，理查头盔上的王冠从他的头上掉落下来，滚到了地上。后来，托马斯·斯坦利在博斯沃思的战场上将它找了回来，戴在了亨利头上。历史总是由胜利者书写，所以这个生动故事的真实性仍未可知。可以确信的是，理查被扒光衣服示众，死后仍受到了众人的耻笑。无论真相如何，亨利的胜利为他十四年的流亡生涯画下了完美的句号，也戏剧性地开启了一个全新的时代。从那时起，人们对英国君主制、教会和政府的看法逐渐发生了改变。

第一章 亨利七世：王朝的起源　021

真伪难辨：理查的遗体

　　理查三世在莱斯特血战中死去，亨利七世为了将自己的胜利昭告天下，在1485年将他葬在了圣方济会教堂（Grey Friars church），还出资为他修了一座纪念碑。理查的尸体上至少有十处刀伤，究竟是谁给予了他致命一击尚无定论，有些人认为是里斯·阿普·托马斯所为。

　　即使在死后，理查也无法安息。在亨利八世统治时期，圣方济会修道院解散，据说理查的尸体被丢进了斯陶尔河（Stour River）。教堂原址上只剩下一座纪念碑，后来此处又经历了多次重建，最终成了停车场。

　　然而，在2012年的一次考古发掘中，一座纪念碑和一具疑似是理查遗体的骨骸被发现。次年2月，DNA检测证实了骨骸的身份。因此，现在的问题是理查的骨骸最终该被埋葬在莱斯特大教堂（Leicester Cathedral）还是返回约克郡。

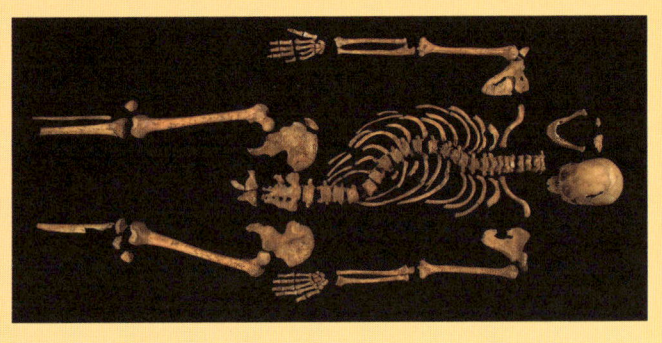

左图 2012年在莱斯特市停车场下面挖掘出来的理查三世遗骸清楚地显示了他弯曲的脊柱。

巩固权力

　　理查三世不得民心，因此亨利在1485年10月30日加冕时，受到了人们的热烈拥护。亨利为了王位万无一失，他利用一切机会消除潜在篡位者的威胁。当时仍有人坚称，亨利通过战争抢夺王位是对君权神授的违背，但这已成定局。他迅速召集议会，让他们宣布自己的统治始于博斯沃思战役的前一天。这就意味着理查犯下了叛国罪，他的所有支持者也与他同罪。如果亨利下令，他们都将被处死，但他最终只处决了最可恨的几位领导者，其余人则被剥夺了钱财、土地和特权。

　　亨利的王权还受到了教皇英诺森八世（Pope Innocent VIII）的认可。在伦敦的大街上，他进行了一次盛大的凯旋游

对页图 理查三世倒下后，亨利的手下捡起他的王冠，献给了亨利七世。图中，亨利的士兵们骄傲地挥舞着他们的军旗，为胜利而欢呼，而他们的周围遍布着约克派的尸体。

理查三世不得民心，因此亨利在1485年10月30日加冕时，受到了人们的热烈拥护。

行，并受到了民众的热烈支持。值得注意的是，亨利开始任命亲信来为他建言献策。他承诺给他们最好的待遇，向其保证，只要忠心耿耿，便能名利双收。亨利地位稳固的另一个原因是他积极维护英格兰国内的和平。众人都厌倦了长年累月的战争和困苦生活（战争劳民伤财，人们承担了更重的赋税，而平民出身的士兵又不得不通过参与战争来养家糊口，无数人因此丧命）。在亨利七世身上，人们看到了生活改善的希望。

王权统治

复杂的成长经历让他对任何一位有权继承王位的人都充满戒心。

虽然亨利的前半生在流亡中度过（事实上他甚至从未在他即将统治的英格兰生活过），但他一直在为自己成为国王做准备。复杂的成长经历让他对任何一位有权继承王位的人都充满戒心。不过，亨利是一位精明的领导者，他很快就控制了议会，并开始能决定个人的开支用度，这使他更有信心稳坐王座。亨利不再拉拢那些曾经依仗权势威胁王位的贵族们，转而开始支持乡绅阶层与教会人士，他在金钱和其他方面给予他们恩惠，确保他们能够忠心耿耿。

除了直系亲属，亨利还赏赐了与他一起流亡的亲信：理查·福克斯（Richard Foxe）被任命为掌玺大臣（Lord Privy Seal），他曾是亨利的顾问和外交官；约翰·德维尔被任命为英格兰海军元帅（当时最显赫的军职之一），他在军事方面的知识在博斯沃思战役和日后的斯托克（Stoke）战役中都发挥了至关重要的作用。此外，亨利还在身边安插了一些政见一致的人，他们都希望自己能够为新国王所用。

家族联合

亨利七世坐稳王位的一个关键因素是他在婚姻上的选择。亨利当时迎娶了他属意的妻子——约克的伊丽莎白。她是爱德华四世（英格兰约克王朝的首位国王）和伊丽莎白·伍德维尔的女儿，亨利与她的婚姻旨在联合都铎家族和约克家族，以结束旷日持久的玫瑰战争。他们二人的婚姻也使得其子女比亨利本人更有资格继承王位。在伊丽莎白母亲伊丽莎白·伍德维尔和亨利强势的母亲玛格丽特·博福特的共同安排下，1483年伊丽莎白与亨利订下了婚约。

伊丽莎白·伍德维尔非常希望看到理查战败，因为她也是英王爱德华五世的母亲，爱德华正是被理查三世关进了伦敦塔，或许在很小的时候就被杀死了。伊丽莎白·伍德维尔与爱德华五世的父亲爱德华四世的婚姻是她的第二次婚姻。她并非贵族出身，而且是来自支持兰开斯特的家族，因此他们的婚姻在当时引起了许多争议。当伊丽莎白被加冕为后并与爱德华四世一同执政的时候，这种争议尤为强烈。丈夫死后，即使她出身卑贱，还总因为授予家人贵族头衔而遭到嘲笑，她仍然具有一定的影响力。1487年，她离开了王宫，在柏孟塞修道院（Bermondsey Abbey）度过了生命中最后的五年时光。有人猜测这是因为她渴望安静的宗教生活。然而，也

下图 亨利七世与爱德华四世的女儿伊丽莎白于1486年在威斯敏斯特教堂举行婚礼。1487年伊丽莎白被加冕为王后，亨利由此联合了兰开斯特与约克两大家族。

玛格丽特·博福特

亨利的母亲玛格丽特是一个强势的女人,她一生中大部分时间都在保护流亡中的亨利,帮助他夺回王位,在亨利统治期间也始终支持着他。尽管当时有一项褫夺其权力的法案已经被通过（这意味着她可能会因叛国罪而受到处决）,但她也未曾停止过为儿子的未来而谋划。尽管她比亨利更有资格继承王位,但她依然尽己所能地帮助儿子巩固王位。她表现出了精明的政治头脑,与日后拉拢人心的亨利如出一辙。在伊丽莎白·伍德维尔的帮助下,她安排亨利与约克的伊丽莎白订婚,联合了曾互为对手的两大家族,使约克家族不再对亨利构成威胁。

除了给亨利带来巨大的政治利益,伊丽莎白·伍德维尔还承诺提供资金和军队支持他对抗理查,这使双方因为婚姻达成的联盟变得更加稳固。玛格丽特的一生都对亨利产生了重要影响。她也是一位非常虔诚的教徒,虽然她曾嫁过斯坦利勋爵,但她还是在 1499 年宣誓守贞。她政治头脑精明,有把握解决掉任何可能造成威胁的人,但在画像中她通常保持一个正在祈祷的形象。

对页图 伊丽莎白·伍德维尔在面临许多争议的情况下嫁给了爱德华四世。他们之间是基于爱情的秘密婚姻,而不是传统意义上的政治联姻。实际上在两人成婚前,爱德华被安排迎娶一名法国的贵族女子。

有人认为是玛格丽特·博福特强迫她离开,因为这位王太后的威慑力,尤其是对她儿子产生的影响,比作为王后母亲的伊丽莎白·伍德维尔要大。

亨利和约克的伊丽莎白是表亲,因此他们的婚姻必须得到教皇英诺森八世的认可。这并非难事,有了教皇的支持,任何反对他们婚姻或挑战其中一方王权的人都将被逐出教会。他们最终在 1486 年 1 月 18 日结婚,伊丽莎白于 1487 年 11 月 25 日被加冕为王后。此外,她还在 1486 年 9 月 20 日生下了儿子亚瑟,这让亨利的王位看起来比前几任国王稳固了许多。

为了向臣民展示两大家族的团结一致，亨利将都铎玫瑰作为王徽，这朵玫瑰由兰开斯特的红玫瑰包裹着（较小的）约克的白玫瑰。即便如此，亨利仍时常感到不安。

众多的觊觎王位者

亨利不仅要应对国外虎视眈眈的侵略者，还得提防国内的篡位阴谋。第一个威胁他统治权的是出身低微的十岁男孩兰伯特·西姆内尔（Lambert Simnel）。虽然男孩本人构不成威胁，但他被一些诡计多端的人利用了。理查·西蒙（Richard Simon）便是其中之一，他是一名牛津教士，妄图控制国王。西蒙教会了西姆内尔一些贵族的言行举止，他还得到了林肯（Lincoln）伯爵约翰·德·拉·波尔（John de la Pole，玛格丽特·博福特第一任丈夫）的帮助——如果没有亨利的出现，德·拉·波尔将继承理查三世的王位。

这些人谎称西姆内尔为沃里克伯爵爱德华。沃里克是国王爱德华四世之弟乔治（George）的儿子，他被囚禁在伦敦塔中，人们认为他已经死在了那里。可有传言称，沃里克还活着并设法从伦敦塔中逃了出来。这些说法得到了基尔代尔

亨利将
都铎玫瑰作为王徽，
这朵玫瑰由兰开斯特的
红玫瑰包裹着（较小的）
约克的白玫瑰。

右图 教皇英诺森八世没有做到"名副其实"[1]，他犯下了许多过错。他不仅有两名私生子，还向教徒们出售赎罪券，挑起了法国和西班牙之间的战争。

———————

[1] 英诺森八世，其名 Innocent 在英语中有"清白无罪"之意。——译者注

（Kildare）伯爵（爱尔兰总督）的支持，其实伯爵不可能真的相信这些谣言，但他急于入侵英格兰来支持这位易于操纵的觊觎者。亨利针对此阴谋，让真正的沃里克伯爵爱德华在伦敦的街道上游行，以此证明西姆内尔是个冒牌货，驳斥了谣言。然而，西蒙和林肯伯爵成为造王者、控制傀儡君主的计划并没有轻易受到阻碍。

1487 年 5 月 24 日，西姆内尔在爱尔兰被加冕为爱德华六世（Edward VI），此举是为了提高他在约克派支持者和英格兰民众眼中的地位。这位傀儡和他背后的操纵者还获得了约克的玛格丽特（勃艮第公爵夫人，另一位强大的联盟者）的支持，她安排了两千人的军队前来支援。他们随后派出一支军队前往英格兰，在斯托克对抗亨利的军队。但是他们没能成功，因为亨利早已为可能发生的战斗做好了准备。6 月 16 日，西姆内尔的军队惨败。随后，理查·西蒙被俘并被判处终身监禁（教士的职位令他免于一死），而林肯伯爵则死在了战场上。兰伯特·西姆内尔没有受到重罚，亨利给予了他与出身相符的职位，他被遣往王宫厨房工作，在那里亨利的手下可以时刻监视着他。

上图 约克的伊丽莎白被视为完美的王后，善良、体贴、顺从。亨利八世把他和蔼的母亲视为楷模，他的妻子们都被拿来与之相比。

四年后的 1491 年，珀金·沃贝克（Perkin Warbeck）登场。与西姆内尔相比，他对亨利的王位构成了更大的威胁。珀金·沃贝克是一名十七岁的仆人，长相英俊，与爱德华五世的弟弟约克公爵理查长得十分相像，后者也曾被理查三世关在伦敦塔中。约克派成员发现了他们外貌身形的相似，自然想要借此将亨利推下王座。

若此人并非假冒，约克公爵理查确实会比亨利拥有更靠前的王位继承权。这个冒牌货给亨利带来了很大麻烦，因为他甚至得到了理查姑母约克的玛格丽特的承认。后者教授沃

……1491 年，珀金·沃贝克登场……是一名十七岁的仆人，长相英俊，与爱德华五世的弟弟约克公爵理查长得十分相像。

对页图 该图中，亨利七世在审判年轻的谋求篡位者兰伯特·西姆内尔时，对他产生了怜悯之心。据说，西姆内尔起先被遣往王宫厨房工作，随后成为一名王室驯鹰师。

贝克如何在宫廷生活，并告诉他与真正的理查有关的一切，这使得这个骗局看起来更加真实，也让他的追随者越来越多。由于西姆内尔早先发动的战争失败了，因此爱尔兰人不愿再帮助一个冒牌货，沃贝克和他的支持者只能转而寻求苏格兰人的帮助。

当时，苏格兰国王詹姆斯四世（James IV）愿意支持任何能够推翻英格兰国王的人，尽管我们不知道他是否真的认为沃贝克就是约克公爵理查，但他还是毫不动摇地给予沃贝克支持，甚至承诺要将自己家族的一位贵族女子许配给他。1496 年 9 月，苏格兰人以理查的名义入侵英格兰。但是，詹

塔中王子

起初，理查三世声称，他在爱德华五世加冕前将他和他的弟弟约克公爵理查送进伦敦塔是为了保护他们的安全。但有传言称，理查三世是为了顺利篡夺王位而谋杀了两位王子。1674 年，两副年轻男孩的遗骸被发现深埋在一处楼梯之下。人们认为这就是两位消失的王子，并将其安放在威斯敏斯特教堂。然而，专家们在 1933 年再次进行勘验时，却对遗骸的身份产生了怀疑，他们认为这可能只是在伦敦塔被用作监狱时无数受害者遗骨中的两具而已。塔中王子的离奇故事时至今日仍然是一个谜。

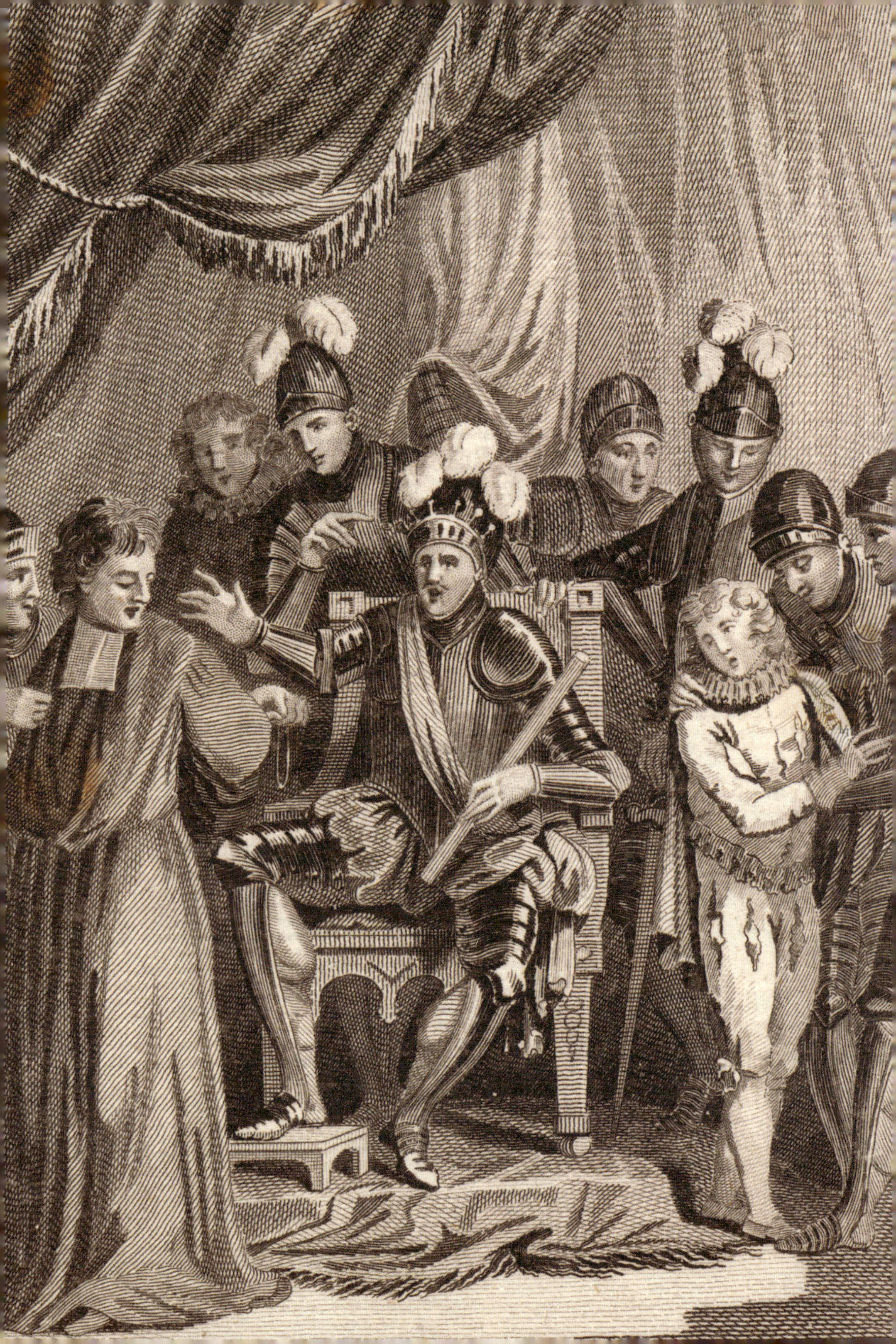

姆斯四世很快意识到他不仅获胜希望渺茫，还得不到民众的支持，因此他立即撤回了军队并离开了英格兰。后来，他也不再支持沃贝克，将对方送上了一艘恰好名为"杜鹃号"①的船，并与亨利休战议和。

---

① 杜鹃鸟中部分种类将卵产在其他鸟类巢中，让幼鸟以寄生的方式长大。此处用来隐喻沃贝克假冒约克公爵理查的行为。——译者注

真伪难辨：觊觎王位者还是继承人？

沃贝克大力宣称自己是真正的约克公爵理查，是王位的合法继承人，但这一宣称的真实性仍未被证实。虽然沃贝克是真正理查的可能性很低，但他与所谓的父亲爱德华四世具有很多相似之处，这意味着他有可能是爱德华的私生子。虽然没有任何证据，但爱德华有私生子是广为人知的，其数量甚至可能超出了人们的想象，因此这些传言存在一定的真实性。

沃贝克没有放弃，随后去寻求康沃尔（Cornwall）造反者的帮助——亨利当时为抵御来自北方苏格兰的入侵实行了提高税收的举措，他们对此感到十分不满。

沃贝克获得了他们的支持，带领了一支大约六千人的军队再次出击。但这一次他们也没走多远。亨利生性多疑，一直关注着沃贝克的动向，并派出军队将他们包围在格拉斯顿伯里（Glastonbury）。沃贝克战败逃走，但他很快就被抓并被关进了伦敦塔，之后被迫在首都游街示众，受尽了人们的嘲笑。

然而，沃贝克不甘就此落败，他对权力的追求还没有结束。在被囚禁在伦敦塔时，他与真正的沃里克伯爵爱德华联手。两人在 1499 年试图越狱，但很快就被重新抓获并立即被处决。亨利受够了两人带来的威胁，这次他终于有了处死他们的充分理由。

> 沃贝克战败逃走，但他很快被抓并被关进了伦敦塔，之后被迫在首都游街示众……

对页图 亨利七世对待珀金·沃贝克并不像之前对待西姆内尔那般仁慈。沃贝克不再有之前的运气，被抓后他首先受到了一番当众的羞辱。亨利认为这位觊觎者对王位构成了巨大威胁，因此在 1499 年 11 月 23 日绞死了他。

为和平而战

解决了沃贝克，亨利决心进一步加强边界防卫以抵挡潜在的威胁。亨利仍将爱尔兰视为眼中钉，并因此努力维系与苏格兰的和平关系。亨利与詹姆斯国王在 1497 年签署了《艾顿停战协议》（*Treaty of Ayton*），就英格兰与苏格兰两国的和平相处达成一致。该协议还规定，两国国王都不能为对方的潜在威胁者提供帮助。为了巩固关系，亨利还将女儿玛格丽特嫁给了詹姆斯，进一步联合了两个家族。这次的联姻为之后斯图亚特（Stuart）家族统治英格兰埋下了伏笔。

玛格丽特六岁时，她的父亲便开始讨论她与苏格兰国王詹姆斯四世的婚事，这纯粹是出于缔结政治联盟的考虑。这对夫妻最终在 1503 年结婚，他们先于 1 月 25 日进行了代理婚礼，8 月 8 日玛格丽特抵达爱丁堡（Edinburgh）后，双方又亲自举行了正式的婚礼。之后她便成为苏格兰的玛格丽特王后。尽管这是双方出于政治利益缔结的联盟，但詹姆斯和玛格丽特非常幸福恩爱，并育有六个孩子。遗憾的是，他们的孩子只有一个存活了下来；在父亲去世后，詹姆斯五世（James V）于 1513 年成为苏格兰国王。随后，玛格丽特成为苏格兰的摄政，在幼子能够接任国王之前统治着国家。然而，她在 1514 年与安格斯（Angus）伯爵阿奇博尔德·道格拉斯（Archibald Douglas）再婚时放弃了这一权利。奥尔巴尼（Albany）公爵自 1515 年起接任摄政，控制了詹姆斯和他的弟弟亚历山大（Alexander），亚历山大在 1515 年 12 月去世。1524 年，玛格丽特为了帮助儿子詹姆斯稳固王权，不得不与奥尔巴尼结盟。此后，詹姆斯成为一名合法的国王，并受到了民众的拥护（在十八岁之前，他需要在顾问指导下做出决策）。

玛丽的婚姻

亨利七世另一个女儿玛丽的婚姻也是出于政治利益和维护英格兰统治的考虑。她最初与西班牙的卡斯蒂利亚的查理（Charles of Castile，后来成为神圣罗马帝国皇帝）订婚，但为了保障英格兰与法国之间的和平，她在 1514 年嫁给了法国国王路易十二（Louis XII）。当时路易十二已经五十二岁，而玛丽只有十八岁。路易十二非常渴望拥有一位继承人，并为此付出了十足的努力，但不幸的是，在结婚短短几个月后，他便力竭而亡。在这段婚姻中，玛丽自始至终都没有怀孕，她也很高兴能就此摆脱这位年长的丈夫。

同父亲一样，亨利八世希望他年轻漂亮的妹妹能够再次进行政治联姻。

玛格丽特·都铎

　　玛格丽特·都铎在政治方面是一个非常具有影响力的人物，尤其是在维系苏格兰和英格兰两国之间的和平友好关系上。她的生活充满了阴谋与闹剧：她的第二任丈夫沉溺女色，缺乏政治能力，她对此感到不满，因此提议离婚。玛格丽特的离婚请愿书最终在1527年获得批准，次年她便嫁给了第三任丈夫。她和她的新丈夫亨利·斯图亚特（Henry Steward）成为詹姆斯五世的顾问，这与她的影响力有关，因为她有能力与英格兰王国以及弟弟亨利八世保持良好的关系。玛格丽特丑闻不断，不久她再次提出离婚申请，但詹姆斯五世拒绝了她的请求。詹姆斯的新妻子吉斯的玛丽（Mary of Guise）试图使两人和解，但詹姆斯还是渐渐不再听从于母亲。玛格丽特最终也没能如愿离婚，她的地位大不如前，最终于1541年在对英格兰的思念中去世。

上图　玛格丽特·都铎在嫁给三十岁的国王詹姆斯四世时还只是个十几岁的孩子，图中的她即将踏上漫长的旅程，她要前往苏格兰与未来的丈夫结婚。人们希望这场联姻能够使蓟花与玫瑰联合起来[①]。

---

① 蓟花象征苏格兰，玫瑰象征英格兰。——译者注

Cloth of Gold do not thou dispys
Though thou be mached with Cloth of fris.

Cloth of friez be not thou to bould
Though thou be mached with Cloth of Gold.

Potter Sculp

　　同父亲一样，亨利八世希望他年轻漂亮的妹妹能够再次进行政治联姻。但玛丽已经爱上了萨福克（Suffolk）公爵查尔斯·布兰登（Charles Brandon），两人于 1515年秘密结婚。亨利八世知道后大发雷霆，起初准备处决布兰登，惩罚其违逆之罪。不过当他冷静下来后，只对这对夫妇以违抗命令为由处以巨额罚款。他对妹妹有着深厚的感情，但在玛丽反对他与阿拉贡的凯瑟琳（Catherine of Aragon）离婚而选择迎娶安妮·博林（Anne Boleyn）之后，他对她的感情就大不如前了。自从安妮作为伴娘参与了她与路易十二的婚礼后，玛丽便不再喜欢对方了。玛丽的孙女是简·格雷夫人（Lady Jane Grey），她在爱德华六世去世后短暂地统治过英格兰。

外国的威胁

与外国君主的关系往往是非常复杂的。不列颠经常突然易主，这导致国家间的联盟也发生了重大的改变。除了确保边境安全外，亨利七世还巧妙地避免了与查理八世的战争。当时这位法国国王正在强迫布列塔尼的继承人安妮与他结婚，意图使布列塔尼成为法国的一部分。亨利七世曾承诺支持布列塔尼，因此在1492年他向布洛涅（Boulogne）派遣了军队。这是一步好棋：一方面，亨利能够兑现与布列塔尼的承诺；另一方面，比起不列颠，查理更想征服意大利，因此他要避免本国两线同时作战。最终法兰西与英格兰签订了《埃塔普勒条约》（Treaty of Étaples），确保了两国之间的和平。查理还同意向亨利和他的军队支付二十五万英镑，这在当时是一笔巨款。

亨利七世再次展现了他的政治才能，他打算安排长子亚瑟与西班牙国王费迪南德二世（Ferdinand II）和卡斯蒂利亚女王伊莎贝拉一世（Isabella I）的女儿阿拉贡的凯瑟琳结婚。当时，西班牙国力强盛，维持两国的良好关系对亨利七世十分有利。这场婚姻巩固了他们的联盟关系，之后亚瑟突然去世，凯瑟琳与亨利八世再婚也是出于相同的目的。这第二次联姻维系了英格兰和西班牙的盟友关系，也意味着亨利七世能继续拥有凯瑟琳带来的丰厚嫁妆。当然，亨利七世还采取了许多措施来保障英格兰内部以及与他国之间的和平稳定。

"生财有道"

尽管亨利明智地与他国结成同盟，并签订了和平条约，但他从未放松享受这份来之不易的王国统治权。他从没有忘记，许多人比他更有资格继承王位。在统治期间，亨利对贵族阶层的不信任根深蒂固，他在不断巩固自己王位的同时，也在不断大力削弱贵族的特权和财产。

亨利七世即位时，王国已经因为玫瑰战争时期的连年征战而债台高筑。而且，亨利还喜欢"自理"财政，这意味着他的

对页图 玛丽·都铎的第一任丈夫法国国王路易十二年老体弱。在他去世后，玛丽想要嫁给一个自己看中的男人。图中为玛丽与她的第二任丈夫萨福克公爵查尔斯·布兰登，两人于1515年3月结婚。

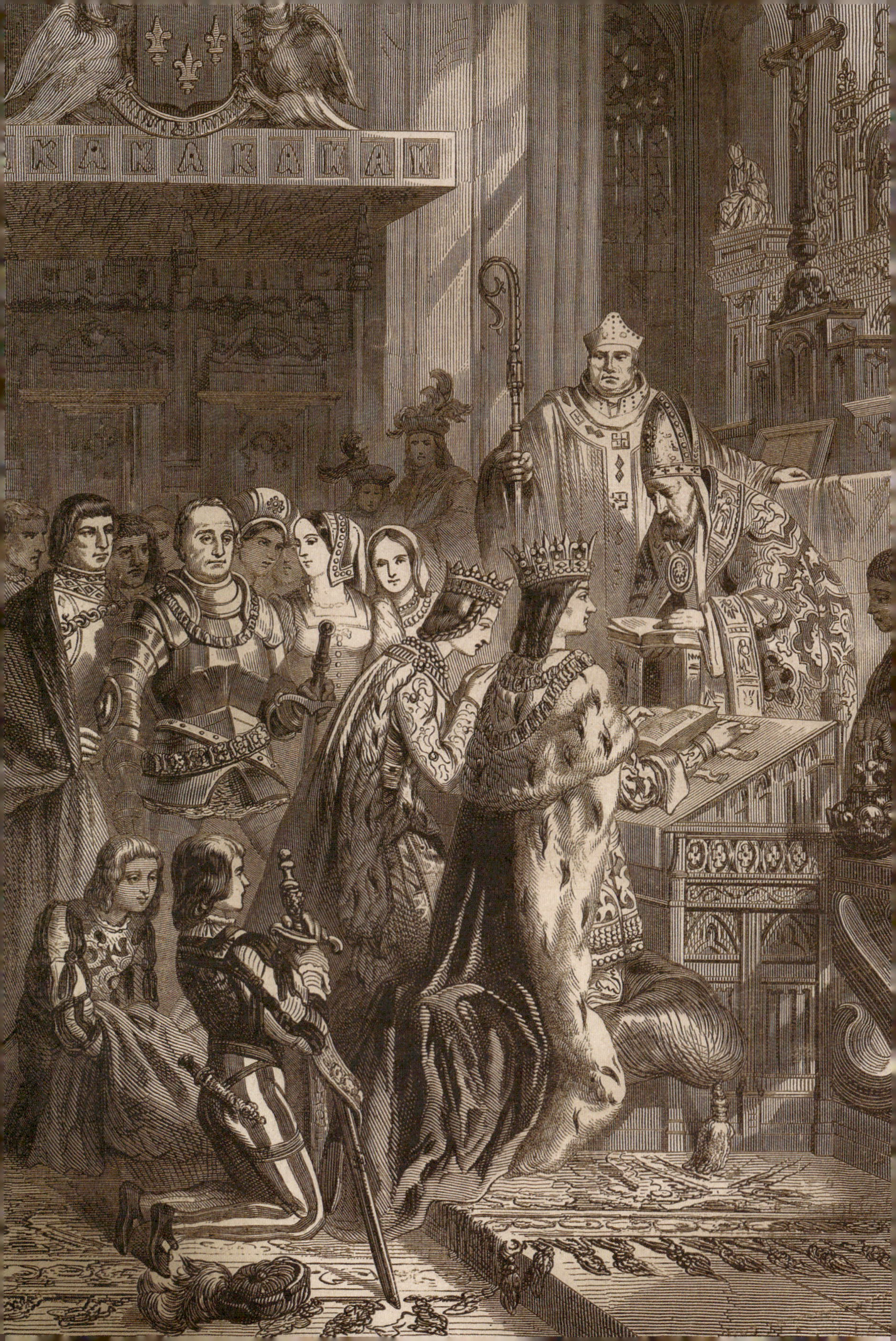

花销自己解决，而不是直接向民众征收税款。对一位国王而言，这并不意味着他需要自己做些什么，而是说明他充分利用了君主制留下来的财政漏洞。在这方面，亨利和他的顾问非常擅长。

其中最臭名昭著的两位顾问是埃德蒙·达德利（Edmund Dudley）和理查·恩普森（Richard Empson）。他们来自乡绅阶层，拥有土地，在社会中富有名望。他们都受过良好的教育，有着雄心壮志，除了亨利外，他们与其他贵族没有什么密切联系，因此不太可能有个人的政治企图。随着贫富阶级税收与罚款负担的加重，甚至在各方面都达到了违反法律的地步，达德利和恩普森越来越遭人唾弃。

资金来源

王位统治期间，亨利收回被贵族侵夺的王室领地，以此提高领地的价值与其租赁的收入。任何被认定为叛国者的人都将失去所拥有的土地与地位，因此理查三世的支持者都被剥夺了一切特权。他从国王的"特权"中也能榨取利益，其中就包括裁决封建争端及处罚不公正行为所带来的利润。特权还包括对土地继承的罚款和对巨富阶层收入征收的税款。任何国王都希望从这些罚款中获利，但亨利是最先严格执行规定的国王之一。除了为自己筹措资金以外，亨利还决心对一些位高权重者的财富进行严格管理。

征收关税也让亨利收益颇丰。伦敦的港口总是挤满了进出口货物的商船。只有让国王满意，商人们才能赚钱，即使亨利提高了关税，商人们也必须缴纳税款。只要出国，他们便能赚取大笔财富，因此哪怕高额的税收再令人厌恶，商人们为了自身利益还是会交税。此外，亨利也没有筹集资金对外开战（此举开支巨大，可能会导致国家债台高筑）。总而言之，亨利为他的国家积累了一笔重要的财富。

亨利热衷于聚集钱财，这使他失去了很多富豪与权势者的支持。这种处处树敌的风险与他尽己所能稳固王位的愿望

对页图 法兰西的查理八世在 1491 年娶了十四岁的布列塔尼的安妮，尽管她在 1490 年就与马克西米利安一世（Maximilian I）[1]结了婚！

----

[1] 马克西米利安一世（1459—1519，神圣罗马帝国皇帝），与布列塔尼的安妮于 1490 年举行代理婚礼，后被查理八世抢走了这位妻子。——译者注

相违背，这就有可能导致不满的贵族们联手造反，以一位更仁慈的君主取而代之。

作为一位精明的政治家，亨利一定考虑过这个问题。不过，他这样做确保了国家能拥有充足的资金来防范可能发生的外国入侵。亨利对王室财富的积累体现出了他潜在的担忧，他害怕有一天别人也会为了夺走他的王位而起义，正如当年他对理查三世的所作所为一样。他认为，只要手握足够的资金，便能在短时间内集结大量军队，从而保护自己日后不会被篡权夺位。

家事的阴霾

亨利从不担心自己后继无人。在三十九岁时，他就已经有了四个孩子，其中两个是男孩。他的妻子伊丽莎白为他生下了"继承人和备选人"各一名。他的长子亚瑟将在他死后成为国王。亨利还有一个儿子（康沃尔公爵亨利），以及两个女儿（玛格丽特和玛丽）。亨利确信其中一个儿子会在他之后继承大统。不仅如此，他还有两个女儿可以进行政治联姻，这样便能进一步巩固都铎王朝的地位。然而祸从天降，1502 年 4 月 2 日，亚瑟在与阿拉贡的凯瑟琳结婚仅五个月后便突然去世，死因不明。这犹如晴天霹雳，令亨利悲痛万分。他对未来思虑颇深，认为自己不能将继承王位的希望寄托在仅剩下的儿子身上。尽管妻子伊丽莎白已经三十六岁了（在都铎时代，这个年龄成为母亲已经算很晚的了），但她还是再次受孕，国王夫妇对此都很高兴。然而，这种喜悦的心情并没有持续多长时间，因为伊丽莎白生下了一名女孩，并且令亨利更为悲痛的事情发生了——他的新女儿是个死胎，他心爱的妻子也在短短几天后跟着去世了。

对页图 亨利七世给费迪南德二世和伊莎贝拉一世写的信，谈及他们的孩子——亚瑟王子与阿拉贡的凯瑟琳——之间即将进行的联姻。

> 然而祸从天降，
> 1502 年 4 月 2 日，
> 亚瑟在与阿拉贡的凯瑟琳结婚仅五个月后便突然去世，死因不明。
> 这犹如晴天霹雳，令亨利悲痛万分。

　　亨利确实考虑过再次结婚，甚至还曾想过娶阿拉贡的凯瑟琳为妻，这是因为他一直在为王位仅剩一名男性继承人而感到焦虑。伊丽莎白去世后，他悲痛欲绝，身体大不如前。余下的岁月里，他时刻关注着仅剩的儿子亨利——他唯一的继承人。在这段时间中，他还一直受到母亲玛格丽特的影响，后者甚至比他还多活了几个月。

> 亨利确实考虑过再次结婚，
> 甚至还曾想过娶阿拉贡的凯瑟琳为妻，这是因为
> 他一直在为王位仅剩一名男性继承人而感到焦虑。

联姻成真爱

　　最初，亨利和伊丽莎白的婚姻纯粹是出于政治考虑，但随着时间的推移，他们之间的感情日益深厚。正是由于彼此间的感情和诞下继承人的执念，两人才在亚瑟死后试图再生下一个孩子。亨利为伊丽莎白举行了隆重的葬礼，这是他为

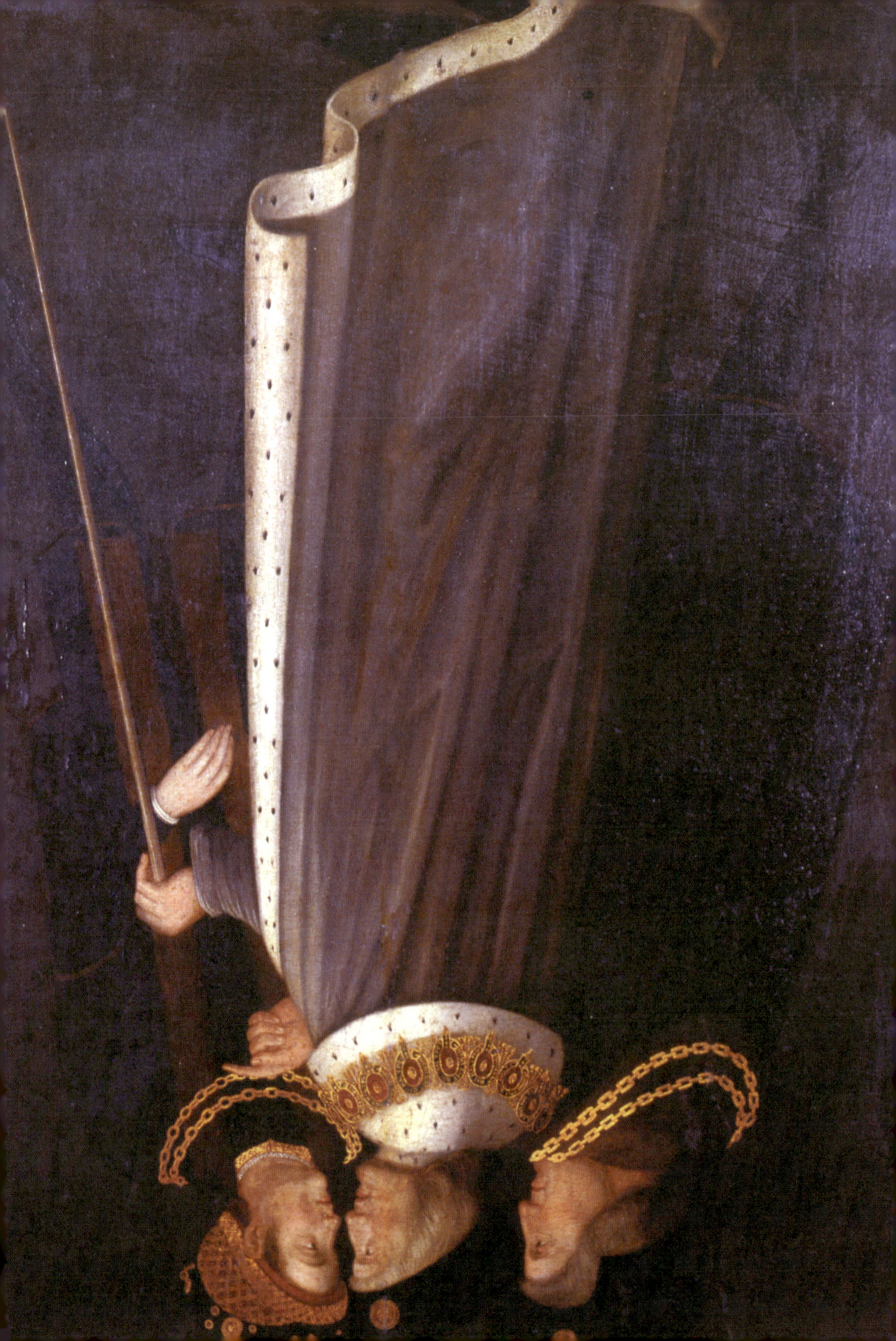

左图 亚瑟·都铎去世的时候年仅十五岁，他再也没有机会成为同名的亚瑟王那般的传奇人物。亚瑟的弟弟将代替他即位，成为一个新的传奇。

对页图 图为亨利七世与他的顾问理查·恩普森和埃德蒙·达德利。这两人遭到了众人的唾弃。1509 年，亨利八世即位后不久，便处决了他们。

数不多的大笔支出，葬礼仪式十分奢华。后来，王后被葬在威斯敏斯特教堂的坟墓里，亨利死后与她葬在了一起。

亨利：个人生活与执政生涯

一般而言，亨利七世的名气远不如他的儿子，或者说没有他儿子如此臭名昭著。1509 年，他死于肺结核。当时众人都为亨利八世即将取代他而感到欣喜。人们纷纷传言亨利贪婪多疑还爱财如命，而且他经常被拿来与他的继承人进行不利的比较。当然，亨利八世看起来确实比他那虚弱焦虑的父亲更像是一位真正的国王，似乎更值得受到臣民的敬仰与钦佩。不过，亨利七世也是喜好玩乐的。他爱好打猎，热衷于欣赏弄臣、吟游诗人和舞者表演的宫廷娱乐活动，他还好赌，几乎到了嗜赌成瘾的地步。

亨利七世为国家积累了足够的资金，不像爱德华四世只留下了债务（理查三世曾试图还清国债，但他没有成功）。他通过与外国签订条约，确保了英格兰能与颇具威胁的邻国保持和平的关系。亨利还建立了一套司法体系，将玫瑰战争后琐碎的政务处理得井井有条。重要的是，他给儿子留下了一个更稳固的王位。然而，在亨利八世的古怪行径以及之后王室成员的惊天丑闻到来后，亨利七世的成败得失便不再值得人们提及。

上图 1509 年，亨利七世在里士满宫的病榻上死去，那些为他哀悼的人随后便会去庆祝他儿子的继位。

对页图 亨利七世和他挚爱的妻子约克的伊丽莎白一起躺在伦敦威斯敏斯特教堂的豪华陵墓中。

玛格丽特·博福特的婚姻

亨利六世同父异母的兄弟、亨利七世的父亲埃德蒙·都铎是玛格丽特的第二任丈夫，尽管她在达到教规年龄（十二岁）时便嫁给了他。她的第一任丈夫是约翰·德·拉·波尔，在 1444 年，年仅一岁的她就嫁给了他！由于玛格丽特还没达到结婚年龄，而且她和德·拉·波尔有亲属关系，这段婚姻关系在 1453 年便宣告结束了。实际上，玛格丽特在第一次婚姻解除之前就与埃德蒙订婚了，两人于 1455 年结婚。次年，埃德蒙在囚禁期间感染瘟疫去世。那时玛格丽特已经怀孕，之后她由埃德蒙的弟弟贾斯珀照顾。毫无疑问，玛格丽特将埃德蒙视为自己的第一任丈夫。在他死后，她还经历了两次婚姻。

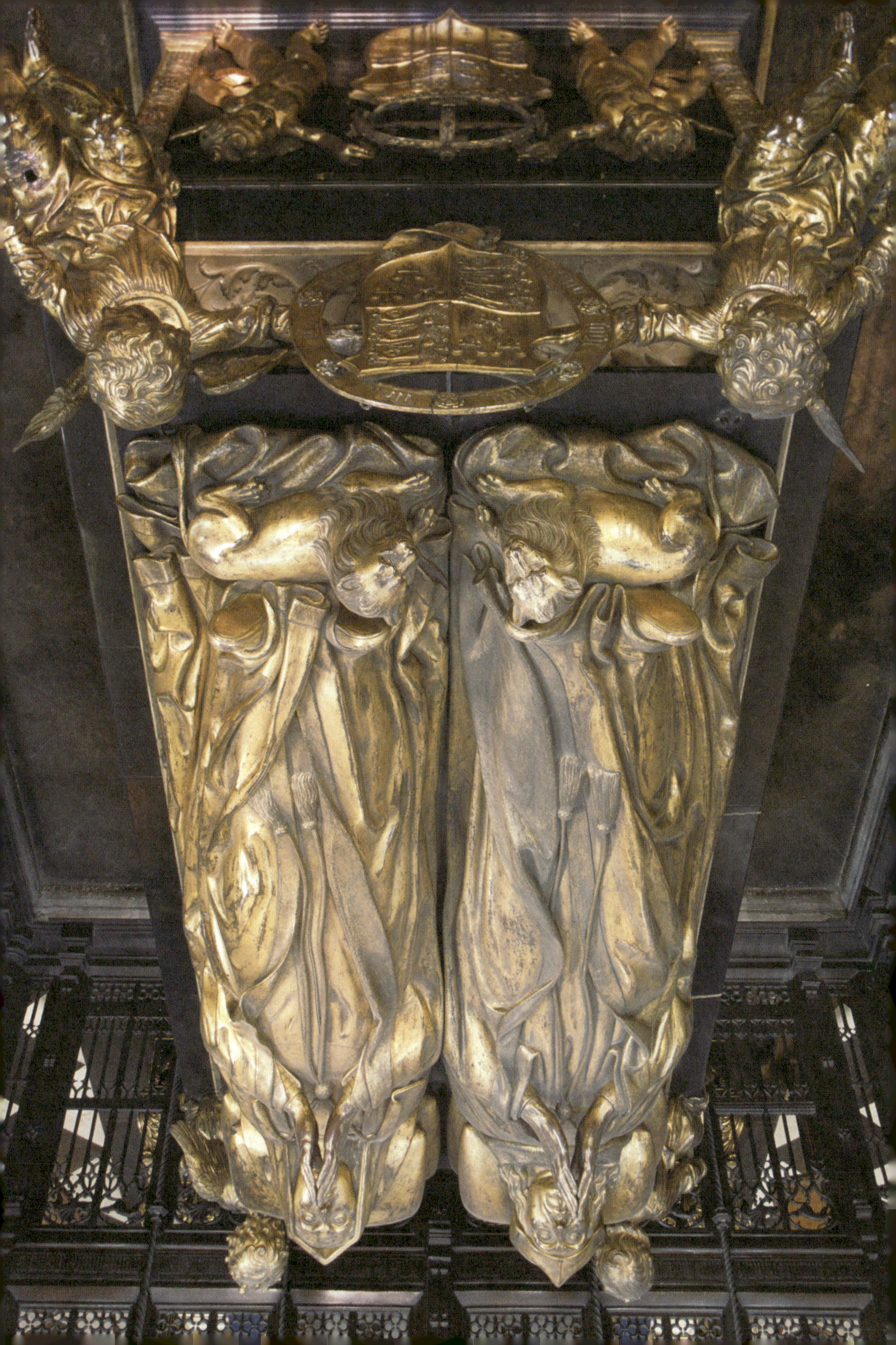

第二章

◆

亨利八世：
传奇的诞生

Henry VIII: 人物王朝 Legend

亨利从出生起便贵为王子，带着⋯⋯⋯⋯⋯⋯化他不难接受国王的新身份。他顺利地戴⋯⋯⋯⋯他便想要对王国做出重大而影响深远的改⋯⋯么做的。亨利八世所作所为的疯狂程度甚至⋯⋯象，这使得他独裁专制、冷酷无情、个性强烈⋯⋯在了人们心中。这位英格兰历史上最具争议的⋯⋯三十八年的统治。

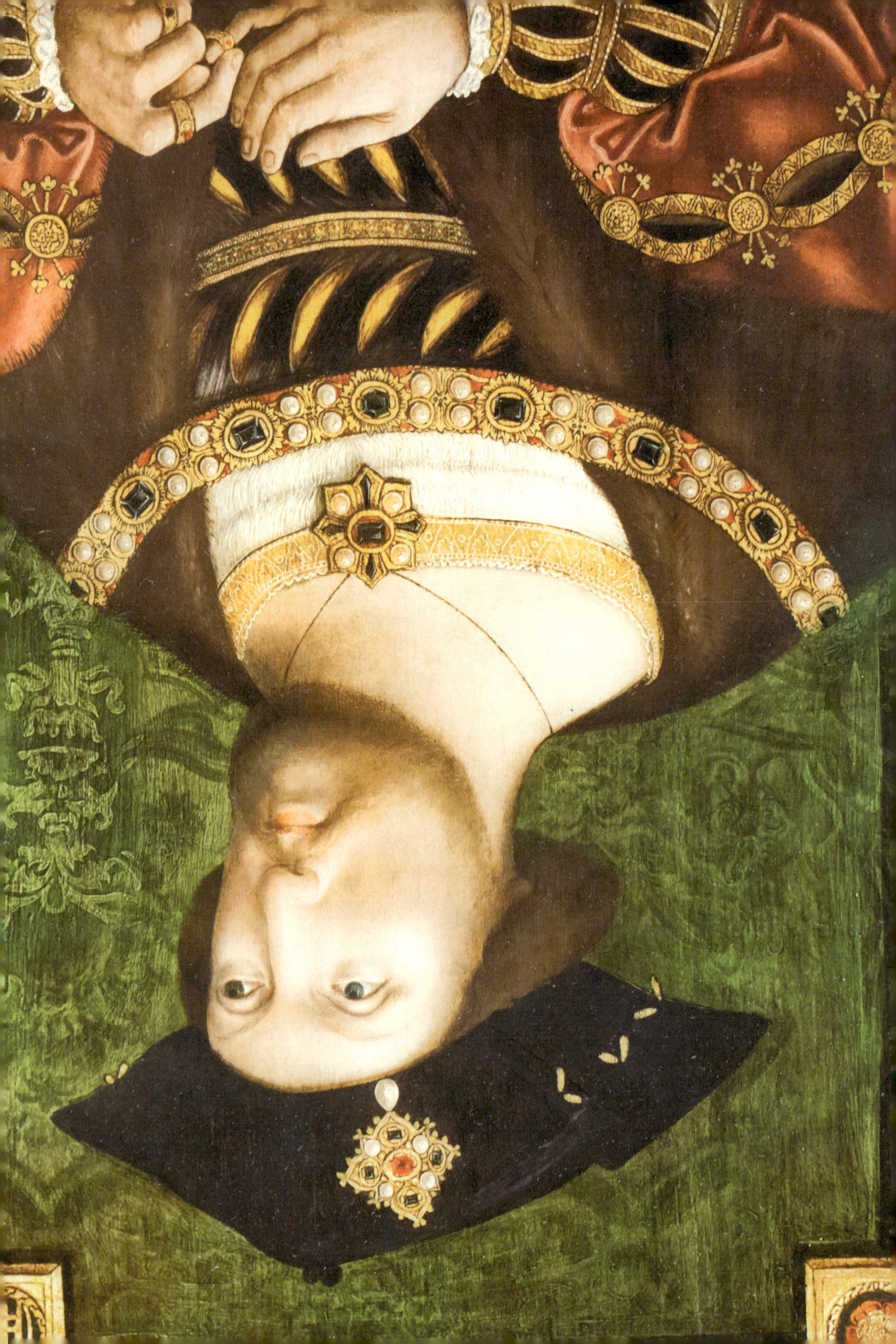

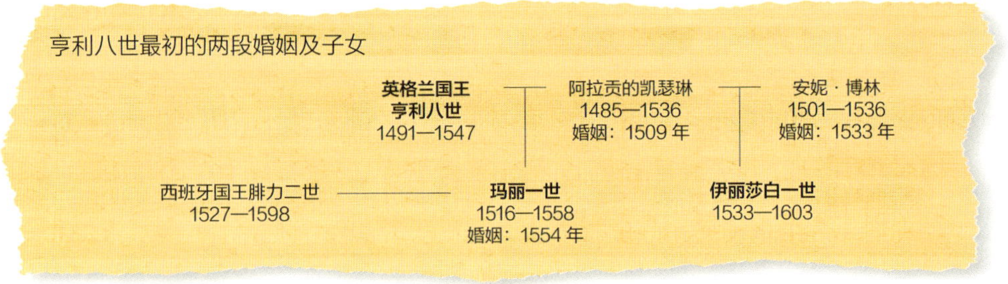

亨利八世最初的两段婚姻及子女		
英格兰国王 亨利八世 1491—1547	——阿拉贡的凯瑟琳 1485—1536 婚姻：1509 年	——安妮·博林 1501—1536 婚姻：1533 年
西班牙国王腓力二世———— 1527—1598	**玛丽一世** 1516—1558 婚姻：1554 年	**伊丽莎白一世** 1533—1603

◆

除了上帝，过去的英格兰国王便是最高权力的象征。

小亨利是国王亨利七世的第二个儿子，1491 年 6 月 28
日出生在格林威治宫（Greenwich Palace），自幼年时期就被
当作王子培养——比他年长五岁的哥哥亚瑟将在他们的父亲
去世后继承王位。因此，相较肩负重任的继承者，亨利在孩
童时期没有受到过于严格的管束。亨利的博学多才广为人知：
剑桥学者约翰·斯克尔顿（John Skelton）教授他古典文学，
蒙乔伊（Mountjoy）勋爵教授他绅士的行为举止，威廉·霍恩
（William Hone）教授他神学——他对该学科十分感兴趣。早
年的宗教教育成为他日后与天主教会争端的根源。在亨利加
冕前的近一千年中，天主教一直是英格兰和欧洲大部分地区
的唯一宗教。

成为继承人

亨利擅长运动，尤其喜欢骑马、比武、打猎和摔跤，他的
舞技也很出名。父亲亨利七世被认为是一个不懂得享受的吝啬

对页图 图中的亨利八世看
上去博学多才，体格强壮，
长相英俊。不过，之后的
肖像画更贴近他本人的形
象，在那些画中他拥有粗
大的腰围、肥硕的下巴和
不苟言笑的表情，这样的
外表背后掩藏着他糟糕的
身体和脾气。

教皇的权力

教皇、圣父与罗马主教是传统意义上罗马天主教会第一任教皇圣彼得（Saint Peter）[1]的继承者。教皇制度发展至宗教改革时期，已经成为榨取利益和操纵权力的工具。几个世纪以来的腐败和虚伪已经使教会变得乌烟瘴气，有钱人会购买教会发行的赎罪券，以期用钱换取上帝的赦免来升入天堂。教皇的权力是改革的关键问题之一。

教皇利奥十世（Pope Leo X）与克莱门特七世（Pope Clement VII）是来自美第奇（Medici）家族的堂亲，这个家族统治了当时具有影响力的佛罗伦萨王朝，其中共产生了四位教皇，家族通过教皇来控制议会和教会，以此扩大自己的权力。

① 又译圣伯多禄，耶稣大弟子和最喜爱的门生，为基督教早期领袖。——译者注

> 事实上，单单亚瑟去世这一件事，就能被算作有史以来影响英格兰君主制最重大的事件了……

鬼，他则与父亲不同。亨利三岁时被封为约克公爵，五岁时被授予嘉德勋章（Order of the Garter）[1]，如果哥哥亚瑟能继承王位，他可能会任职于教会，国王的其他儿子往往都是如此。

但亚瑟没有活下来，他在 1502 年去世，这彻底改变了亨利的命运。事实上，单单亚瑟去世这一件事（具体原因不明），就能被算作有史以来影响英格兰君主制最重大的事件了，这影响了整个国家和人民，造成了大规模的死亡和破坏。后来，亨利被封为康沃尔公爵，并在 1503 年 2 月成为威尔士亲王——这个头衔之前属于亚瑟。现在，亨利受到了严格的监督，无法再享受曾经的自由生活。亨利成为仅剩的男性继承人，他的父亲亨利七世一直担心他也会出事，因此很少让他公开露面，他也不得不减少从小喜爱的体育活动。这位年轻的王子几乎是活在父亲及祖母玛格丽特·博福特的控制之下。他必须待在宫中，做任何事都要征得同意，甚至都不被允许拥有自己的钱。当时的亨利强壮魁梧，正值青春年少，已经习惯了以前随心所欲的生活，他难以接受这样的限制。这也导致了他在成为国王后不再允许任何人控制他。从亨利加冕的那一刻起，他就开始掌权了。

① 授予英国骑士的一种勋章，起源于中世纪，是英国最古老也是最资深的骑士勋章。——译者注

取悦公众

尽管与哥哥相比，亨利早年没有被当作王位继承人培养，但民众们为年轻的亨利王子即将成为英格兰的新国王而感到高兴。亨利七世为国家付出了许多，在统治的大部分时间中维持着王国的和平，但人们已经厌倦了他不断增加税收充实国库的举措。他们已经做好了迎接改变的准备，这时英俊潇洒的亨利八世登场了。

人们对亨利八世的普遍印象是膀大腰圆、行事固执、性情暴躁，但是他年轻时曾拥有修长挺拔的身材，那时的他性格活泼、长相英俊，还极具男子气概。在 1509 年 6 月 24 日〔施洗者圣约翰节（Midsummer's Day）①〕的加冕仪式上，高逾六英尺（约 1.83 米）的他身着奢华的天鹅绒宝石长袍，头顶闪耀的王冠，尽显王者风范。

前一天，他与哥哥的遗孀阿拉贡的凯瑟琳刚刚举行了简单的婚礼。起初，亨利拒绝与她结婚，但在父亲亨利七世死后，他改变了主意，认为自己应当完成父亲的这个遗愿。亨利转变态度也可能是因为凯瑟琳带来了丰厚的嫁妆，他若不娶，对方便会带着这些嫁妆离开英格兰。这场联姻将巩固王国与西班牙之间的联盟关系，而这次的联盟事关重大，因为当时的西班牙富有强大，是欧洲的一个超级大国。

由于凯瑟琳之前已经与亚瑟结婚，因此她嫁给亨利需要教皇儒略二世（Pope Julius II）授予豁免权，当时亨利宣称对此感到很满意。尽管亚瑟曾经声称与凯瑟琳已经有了夫妻之实，并说过一句令人难忘的话："今夜，我一直睡在西班牙的中间。"

在亚瑟去世后的七年里，凯瑟琳一直担任西班牙驻英大使。当时她已经二十四岁了，拥有漂亮的相貌，受过良好的教育，还是一个虔

> 尽管亚瑟曾经声称与凯瑟琳已经有了夫妻之实，并说过一句令人难忘的话："今夜，我一直睡在西班牙的中间。"

---

① 每年 6 月 24 日。施洗者圣约翰被认为是耶稣的表兄，在耶稣开始传福音之前在旷野向犹太人劝勉悔改，并为耶稣施洗。——译者注

050   都铎王朝

诚的教徒，她认为嫁给亨利是自己的责任。他们于 6 月 23 日举行了婚礼，并在威斯敏斯特大教堂进行了盛大的加冕仪式，一同成为国王和王后。庆祝活动时间冗长且极尽奢华，人们尽情娱乐，载歌载舞，桌子上摆满了各色美食美酒——这是亨利的一贯作风。

在加冕和结婚过后，亨利首先采取了一次暴力行动，这次行动彰显了他果断和无情的名声，也向枢密院表明了他的掌权地位。1510 年，亨利以叛国罪为由下令处决了理查·恩普森和埃德蒙·达德利——他父亲的财务顾问中最遭人唾弃的两位。尽管几乎没有确凿的证据，但亨利证明了他的话语就是法律。两人受到了正式处决，几乎没有人为之求情。亨利会处决任何反对或妨碍他的人，这样的做法是他整个统治期间的一大特点。这一大胆的举动表明了他拥有不容置疑的力量，其强势与固执将对犯错者毫不留情。

对页图 图为亨利八世与阿拉贡的凯瑟琳的婚约。虽然他们在 1503 年便订下了婚约，但两人直到 1509 年才结婚。

亨利在情场

在严格治理王室和国家的同时，亨利又规划起为国家提供继承人的"大事"。亨利亲身经历了童年不安定的生活（除了哥哥亚瑟在十五岁时去世以外，亨利还有两位幼年时去世的兄弟姐妹），他急于培养一批男性继承人。那一年，凯瑟琳怀孕，并在 1510 年 1 月 31 日生产。她为自己如此快速地怀上孩子感到高兴和自豪，但随着女儿的早夭，她的喜悦变成了失望。凯瑟琳很快再次进行了尝试，四个月后又一次怀孕。她在 1511 年 1 月 1 日成功地生下了一个男孩。亨利欣喜若狂，整个国家都在庆祝王子的诞生。此时亨利不再是一些人口中的反宗教人士，他成为虔诚的天主教徒，经常参加弥撒。当时他对上帝心怀感激，会去沃尔辛厄姆的圣母朝圣地，为他的儿子和继承人祈祷。

然而，好景不长，这个命名为亨利的男孩突然死去。国王父亲的喜悦也就此消散，这也在他与凯瑟琳之间埋下了关系紧张的第一颗种子。显然，亨利有能力成为父亲，因此很

052　都铎王朝

上图　图为沃尔辛厄姆（Walsingham）的圣母朝圣地 [1]。讽刺的是，亨利曾在此地朝圣，而该圣地却在宗教改革期间遭到破坏，之后在 20 世纪 30 年代重建。

---

[1]　英国教会相信，圣母于 1061 年在诺福克的沃尔辛厄姆一位贵族妇女身上显灵，嘱其在英格兰为自己建一所圣家堂。——译者注

多谣言称凯瑟琳并非幸运之身。

凯瑟琳始终在与这些谣言做斗争，在几次流产过后，她终于在1516年2月18日生下了一名健康的女婴。亨利对此感到很高兴，即便这不是他渴望已久的男孩——他们不断为此努力着。然而，此时的凯瑟琳已经三十一岁，无法继续生育。据说，亨利在凯瑟琳怀孕期间有过外遇，而现在他对妻子已经不再有任何感情，甚至不再尝试向她和王室隐瞒这些。这个无情的国王与年轻漂亮的伊丽莎白·布伦特（Elizabeth Blount）在一起，1519年两人生下了一个儿子。这成为压垮王室婚姻的最后一根稻草。显然，国王有能力生产健康的儿子，这意味着问题出在凯瑟琳身上，他不得不采取一些措施了。

上图 阿拉贡的凯瑟琳在婚姻方面缺乏运气。亚瑟在他们结婚几个月后就去世了，留下凯瑟琳一人在异国他乡漂泊。八年后，她终于嫁给了亨利八世，为此她付出了很多，承担了无数的痛苦。

亨利的母亲，美丽的约克的伊丽莎白，一直是亨利心目中完美妻子、完美母亲和完美王后的典范。伊丽莎白为亨利七世生下了许多孩子，她慈爱温顺，从未违抗过他的父亲，这是亨利认为母亲最可贵的品质。亨利的自信心极强，因此他很难理解为什么人们不能心甘情愿地服从于他的任何想法，那些反抗他的人都遭到了最苛刻的对待。凯瑟琳很快就会意识到这一点。亨利给男孩取名为亨利·菲茨罗伊（Henry Fitzroy），并公开承认了这位私生子，1525年封他为里士满公爵。同时，他也开始密谋摆脱他那不育的妻子。

布伦特并非亨利的第一位情妇，也不是最后一位。拥有一个情妇对贵族来说是意料之中的事，对国王来说甚至能得到人们的支持。亨利享受追求异性的过程，也喜欢陷入爱情的感觉，他有几位情人，也可能还有几个私生子。他的性格阴晴不定、要求苛刻，对任何女人来说，要想真正取悦他是很难甚至不可能做到的事情。这也意味着他的男性顾问们经

亨利给男孩取名为亨利菲茨罗伊，并公开承认了这位私生子，1525年封他为里士满公爵。同时，他也开始密谋摆脱他那不育的妻子。

对页图 图为阿拉贡的凯瑟琳的父亲费迪南德二世。费迪南德和伊莎贝拉共有六个孩子，其中包括"疯女王胡安娜"（Joanna the Mad），她由于精神疾病被单独监禁。

常得不到他的赞同，通常落得一个被处决的下场。然而，尽管亨利因拥有六任妻子和众多情人而出名，但有许多国王的生活都比他更为淫乱，他的祖父爱德华四世便是其中之一。

亨利在战场

在忙于处理感情问题的同时，亨利也埋首于国家大事。他知道，最成功的国王都会壮大他的王国，他自己也走上了这条道路。与他努力维持和平的父亲截然不同，亨利不惜一切代价想要在战争中取胜。他的许多顾问恳求他保持克制，另一些顾问则认为现在是与西班牙结盟的最佳时机。凯瑟琳的父亲费迪南德二世自愿与亨利结盟，想在削弱法国力量的同时扩张自己的土地。于是，1512 年，十八艘英格兰战舰在炎热的夏季抵达了西班牙。他们计划与西班牙军联手，通过西班牙边境入侵法国。

然而，费迪南德欺骗了亨利，他另有计划。他提出由英格兰人驻守法国边境，而他自己则带领部队在纳瓦拉（Navarre）① 单独对抗法国军队。在西班牙的烈日下，英格兰军既没有饮食补给，也没有住所安身。更糟糕的是，疾病在军中开始蔓延，这导致了许多伤亡。当年 10 月，精疲力竭的英军终于返回国内，此时的他们人数锐减、士气低迷，而且一无所获。

但是，亨利想要大战一场的心却丝毫没有改变。他对费迪南德的欺骗感到愤怒，也将其部分归咎于凯瑟琳，转而与神圣罗马帝国皇帝马克西米利安一世联手。1513 年春天，英格兰军队再次投入战斗。他们向加来（Calais）进发，随后亨利本人也加入了战争，他们围攻了佛兰德斯（Flanders）的泰鲁阿讷（Therouanne），轻松地占领了这个小镇。为了巩固优势，他们继续向图尔奈（Tournai）挺进。一周后，他们攻下

---

① 位于西班牙东北部，前身为独立王国，1512 年南部（上纳瓦拉）被并入西班牙。——译者注

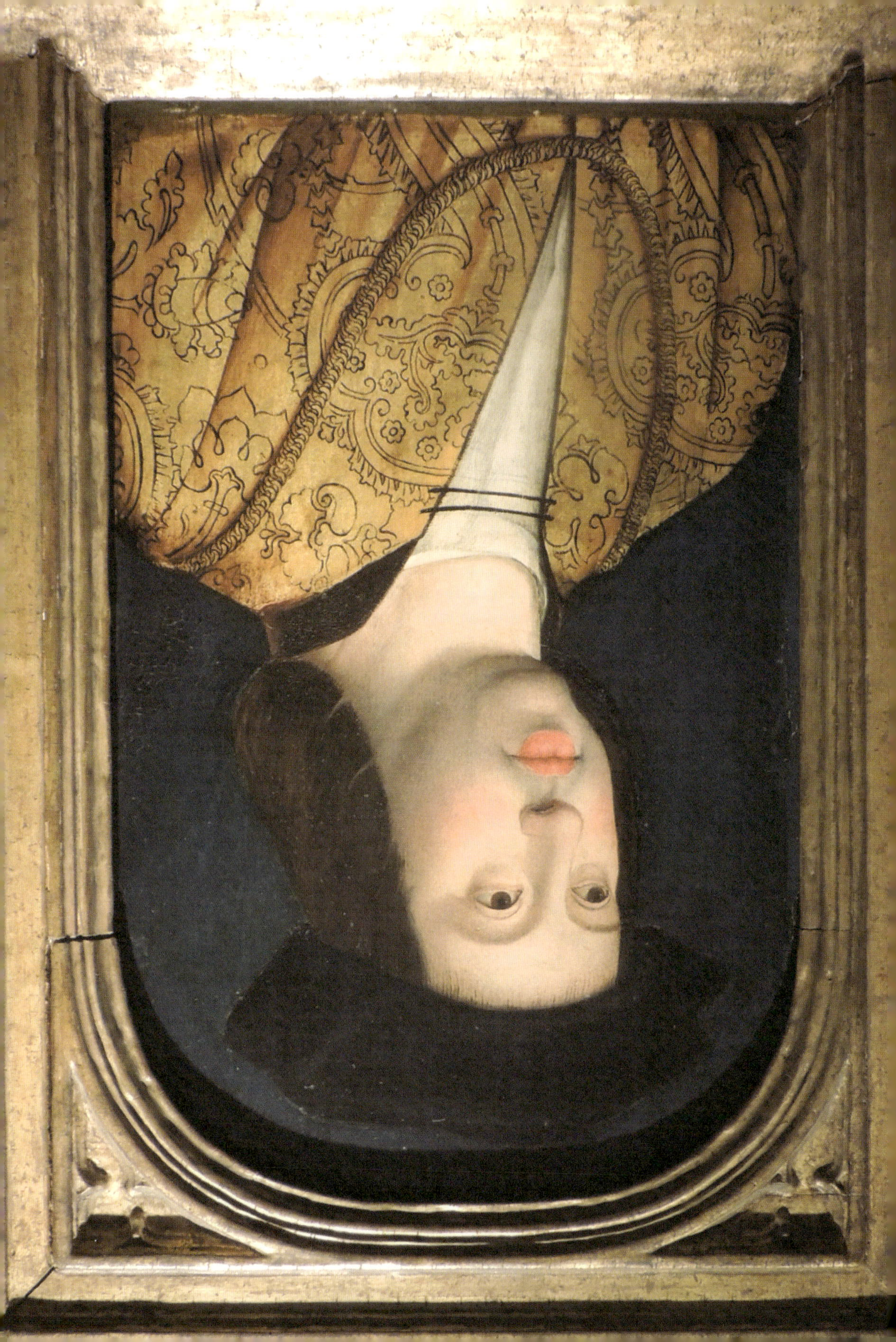

上图 这张图片展示了1513年英格兰入侵法国之前，亨利八世和神圣罗马帝国皇帝马克西米利安一世的会面。亨利不顾一切地想打赢法国。

了该城，亨利和他的军队一同庆祝了他的胜利，认为这是英格兰的伟大荣耀。亨利证明了自己是众人的领袖和一名骁勇善战的真正国王，他和军队胜利回国。

尽管取得了成功，但这场战争代价巨大。亨利七世留下的大笔财富，大部分都被亨利八世权力扩张的欲望吞噬了。国库空虚迫使政府提高了税收，人们对此感到深恶痛绝，纷纷对亨利八世有了怨言。不过，他在法国的胜利以及国内的政治作为，都说明这位富有魅力的国王此时仍能得到大多数人的钦佩和尊重。

外交内政

此时，英格兰的邻国苏格兰总是挑起事端，亨利攻击了

左图 阿尔布雷特·丢勒（Albrecht Dürer）于1519年为马克西米利安一世创作了这幅肖像画，同年这位自负的皇帝去世。丢勒还为他制作了木版画。

对方曾经的盟友法国，因此苏格兰感受到了威胁。趁亨利不在国内，1513年，詹姆斯四世率领军队越过边境进入英格兰。亨利前往法国打仗时任命凯瑟琳为摄政，她领导英格兰人对抗了这次入侵。在弗洛登（Flodden）战役中，英格兰军很快便占了上风，尤其是在詹姆斯中箭身亡后，苏格兰军更是溃不成军，英格兰大获全胜。为了表示对亨利的敬爱与钦佩，凯瑟琳送去了詹姆斯破碎染血的战衣（有传言称当时她还想送上詹姆斯被砍掉的头颅）。

英格兰军很快便占了上风，尤其是在詹姆斯中箭身亡后……

虽然有人指出亨利在这两场战斗中的实际参与度很低，但至少我们可以说，这两场胜利都是以他的名义赢得的。作为国王，他的直率和勇敢得到了赞誉，而他一直以来也自以为是。

亨利通过战争证明了自己，之后英格兰度过了一段相对平静的时期。实际上，这可能是由于政府缺乏战争所需的资金，但无论如何，英格兰人都很享受这种宁静的生活。但随着动荡而暴力的改革到来，一切都将被改变。

亨利的妹妹，美丽的玛丽被许配给了法国国王路易十二，原来敌对的英法两国形成了一个不太稳固的联盟。这在一定程度上是由于托马斯·沃尔西（Thomas Wolsey）的外交努力。多年以来，沃尔西逐渐成为亨利最信任的顾问，他在1520年为亨利和路易的女婿、法国新王弗朗索瓦一世（Francis I）在奢华的金帛盛会（Field of the Cloth of Gold）安排了会面。虽然这次会面的排场很大，庆典、宴会和各种比赛持续了两个星期，但这对推动两位君主交好的作用可以说是微乎其微。在

第二章　亨利八世：传奇的诞生　059

1521 年的一次国际冲突中，英格兰选择支持向法国宣战的神圣罗马帝国皇帝查理五世（Charles V）。于是，法国理所当然地视英格兰为双方联盟的背叛者。

继续前进

作为国王，为国家提供男性继承人是亨利义不容辞的责任。他若还与凯瑟琳保持婚姻关系，继承人计划就将变得难

跨页图　金帛盛会是 1520 年 6 月亨利八世和法国国王弗朗索瓦一世举行的一次奢华会面。左上角的龙在当时可能是一种不祥之兆，不过也可能只是一种绚丽的烟花。

以进行，因为任何私生子在他死后都无法享有稳固的王位。亨利也不相信他的女儿玛丽或者其他任何女人能够守住王位。他必须抓紧时间再次结婚。他想到了自认为最有效的理由，就是将凯瑟琳之前与亚瑟的婚姻作为两人离婚的依据，尽管凯瑟琳曾发誓说与亚瑟从未有过夫妻之实——对于她这样虔诚的女孩来说，这很可能是事实，但在亚瑟死前他们已经结婚五个月了，而且亚瑟曾告诉侍臣他们已经成为夫妇。亨利曾接受过宗教教育，因此对《圣经》非常熟悉，他找到了《利未记》中的一段话：

上图 图中是教皇克莱门特七世。他禁止亨利废除婚姻，支持查理五世——阿拉贡的凯瑟琳的侄子、疯女王胡安娜的儿子——而不是亨利。

人若娶弟兄之妻，这本是污秽的事，羞辱了他的弟兄，二人必无子女。

亨利现在有了他所谓的上帝之言来证明他们的婚姻本不该发生。他不顾天主教会禁止离婚的规定，将此作为废除婚姻的理由，把证明提交给了当时的教皇克莱门特七世。当时，英格兰还专门召开了一个教会法庭来讨论此事，但两个月后该法庭被召回罗马，因此这件事依旧悬而未决。亨利无法向

《伦敦条约》

1518 年，查理五世在其祖父费迪南德去世后成为西班牙国王，之后各国签署了《伦敦条约》。签署的欧洲各国包括英格兰、法国、西班牙、神圣罗马帝国、勃艮第、尼德兰和罗马教皇国。这些大国都同意不攻击其他任何国家，所有国家将在签署国面临入侵的危险时联合起来。

英格兰由此成为公认的重要盟友和欧洲强国，因为正是其从中斡旋，条约才得以成功签署。

查理五世

查理五世在 1516 年被封为西班牙（当时包括卡斯蒂利亚王国、阿拉贡王国以及意大利的部分王国）国王，然后在 1519 年被加冕为神圣罗马帝国皇帝与奥地利大公，在短短几年内便成为欧洲最强大的统治者。作为哈布斯堡（Hapsburg）王朝、瓦卢瓦 – 勃艮第王朝和西班牙的继承人，查理重新夺回了法国的部分领土，将帝国的领土拓展到了美洲。作为一名狂热的天主教徒，他反对亨利脱离教会，也反对德国马丁·路德（Martin Luther）实行的宗教改革，最终，他因为糟糕的身体退位。他有着著名的"哈布斯堡下巴"[1]（见上图），这可能是由于近亲通婚造成的。

①　由于哈布斯堡家族放纵的近亲通婚行为，这个王室家族呈现出了特殊的身体特征，即现代医学中的下颌前突，特征是下颌突出，明显大于上颌。——译者注

教皇施压使其就范，因为对方实际上成了神圣罗马帝国皇帝查理五世的傀儡，而且不幸的是，查理就是凯瑟琳的亲外甥。

亨利不允许无关紧要的人对他指手画脚，哪怕对方是被视为权威的教皇，他不断争取，最终如愿地废除了婚姻。这件事也为他日后反抗曾经虔诚信仰的天主教会，并在 1534 年成为英格兰教会的最高领袖埋下了伏笔。亨利这么做是因为他想拥有新妻子的欲望日益强烈，而且他认为死前为

亨利这么做是因为他想拥有新妻子的欲望日益强烈，而且他认为死前为英格兰提供一名男性继承人是他作为国王的责任。

虽然一些人同情想要儿子的亨利，但大多数人都与遭受不公待遇的王后站在一起，反对荒淫无度的国王及其属意的新王后人选安妮·博林。

英格兰提供一名男性继承人是他作为国王的责任。但他没想到教皇与凯瑟琳都拒绝了他。凯瑟琳表现出她一贯的固执，严格的天主教教育意味着她不能选择离婚。如果两人离婚，她将被迫离开英格兰并因此蒙羞，这样的后果也是她拒绝离婚的原因之一。虽然一些人同情想要儿子的亨利，但大多数人都与遭受不公待遇的王后站在一起，反对荒淫无度的国王及其属意的新王后人选安妮·博林。

废除婚姻，破坏教会

安妮是托马斯·博林（Thomas Boleyn）的女儿，她父亲是亨利最信任的外交官之一。在玛丽·都铎与路易十二结婚后，安妮在法国的王宫中陪伴着她。人们口中的安妮是个有主见、有智慧的才女，1521 年，她回到英格兰王宫，不久后便引起了国王的注意。安妮知道亨利迷上了自己，多年来一直谨慎地扮演着自己的角色，与他调情，表明心迹，但从不逾越礼节。和之前的许多女人不同，她不满足于仅仅成为亨利的一位情妇。安妮时常离开王宫，去往童年时居住的赫弗城堡（Hever Castle），但她仍与亨利保持着联系，这样他便会一直心有牵挂。

亨利爱好浪漫风流之事，他给安妮寄去了书信、诗歌和象征感情的信物。他为了迎娶安妮花费的心思表明，这位多情的国王被她深深地吸引了。安妮野心勃勃、冰雪聪明，她坚称要戴上后冠，否则绝不答应亨利的求爱。亨利甚至加冕安妮为彭布罗克女侯爵，让她成为英格兰历史上第一位获得贵族爵位的女性。他属意安妮为王后的决心显而易见，尽管大多数民众都同情凯瑟琳，厌恶不忠诚的安妮。

1531 年，亨利再也无法继续忍受了。他已经和凯瑟琳过了一年多的分居生活，而安妮仍与他保持着距离。亨利不再愿意等待他人来决定自己的命运，他将凯瑟琳驱逐出宫，并将安妮安置在王后的住处。1533 年，亨利和安妮秘密结婚，尽管他在法律意义上仍是凯瑟琳的丈夫。安妮很快便怀孕了。

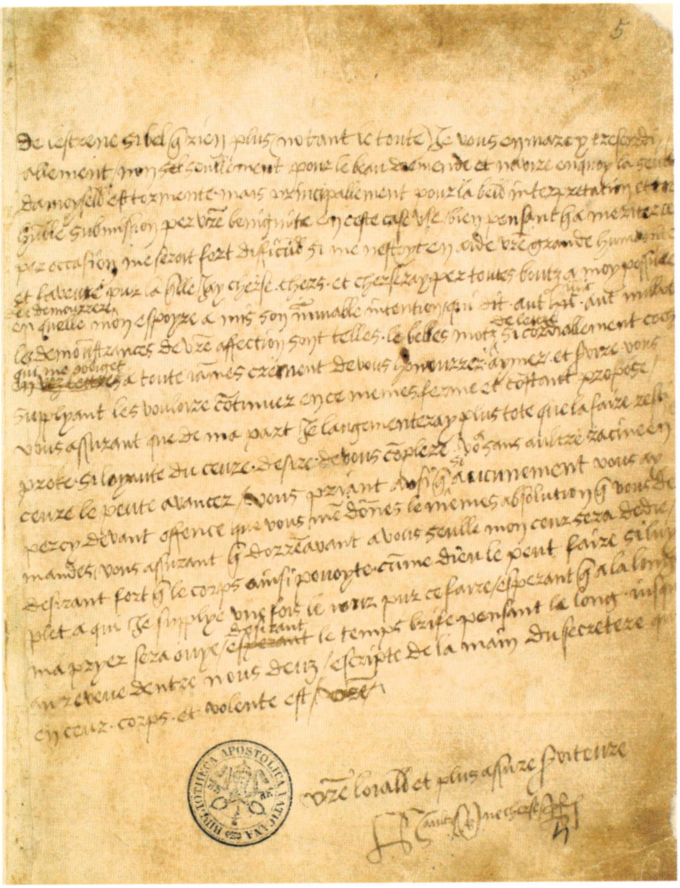

左图 图为 1528 年前后亨利八世写给安妮·博林的一封情书，当时亨利还将婚姻的废除寄希望于罗马教皇的批准。这位浪漫的国王写道："心只献给你（安妮）。"

另一位博林家族的女孩

在与安妮结婚之前，亨利曾与她的姐姐玛丽在一起。安妮和玛丽都曾在法国国王路易十二的王宫中待过，在那里她们学会了如何卖弄风情、施展魅力。在离开法国王宫后，玛丽成为亨利的情妇，两人大约在一起交往了五年。然而，亨利最终娶了安妮，因为她的风情俘获了他的心；并且当时有传言称，玛丽可能与弗朗索瓦一世（路易的继任者）及其他几位朝臣有染。

丑闻在宫中流传开来，称亨利与两姐妹以及她们的母亲都有过关系。亨利得知此事后，他的回答是："我绝没碰过她们的母亲！"

上图 英国画家威廉·霍加斯（William Hogarth）[1]于 18 世纪创作了这幅画。在这幅名为"亨利八世在宫中介绍安妮·博林"的画中，一脸痴迷的亨利正带着安妮走向疑虑重重的红衣主教沃尔西，他可能正在为国王的婚事担忧。

对页图 这幅插图为托马斯·克兰麦（Thomas Cranmer）。在宣布亨利八世的第一次婚姻无效后，他批准了亨利与安妮的婚姻。1532 年，克兰麦被任命为坎特伯雷（Canterbury）大主教，1556 年被凯瑟琳的女儿玛丽一世处决。

① 威廉·霍加斯（1697 —1764），英国著名画家、版画家、讽刺画家和欧洲连环漫画的先驱。——译者注

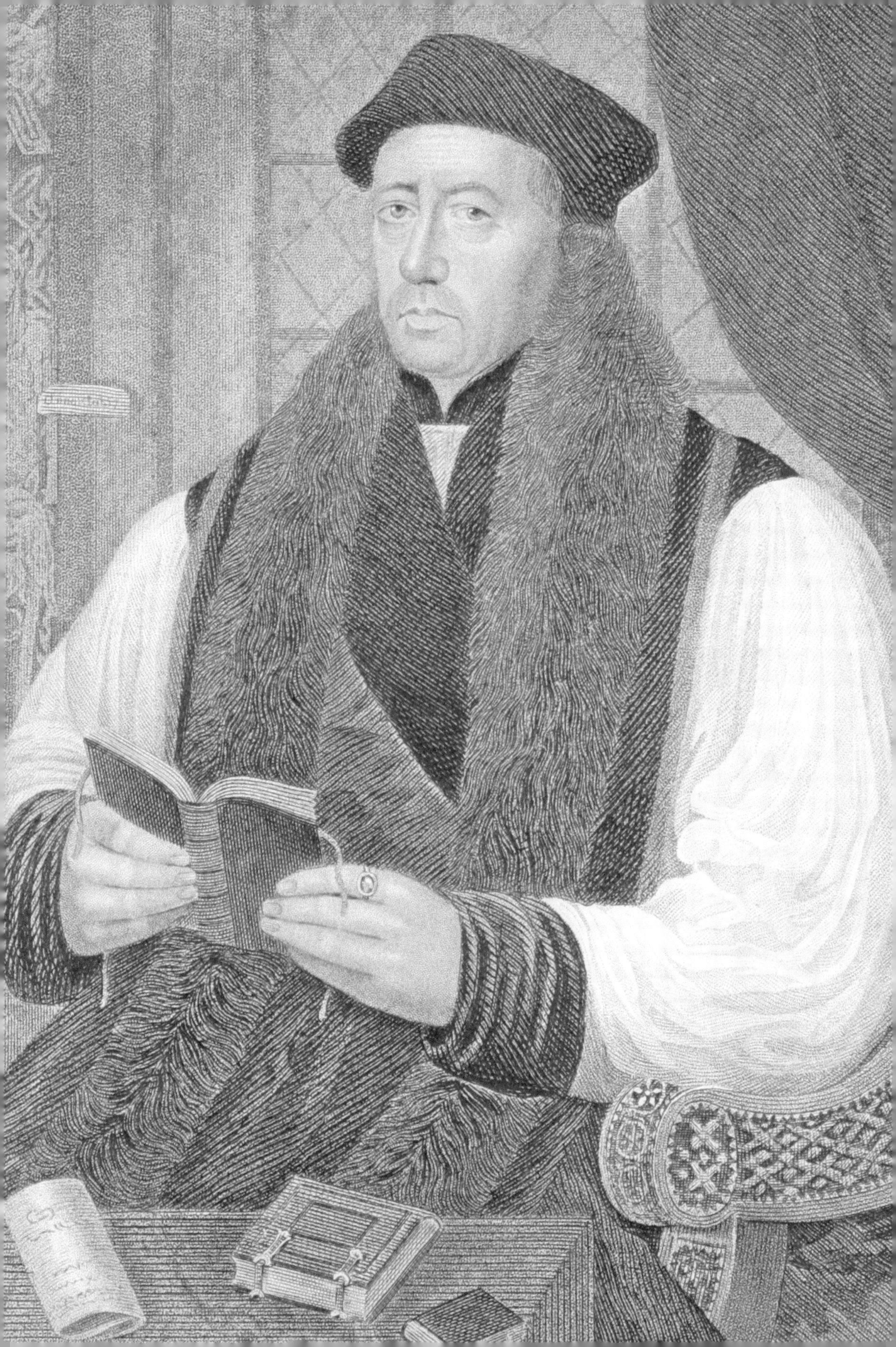

上图 教皇克莱门特七世不允许亨利废除婚姻，从这幅图中可以看到，作为报复，亨利八世将教皇踩在了脚下，显然他现在只听从于上帝。

在亨利看来，无论后果如何，这都证明他做出了正确的选择。他们必须将婚姻合法化，于是两人在 1533 年 1 月 25 日举行了第二次正式婚礼。持反对意见的沃勒姆①（Warham）大主教于 1532 年去世，托马斯·克兰麦受任成为坎特伯雷大主教。在亨利与安妮的婚礼后不久，这位刚接任的大主教便批准了他们的婚姻，并主持了宗教法庭，正式裁定亨利与凯瑟琳的婚姻无效。作为亚瑟的遗孀，凯瑟琳被授予了王太妃的头衔，而胜利的安妮则在 6 月 1 日被加冕为王后。

① 威廉·沃勒姆（1450—1532），1505—1532 年间担任坎特伯雷大主教。——译者注

英格兰的宗教

过去，亨利统治下的英格兰一直是一个虔诚的天主教国家（亨利本人甚至曾因为抨击路德的宗教改革在1521年被授予"信仰捍卫者"的称号）。

当时大多数人每周都会参加弥撒，经常对着耶稣和玛丽亚的圣像或十字架祈祷。人们向圣徒[①]和圣家族[②]的圣像祈祷，相信圣餐变体论（弥撒中祝圣用的面包和葡萄酒变成了基督的体血）是事实。任何质疑者都会被指为信奉异端。也许亨利最大的成就（如果这能称为成就的话）就是推陈出新，改变了正统的信仰。

———————
① 因其生死言行而被基督教会追封的人。——译者注
② 基督教对耶稣、耶稣的生母玛利亚以及养父约瑟（天主教译作若瑟）的合称。——译者注

与教会决裂

有人认为，英格兰的宗教改革及其与罗马天主教会的决裂，都是亨利想要与安妮·博林结婚导致的。虽然这确实起到了催化剂的作用，但在亨利的政治手腕和对权力的敏锐性下，发生这样的冲突很可能只是迟早的事。查理五世拥有对教会和教皇的实际控制权，而凯瑟琳是查理的姨妈，因此他不可能允许她的婚姻被废除。亨利一向自以为是，如果教皇不批准他的请求，他便认为自己除了掌控教会之外再没有其他选择。与其他君主相比，亨利八世真正相信自己就是上帝在凡间的化身，只听从于上帝，他认为自己拥有的权力甚至超过了教皇。

亨利开始抨击教会。首先，他再次提出了《侵犯王权法》，该法规定任何支持教宗训谕或管辖权者（被归为外国势力，因此对英格兰不利）都将被视作反对君主制，都将被判死刑。《教士顺从法》规定，教会只得在国王许可的情况下制定教会法，任何宗教行为不得与君主制相悖。与之类似的还有《反教区主教请愿书》，该文件进一步转移了教会的权力。《教士首年薪俸法》禁止教皇征税。而在头衔方面，教皇头衔被罗马主教头衔取代。亨利步步为营，不断剥夺教会的权力，以

> 查理五世拥有对教会和教皇的实际控制权，而凯瑟琳是查理的姨妈，因此他不可能允许她的婚姻被废除。

第一位改革者

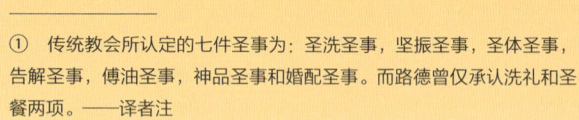

马丁·路德是一位德国的修道士，他于 1517 年首次在天主教内挑起不满情绪。当时，教会在不论罪恶的情况下，以出售赎罪券的方式确保灵魂在死后进入天堂。路德强烈反对这样的行径，他还想取缔一些神秘化宗教的圣事[①]。在他看来，不论贫富，每位信徒都应该获得与上帝相通的机会。路德认为，教会已经忘记了自身存在的初衷，因此他提出要回归一个基于信仰的更纯粹的宗教。路德很快被指为异端，在 1521 年被教皇利奥十世逐出了教会。他的改革在整个欧洲广为人知（得益于印刷业的发展），包括剑桥在内的许多大学都对此进行了讨论。他将整本《圣经》翻译成德文，人人都得以阅读，这本《圣经》于 1524 年出版。

左图 图为马丁·路德，他与亨利一样不喜欢教皇制度，但出于不同的原因：路德憎恶通过赎罪券进入天堂的观念，因此在 1517 年脱离了天主教会。

① 传统教会所认定的七件圣事为：圣洗圣事，坚振圣事，圣体圣事，告解圣事，傅油圣事，神品圣事和婚配圣事。而路德曾仅承认洗礼和圣餐两项。——译者注

自己的权力取而代之。1534 年，亨利在夺权的道路上又更进一步，他颁布了《至尊法案》，正式与罗马教廷决裂，国王成为英格兰教会的最高领袖。该法案规定：

……国王陛下是王国及其所有其他王室领地和政治实体的唯一至尊领袖，也是所有教会事务的唯一至尊领袖。

该法案还要求所有民众只对国王效忠。尽管亨利此前便制定并通过议会颁布了诸多法案，但《至尊法案》通常被视为宗教改革的第一步，亨利巧妙地使该法案的出台看起来像是王国内的民心所向。对一个自中世纪以来一直信奉天主教的国家来说，这并非易事。虽然对许多人而言，这种改变仅仅是名义上的，但人们对神灵、圣像和圣地的崇拜也在逐渐转变，而这些之前在日常宗教生活中都是不可或缺的部分。

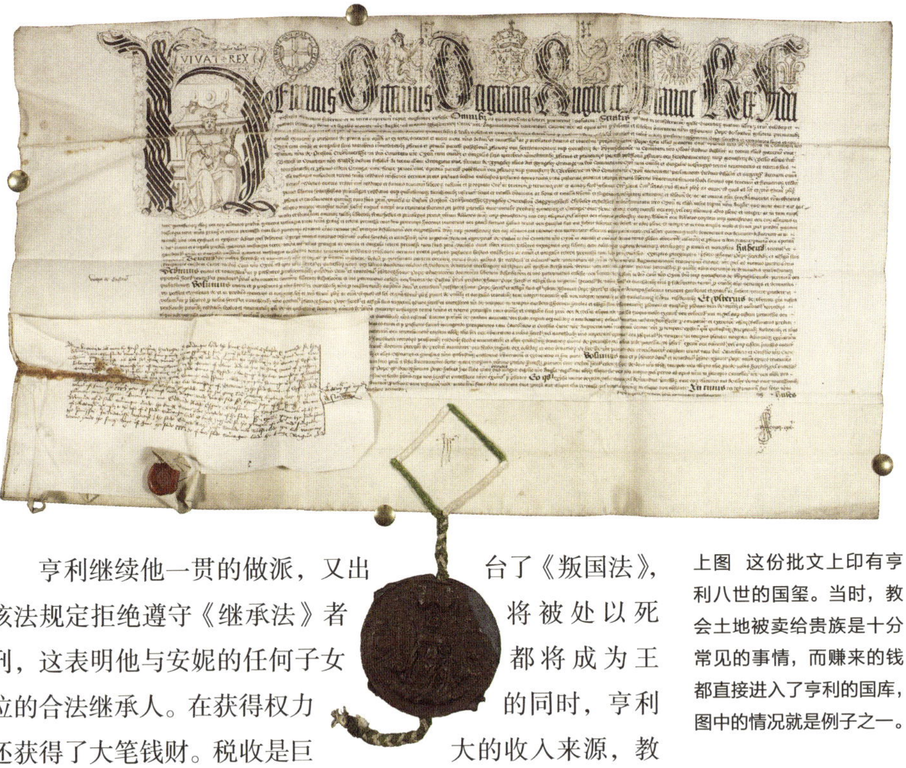

第二章 亨利八世：传奇的诞生 069

亨利继续他一贯的做派，又出台了《叛国法》，该法规定拒绝遵守《继承法》者将被处以死刑，这表明他与安妮的任何子女都将成为王位的合法继承人。在获得权力的同时，亨利还获得了大笔钱财。税收是巨大的收入来源，教会通过征税来维持修道院的运作。克伦威尔（Cromwell）在"教会财产调查"中发挥了重要作用，这是一项关于教会拥有多少财富和财产的调查。亨利开始根据这项调查向教会征税——征收其总收入的百分之十。改革议会从1529年持续到1536年，陆续出台了这些法案。官方的说法是议会的召开与亨利的婚姻状况无关，是为了搜查出修道院内对上帝犯下的罪行，例如通奸、同性恋、盗窃和酗酒等。亨利还下令关闭所有年收入低于200英镑的修道院，这样解散修道院就开始了。

尽管亨利脱离了教会并毁掉了修道院，但他一直都是一个虔诚的人，完全相信大多数天主教神学。虽然他的改革导致了许多流血事件，但可以说他是想要维护天主教信仰的起源，同时去除其中存在的虚荣、迷信之风。不过，人们不应忘记，他在改革的过程中掺杂了个人的私利，并从中获得了丰厚的收益。不出所料，亨利八世于1538年被教皇保罗三世（Pope Paul III，克莱门特七世的继任者）逐出了教会。

上图 这份批文上印有亨利八世的国玺。当时，教会土地被卖给贵族是十分常见的事情，而赚来的钱都直接进入了亨利的国库，图中的情况就是例子之一。

下跨页图 英格兰支持西班牙王国与法国之间发动的帕维亚（Pavia）战役在很大程度上导致了1521—1526年间的意大利战争。弗朗索瓦一世被西班牙军俘虏后被迫投降。图中，查理五世的部队正在快速推进。

尽管亨利脱离了教会……但他一直都是一个虔诚的人，完全相信大多数天主教神学。

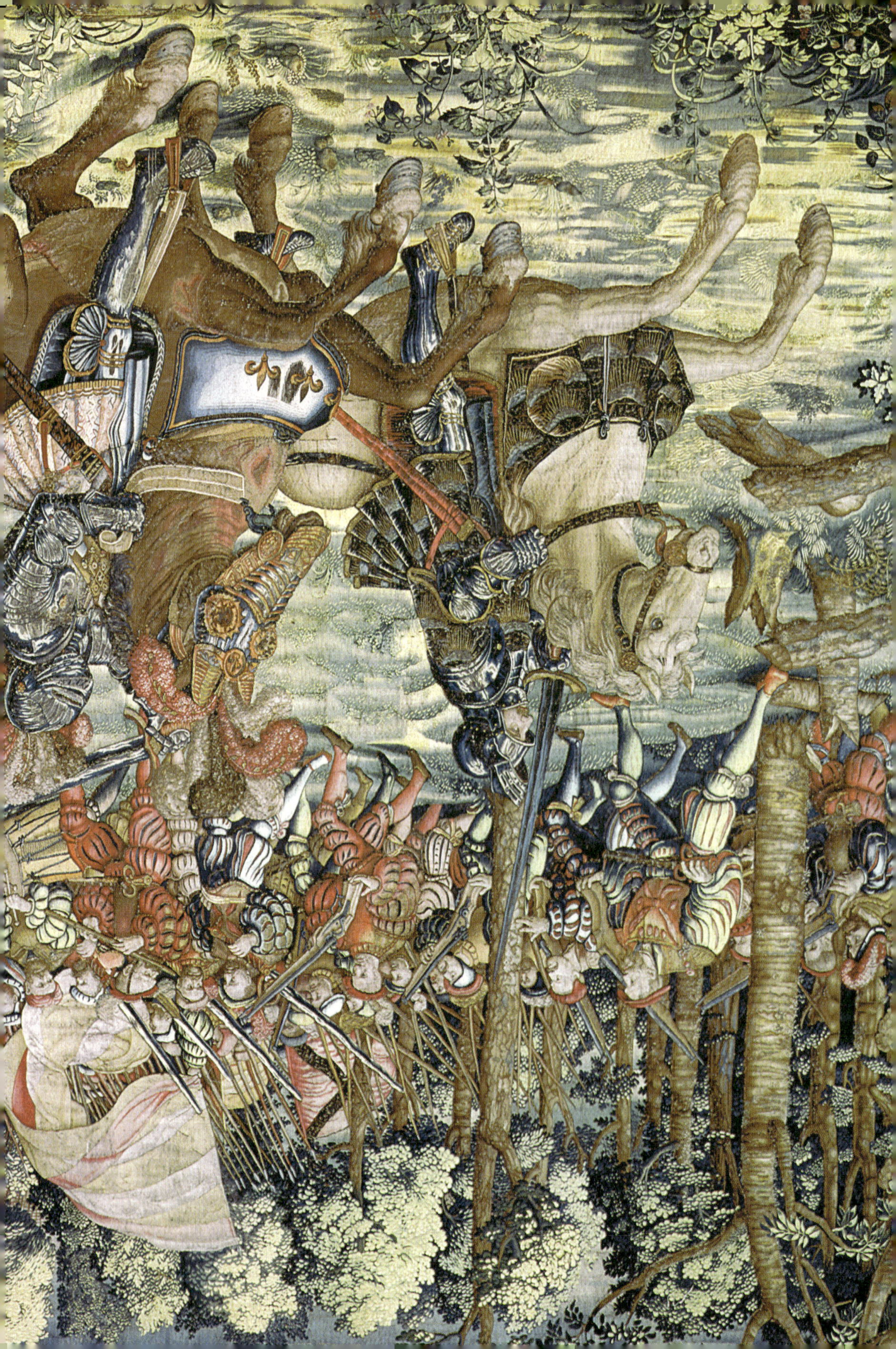

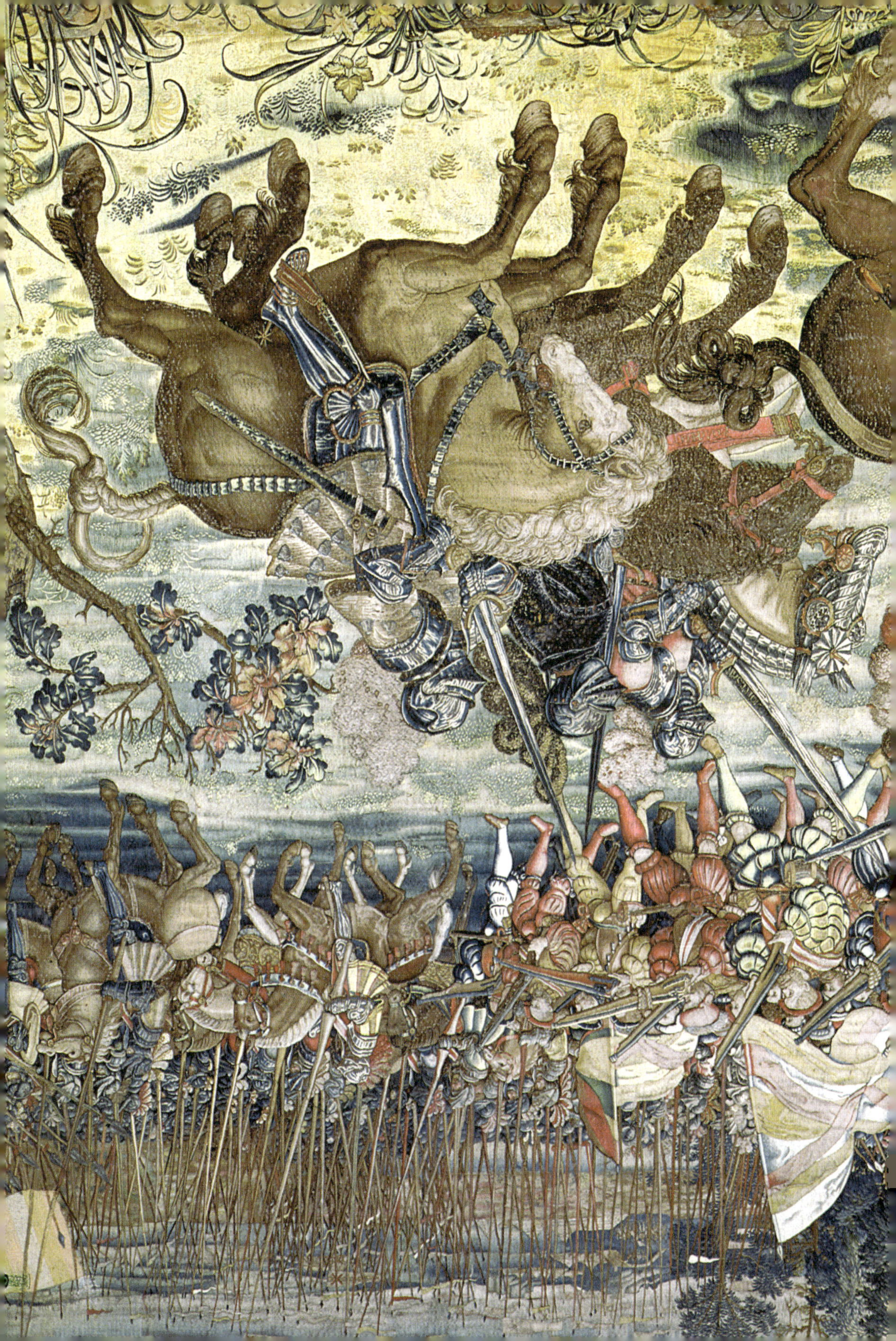

伊拉斯谟

鹿特丹的德西德里乌斯·伊拉斯谟（Desiderius Erasmus）是人文主义思想家和天主教神父，他将原版《圣经》翻译成了希腊文和拉丁文。他对路德和其他改革者产生了十分重要的影响，但他本人对宗教改革从未采取过如此强硬的路线。伊拉斯谟是一名坚定的天主教徒，他想阻止购买赎罪券、神职人员腐败等不端行为，但他既没有抨击教会，也没有支持路德——尽管对方曾要求他做出承诺——因为他担心宗教改革会带来暴力和混乱。

对页图 图中的托马斯·沃尔西身穿独特的红衣主教袍。他于 1515 年成为红衣主教和亨利的首席顾问，直至倒台。

国王身边的红人

起初，托马斯·沃尔西是亨利七世宫中的王室牧师。在亨利八世的加冕仪式上，他成为一名司务和施赈吏（almoner，承担向穷人发放救济品或救济金的工作）。凭借个人的野心、魅力和外交手腕，他很快成为亨利身边权力最大的顾问之一。他受到提拔也是由于亨利并不在意父亲曾一直密切关注的政务细节。亨利八世坚持掌握一切事务的决定权，但他希望事情能简要呈现给他，而不是在官僚主义问题上纠缠不清、浪费时间。沃尔西小心翼翼地对国王言听计从，当看到亨利决心对法国开战时，他便转变了自己的反战立场。

沃尔西的变通能力和外交手腕使他在 1515 年从亨利的枢密院成员晋升为大法官，先后被任命为约克大主教与红衣主教，但许多人对出身低微的他被赋予如此大的权力感到不满。沃尔西在议会和教会中表现杰出，他的外交能力在与法国的谈判中经受住了考验。如果要开战，沃尔西会确保英格兰军在战争中获胜——他吸取了 1512 年第一次进攻法国时失败的教训，让英格兰在 1513 年第二次进攻中夺回了法国领土。士

CARDINAL WOOLSEY

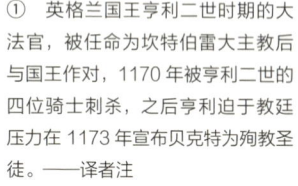

跨页图 图中，从泰晤士河对岸能看到富丽堂皇的汉普顿宫。亨利在那里住了很长一段时间，其间引起了他对文艺复兴时期建筑的喜爱，之后，他按照其风格扩建了这座宫殿。

左图 教皇保罗三世最终在 1538 年将亨利逐出教会。亨利曾多次与天主教作对，同年坎特伯雷大主教托马斯·贝克特（Thomas Becket）① 的坟墓在解散修道院时被毁，因为这件事亨利被彻底逐出了教会。

① 英格兰国王亨利二世时期的大法官，被任命为坎特伯雷大主教后与国王作对，1170 年被亨利二世的四位骑士刺杀，之后亨利迫于教廷压力在 1173 年宣布贝克特为殉教圣徒。——译者注

兵们得到了妥善的安置，食物供给充足，他们能够较好地投入战斗。英格兰在图尔奈取得胜利后，沃尔西成功地与法国进行了和平谈判，谈判结果是路易将与玛丽结婚，而英格兰能够保住来之不易的图尔奈城。

或许，同时在英法及英西之间建立联盟便是他最棘手的任务之一。由于查理五世统治着欧洲的大部分地区，还正在领导一场针对法国的战争，现在与他加强联盟最利于英格兰。当弗朗索瓦一世在 1525 年的帕维亚战役中被俘时，亨利便试图重新夺回法国。

亨利急于再次入侵法国，但之前的尝试收效甚微，还付出了巨大的代价。由于国库空虚，沃尔西试图为他那渴望领土的国王筹措资金。他在 1525 年设立了一个极具争议的税种，名为"友好赠款"（Amicable Grant）。尽管该税种的名字如此，也被号称为捐赠的形式，但它基本上是对王室的强制性借款。沃尔西没有得到议会的支持，因此，赠款的收入从一开始便不稳定。这件事在理论上都显得极为不合常理，在实践中更是造成了一场灾难，王国各处都发生了暴乱。面对沸腾的民怨，亨利不得不选择退缩，他声称赠款并非他的主意，将烂摊子留给了沃尔西来收拾。

许多反对者希望看到沃尔西失去宠信，但他成功保住了他的位置和脖颈。为了讨好亨利，沃尔西把他的家——奢华的汉普顿宫送给了亨利。随后，这位红衣主教

像国王一样生活

　　沃尔西追求荣华富贵的生活，他广建邸宅，其中汉普顿宫（Hampton Court Palace）尤为华丽。大约从1514年起，沃尔西将原有的庄园重建为一个用作享乐的宫殿，其中的房间供王室成员和自己使用。外国大使也会前来参观，沃尔西希望这样一处富丽堂皇的建筑能让他们为之惊叹。亨利在16世纪20年代末接管了这座宫殿，改造并增加了一些房间。到1547年他去世时，亨利共拥有六十多处房产，但汉普顿宫仍然是他的最爱。

　　不知疲倦地工作，为亨利争取婚约的废除，帮助他摆脱与凯瑟琳的婚姻，但他对教皇所给予的影响明显不如查理五世那样具有威胁性。沃尔西没有成功，而安妮·博林又给予了他致命一击，开始指责反对他。安妮和许多反对红衣主教者都认为是他故意拖延了国王的婚姻废止令，于是密谋针对他，最终导致他在1530年被捕。

为了讨好亨利，沃尔西把他的家——奢华的汉普顿宫送给了亨利。

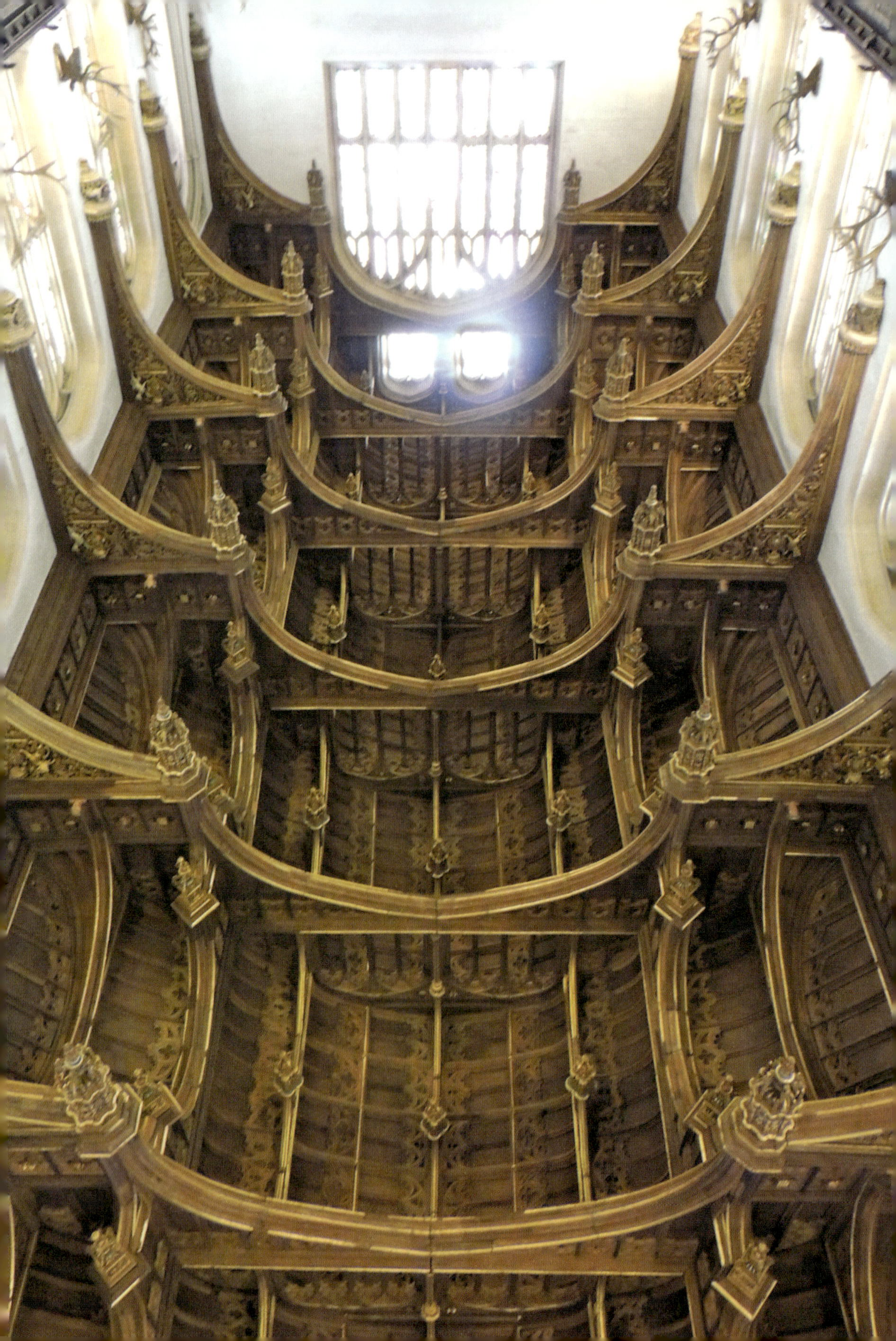

第二章 亨利八世：传奇的诞生　　077

尽管忠诚于自己的身边红人将汉普顿宫这样一份奢华的礼物双手奉上，但亨利还是下令以叛国罪为由将他送入了伦敦塔。回伦敦途中，这位红衣主教终于明白，再也无法取悦一位不领情的君王，他最终在重压之下于 1530 年 11 月 29 日去世。

虔诚的人

作为伊拉斯谟的朋友，托马斯·莫尔（Thomas More）是一名虔诚的天主教徒，他因国王对待教会的态度而备受煎熬。他支持反路德教运动，也完全支持教会的圣礼和传统。莫尔是以律师身份开始政治生涯的，他在 1514 年成为亨利枢密院的成员。他与红衣主教沃尔西密切合作，担任财政副大臣和议会下院议长。沃尔西倒台后，莫尔被任命为大法官。作为国王和教会的忠实支持者，莫尔从一开始便相信并支持亨利的行动。他试图镇压路德教的起义，协助沃尔西阻止路德的书籍在英格兰出版和传播。在担任大法官期间，莫尔曾因异端罪判决六人火刑。

莫尔对国王的行为愈发感到不满，他不赞成亨利废除与凯瑟琳的婚姻。尽管他确实支持《继承法》，但他还是提出要辞去大法官的职务，不再一心支持亨利。他一直以来为王国的付出及自身的影响力尚能一时帮他保住性命。然而，当他拒绝参加安妮·博林的加冕仪式时，他便为自己签下了一道死刑令。当莫尔坚拒宣誓亨利为教会

对页图 汉普顿宫的大礼堂是在 1532 年至 1535 年间建造的，它华丽的外形提醒着人们亨利八世曾经的奢侈生活。大礼堂用于举行仪式和庆祝活动，可以容纳宫中的所有人。

下图 图为托马斯·莫尔，在拒绝放弃天主教信仰和支持亨利成为宗教领袖之前，他身居高位。

莫尔对国王的行为愈发感到不满，他不赞成亨利废除与凯瑟琳的婚姻。

关于莫尔：谜一样的人

莫尔因为著作《乌托邦》（*Utopia*，1516 年）而名垂史册，"乌托邦"意为"好地方"，这本书将英格兰的生活比作一个基于共产主义原则，普遍和平和理性思维的理想社会。该社会的另一个突出特征是宗教宽容性。然而，这个理想的宽容社会与现实中持续不断的谣言相互矛盾，这些谣言称恪守教规的莫尔对被指控为异端的人使用暴力和酷刑，这与他在人前端正的品行大相径庭。

无论真相如何，莫尔从未承认过使用酷刑，而且似乎反对因异端运动造成的死亡，这些运动导致了 1524—1525 年残酷的德国农民战争。

对页图 最后，在塔山受到处决前，莫尔与女儿玛格丽特·罗珀（Margaret Roper）① 拥抱在一起。玛格丽特嫁给了传记作家威廉·罗珀（William Roper）。对于岳父，威廉写道，莫尔是一个"良心未泯"的人。

———————

① 英国作家和翻译家，托马斯·莫尔爵士的长女，被认为是 16 世纪英格兰最有学问的女性之一。——译者注

的最高首领时——他坚信秩序与传统，不能接受有人取代整个教会的等级制度，即便这个人是国王——两人的矛盾彻底爆发了。

1535 年 7 月，莫尔被带到伦敦塔受审，被判叛国罪。他起初被判处"绞刑、拖行与分尸"，但之后从轻减为斩刑。尽管人们对他的性格有不同的描述，但他是一个虔诚的天主教徒，愿意为信仰而死，这一点是显而易见的。莫尔于 1935 年被封为殉道圣人。

英格兰主教

约翰·费希尔（John Fisher）是亨利七世的母亲玛格丽特·博福特夫人的牧师和告解神父。正是在他的帮助下，玛格丽特建立了剑桥大学的部分学院。在亨利七世的坚持下，他于 1504 年成为罗切斯特（Rochester）主教，他也是亨利八世的私人教师之一。费希尔博学多才、善于表达，他反对路德教，支持亨利对抗异端，希望回归更传统的天主教信仰。尽管他们相识已久，并有共同的宗教信仰，但当亨利计划与阿拉贡的凯瑟琳离婚时，费希尔还是不再支持他的国王了。

即使危及生命，费希尔也没有放弃他的主张。他拒绝承认安妮与亨利的婚姻及其继承人的合法性。1534 年 4 月 26 日，

他被送进了伦敦塔。教皇保罗三世试图搭救，并任命他为枢机主教。但亨利不为所动，他向教皇表示，等枢机主教的帽子到来时，费希尔肯定已经身首异处。

上图 约翰·费希尔的处决时间只比托马斯·莫尔早了几周。图中，费希尔被施以斩刑，免于更痛苦而漫长的死亡（他身后的绞刑架和火刑柱上都有人）。

很多人试图诱使费希尔说出反对国王的言论，这样他便会获刑，但他始终保持沉默，直到克伦威尔手下的总检察长理查·里奇（Richard Rich）①出马。在里奇的诱使下，费希尔承认他不相信亨利是教会最高领袖，因此被指控犯有叛国罪。他被剥夺了主教职位，若不是拥有广大民众的爱戴，费希尔将受到"绞刑、拖行与分尸"的酷刑。随后，他于 1535 年 6 月 22 日在塔山（Tower Hill）被斩首。他的尸体被无耻地剥光衣服，丢进了坟墓，毫无体面可言，他的头被挂在了伦敦塔桥上。后来，费希尔也被封为圣徒，人们会在 6 月 22 日纪念

---

① 第一代里奇男爵，1547 年至 1552 年担任英格兰大法官。——译者注

他与托马斯·莫尔——这两人为他们的宗教而死，拒绝任何人毁灭他们的信仰。

幸存者

托马斯·克兰麦为国王和新王后召开了法庭陈述情况，在亨利废除与阿拉贡的凯瑟琳的婚姻中发挥了重要作用。1532年5月24日，他判定亨利与凯瑟琳的婚姻有违上帝之意；5月28日，宣布亨利与安妮的秘密婚姻合法，并在6月1日主持了安妮的加冕仪式。此外，9月10日，克兰麦成为未来女王伊丽莎白的教父。这时，克兰麦已经被任命为坎特伯雷大主教。不过，在亨利以叛国罪处决安妮·博林之前，宣布两人婚姻无效的也是克兰麦。克兰麦没有不可动摇的信仰，因此他在亨利统治时期得以保命，直到爱德华和玛丽继任后才下台。

克兰麦一直担任剑桥大学的神学讲师，他声称，若能证明凯瑟琳与亚瑟有过夫妻之实，亨利就能废除与她的婚姻。亚瑟王子口中的"睡在西班牙中间"将再次成为凯瑟琳的梦魇。

克兰麦在德国待过一段时间，他曾与纽伦堡（Nuremberg）的路德教诸侯们协商建立德英宗教联盟。他于1537年拟定《主教书》（Bishop's Book），旨在实施《十信条》（Ten Articles）和迄今为止对教会进行的改革，同时将传统和改革联系起来。虽然这些改革推动了英格兰教会的现代化进程，但它们还没有达到路德教理论的高度，其中一些仍被视作异端。

虽然克兰麦这样做是公开与都铎王朝中的其他势力为敌，并且他的改革思想比亨利的更为深远，但亨利仍然对他青睐有加。克兰麦从没有掌握更多权力的野心，总是站在他的国王这一边，这可能就是亨利信赖他的重要原因之一。亨利在临终前也是向克兰麦交代后事，他也许能算是亨利最亲近的朋友了。

> 克兰麦没有不可动摇的信仰，因此他在亨利的统治时期得以保命，直到爱德华和玛丽继任才下台。

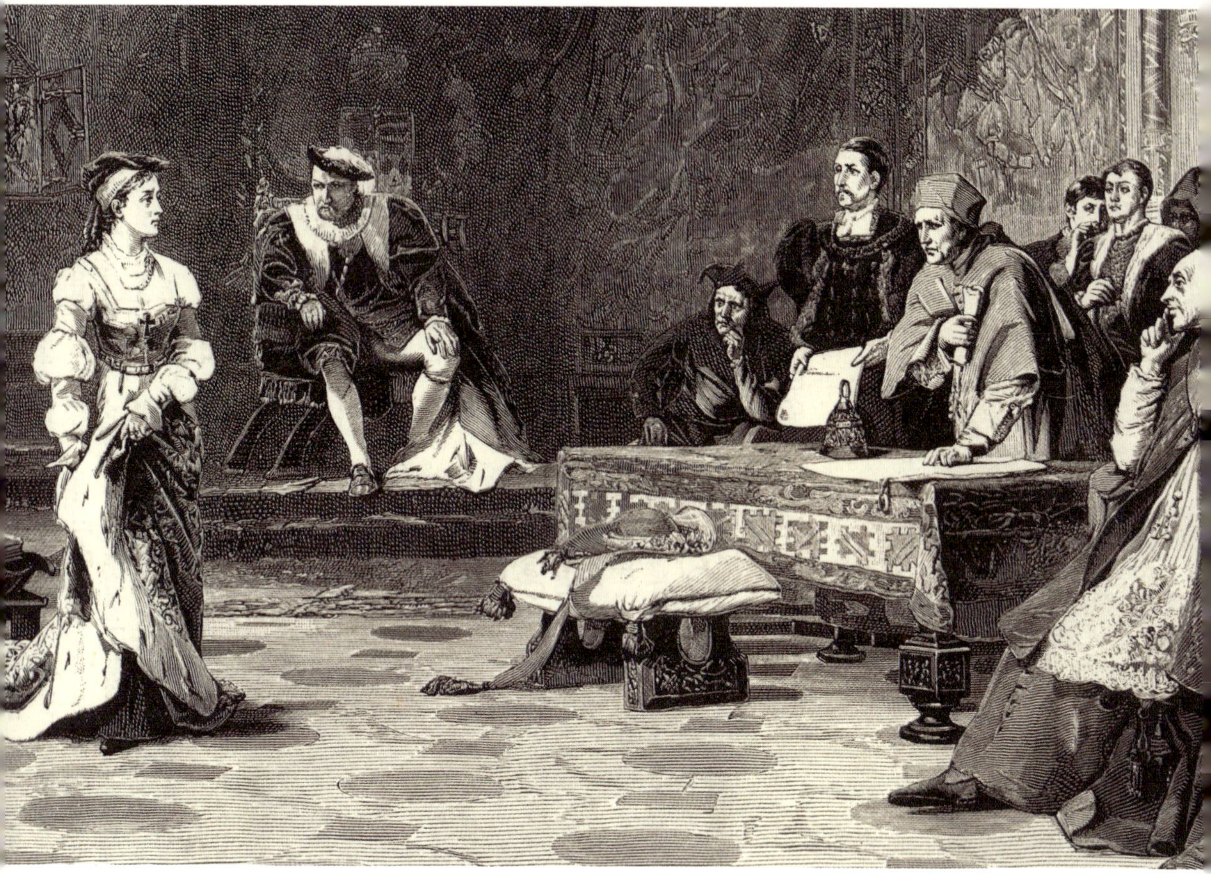

上图 阿拉贡的凯瑟琳被迫忍受屈辱，为其婚姻的合法性进行辩护，图中亨利正在询问她。凯瑟琳一直称自己是国王"真正的合法妻子"，但调查以离婚告终。

政治家

　　1524 年时，托马斯·克伦威尔开始为沃尔西效力，他很快就证明了自己的能力，协助沃尔西解散了三十家修道院，以便其赚取利润资助学校。随后，克伦威尔加入了沃尔西的议会，并于 1529 年成为他最信任的顾问。然而，这时沃尔西的处境开始变得糟糕，所以克伦威尔很快就不再参与他那些不得人心的决策了。之后，克伦威尔一直受到亨利的重用，在 1530 年成为国王的枢密院成员。但此时，已经有不少人开始反对他。

　　克伦威尔帮助国王与阿拉贡的凯瑟琳离婚，支持王权至尊的地位，也因此成为更多人的眼中钉。这些人对亨利的所作所为感到担忧，与克伦威尔的意见相左，还有一些人对他过大的权力感到不满。但克伦威尔似乎不为所动，1531—1532 年，他领导宗教改革议会支持国王提出的王权至尊，理由是教会和神职人员应对滥用权力和违反神品 ① 的罪行负责。议会选择了支持国王，亨利便能够展现出自己是在为王国考虑，而不只是为了满足私欲。虽然克伦威尔因此遇到了不少麻烦，但国王给予了他丰厚的回报，授予他各种头衔和职务，这其中便包括在托马斯·莫尔辞职后任命他为财政大臣。

随着国王与安妮正式确立婚姻关系，克伦威尔帮助他削弱了教会的权力，为日后进一步削弱教会权力埋下了伏笔。《教士顺从法》《继承法》相继颁布，赋予了国王更大的权力。这两个法案也导致了拒绝宣誓的莫尔和费希尔以叛国罪被处决。克伦威尔步步为营，将其他当权者从国王的议会中剔除。他修订了法案，正是如此，公开反对国王或王室就变成了一种叛国行为。

1535 年，克伦威尔被任命为国王在宗教事务方面的代理人，拥有了管理教会的权力。他开展了"教会财产调查"，调查英格兰神职人员的财富状况。由此，1536 年议会通过了《次等修道院解散法》。起初，安妮·博林支持克伦威尔，因为他对她的婚姻提供了帮助，但她后来却开始反对克伦威尔，认为这些钱应当用于赈济事业。新王后的牧师们也公开反对他，并得到了其他反对者的支持。

不过，克伦威尔即将证明他巨大的权力。安妮未能诞下一位男性继承人，正逐渐失去国王的宠爱。克伦威尔利用这一点，以及安妮风流的天性，开始收集她不忠的证据以谋求打击她。安妮和她所谓的情人（其中包括她的弟弟乔治）被处决，很大程度上是因为克伦威尔的审判。克伦威尔也因此将安妮的父亲托马斯·博林撤职，其掌玺大臣一职也由他在1536 年 7 月 2 日接任。仅仅一周后，克伦威尔就被封为温布尔登（Wimbledon）男爵。

随着国王与安妮正式确立婚姻关系，克伦威尔帮助他削弱了教会的权力，为日后进一步削弱教会权力埋下了伏笔。

---

① 亦称"圣品"或"圣秩"，基督教会神职人员权力、职分的品级。——译者注

右图 画家小汉斯·荷尔拜因（Hans Holbein the Younger）可能在1532—1533年间创作的托马斯·克伦威尔画像。处决克伦威尔后，亨利指责克伦威尔的反对者误导了他。

对页图 这幅木刻版画是为1533年6月1日安妮·博林的加冕仪式制作的。这幅画展示了安妮和亨利幸福亲昵的情景。然而，仅仅不到三年，她就因乱伦、通奸和叛国罪被处决。

　　看起来，克伦威尔在亨利心中的地位已经变得稳固——他不会做错事冒犯亨利。但有些人一旦拥有权力，就会变得不再谨慎。国王开始用冷酷的目光注视他，克伦威尔应该从过往的经验中领会一个道理，失去国王青睐的人是没有好下场的。

　　不论男女，这些亨利效忠者的下场告诉我们，这位国王为了达到自己的目的将不惜一切代价。他无情、残暴、冷漠，会毫不犹豫地除掉任何与他意见相左的人。然而，亨利似乎真的相信他这么做是正确的，认为只要对国王有利便是对整个国家有利。在除掉厌恶者这件事上，亨利八世才刚刚开始他的行动。

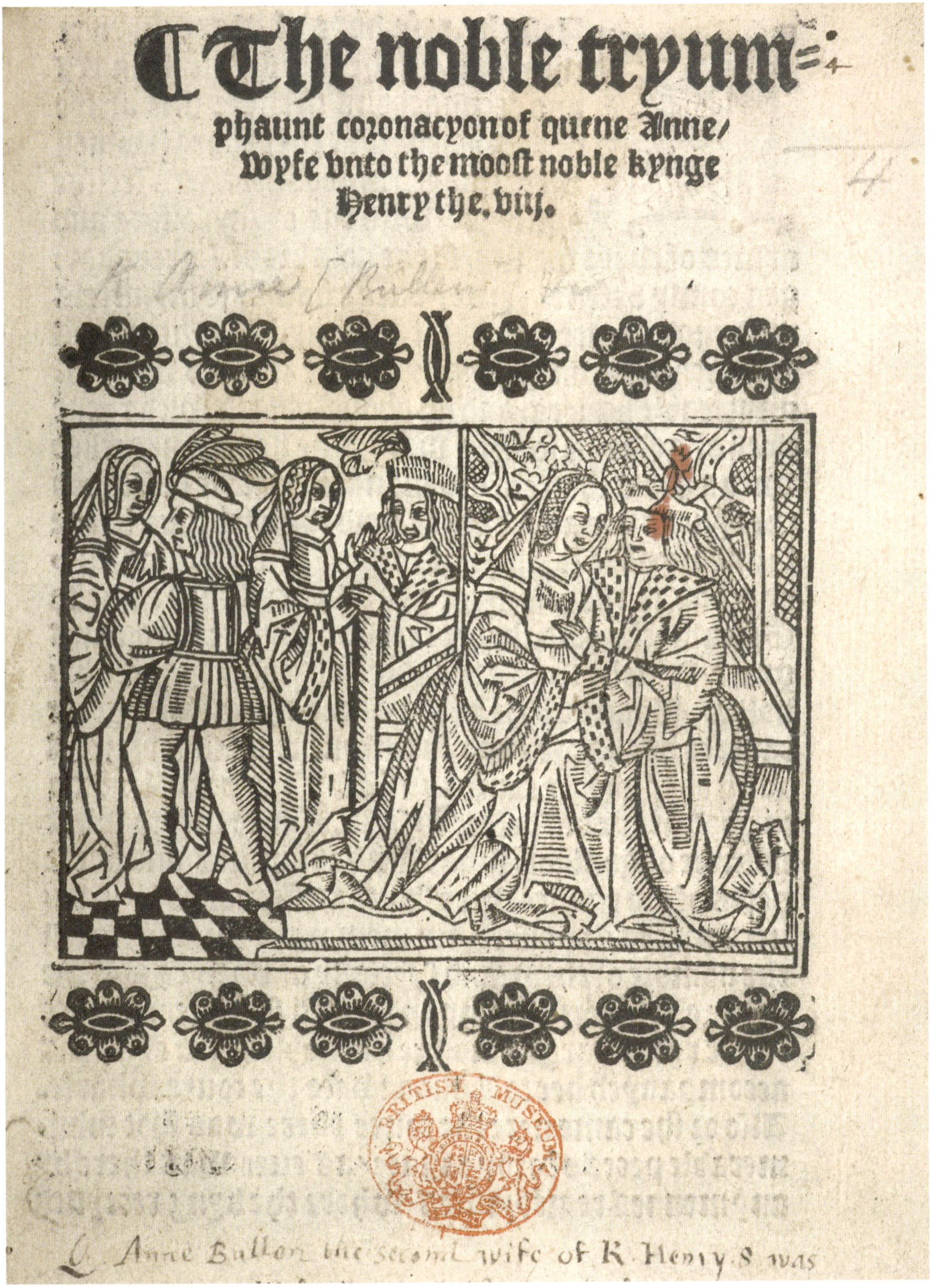

¶ The noble tryum=
phaunt coronacyon of quene Anne,
Wyfe vnto the moost noble kynge
Henry the. viij.

Anne Bullen the second wife of K. Henry. 8 was

第三章

亨利八世：婚姻、密谋与处决

Henry VIII: Matching,
Hatching and Dispatching

亨利八世对宗教的不满情绪日益高涨，他不断地更换身边的顾问，对几位王后也是同样的始乱终弃。这位国王向来傲慢自大，自行其是，对臣民的财富、职业与宗教信仰毫不关心。现在，作为英格兰教会的最高领袖和英格兰的国王，他认为自己无所不能。亨利的手上早已沾满了数位效忠者的鲜血。他要向所有人证明，他的话既是上帝的旨意，也是国家的法律。

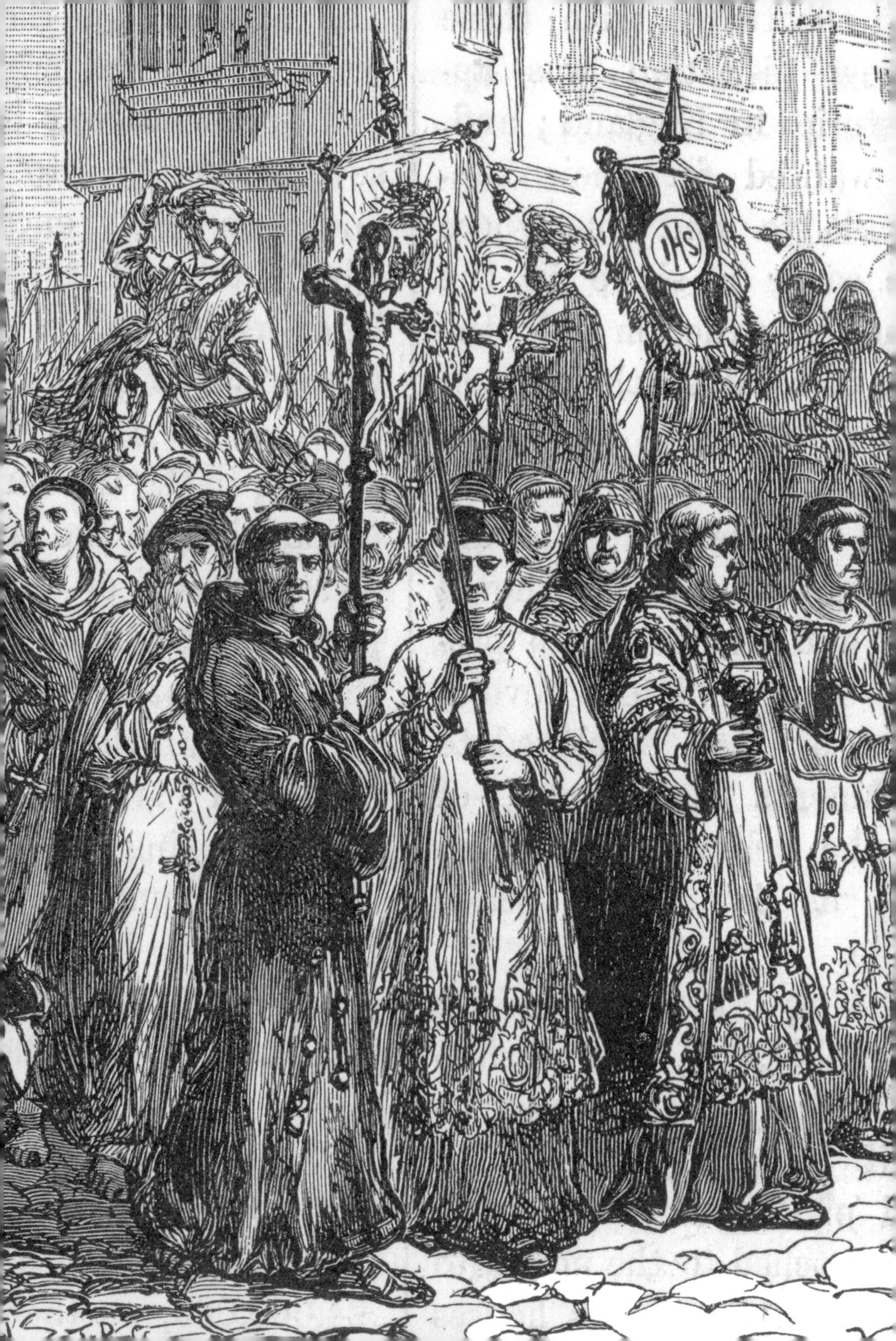
IHS

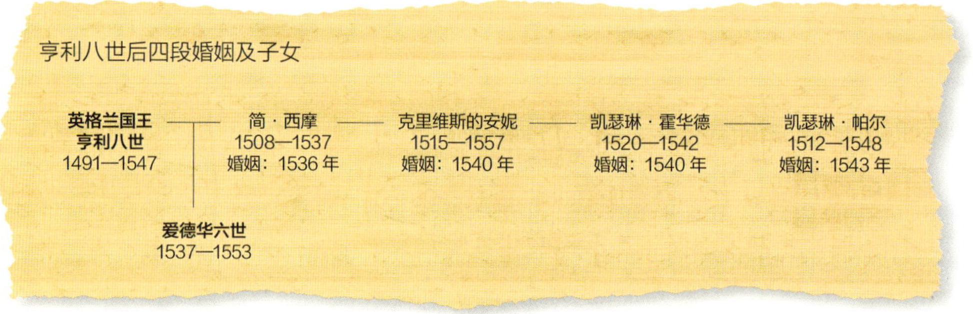

亨利八世后四段婚姻及子女				
英格兰国王 亨利八世 1491—1547	简·西摩 1508—1537 婚姻: 1536 年	克里维斯的安妮 1515—1557 婚姻: 1540 年	凯瑟琳·霍华德 1520—1542 婚姻: 1540 年	凯瑟琳·帕尔 1512—1548 婚姻: 1543 年
爱德华六世 1537—1553				

离婚，斩首，死亡；
离婚，斩首，幸存。

最终，亨利挑起的不满情绪在 1536 年爆发。他剥夺教会的权力，摧毁并掠夺了许多深受敬重的修道院，看起来没有人能阻止他。为了满足他的战争欲望，民众遭受着强制性借款的痛苦，现在又要失去宗教遗产，眼睁睁看着教堂被毁，而他们尊敬的修士修女也因此变得流离失所。他们终于无法再忍受这样的生活了。

对页图 在这幅关于"求恩巡礼"事件的插图中，教会人士在抗议宗教改革时，手中自豪地举着天主教圣物。或许，亨利八世的力量不容小觑，但这些朝圣者以及其他许多人都做好了为信仰而牺牲的准备。

反击的开始

第一次大规模叛乱发生在林肯郡，此后没过几天便是著名的"求恩巡礼"（Pilgrimage of Grace）事件。大批的抗议者对劳斯（Louth）修道院修士的遭遇感到悲愤，担心他们的圣物遭到没收。于是，数万人在一位牧师和一位的鞋匠（号称"皮匠队长"）的带领下，向林肯大教堂进发。他们的要求很简单，只是希望能像往常一样自由地进行礼拜。

亨利采取了一系列暴力手段来镇压叛乱。他派玛丽·都

诺福克公爵

托马斯·霍华德（Thomas Howard，左图）是一位政治家，他是亨利的顾问成员，在沃尔西下台后得到了国王的重用（他爱好战争，与反战的沃尔西立场不同）。霍华德是安妮·博林的舅舅，他尽力帮助亨利与凯瑟琳离婚，这样国王便能与他的外甥女安妮结婚了。霍华德从他们的婚姻中获得了好处，他对国王一贯忠诚，甚至在安妮因叛国罪受审时直接与她划清了界限。霍华德狡猾奸诈，利用其他人的垮台来谋取权力，他帮助扳倒了克伦威尔等人。

他也是凯瑟琳·霍华德的叔叔，在促成她与亨利的婚姻中发挥了重要作用。当凯瑟琳的通奸行为被公之于众后，霍华德才开始垮台。尽管霍华德极力想再次获得亨利的器重，但他和儿子亨利还是在 1547 年因叛国罪被逮捕，当时没有任何家人愿意为他提供有利证词。儿子亨利被处决了，而他则因为亨利八世的意外死亡而逃过一劫。他是一名保守的天主教徒，在 1553 年玛丽女王统治时期恢复了公爵身份。

铎的丈夫萨福克公爵查尔斯·布兰登前去驱散抗议者。几位带头叛乱者被迅速地处决了。看到这一幕后，其余的抗议者很快便四散逃回了家。这次早期的叛乱在多大程度上导致了日后的"求恩巡礼"事件仍不得而知，但王国其他地区都看到了林肯郡民众的悲惨遭遇，一时间群情激愤，贵族和平民阶层都联合起来开始反抗这位暴虐的君主。

人们主要是对教堂和修道院的遭遇感到不满。教堂是许多群体生活的中心，这已经成为一种世代相传的生活方式，而亨利改革的范围和速度已经超出了人们的承受范围。亨利对待凯瑟琳的做法也激怒了民众，他还残忍地处决了安妮，这也让人们感到愤怒，毕竟一切都是因她而起。难道亨利不知道他是在要求人民放弃升入天堂的传统观念吗？还是这位暴虐的国王只想无休止地追求满足，因此根本不愿关心臣民们的灵魂？（叛乱的另外一个理由，是恢复玛丽公主的王位继承权，人们知道她是同情天主教的。）

求恩巡礼：为了上帝与国王

叛乱的朝圣者在大律师罗伯特·阿斯克（Robert Aske）的带领下，经过贝弗利（Beverley）和赫尔（Hull），占领了有士兵驻守的约克城，在那里他们恢复了修士修女的身份以及一些亨利不认可的天主教仪式。在困苦时期，小规模修道院是食物补给和资金救济的唯一来源，修道院的援助往往才是人们真正需要的。这场叛乱比林肯事件的规模更大。亨利及其手下知道，他们必须更加小心行事。诺福克（Norfolk）公爵和什鲁斯伯里伯爵代表国王率军前去与阿斯克和其他的叛军领袖谈判，他们保证亨利会听取要求，承诺将举行大赦并召开议会讨论问题。天真的叛乱者就此解散了，他们认为事情已经取得了进展，而亨利将听取他们维护教会价值的诉求。据说，阿斯克和他的追随者都认为国王之前是受到了误导，没有透彻地了解改革的实际情况。虽然亨利起初对诺福克公爵托马斯·霍华德顺从反叛者的做法感到生气，但反叛者已经解散了，他现在有了处理叛乱的时间。

然而，亨利并没有让步或停止解散修道院的打算。与阿斯克本人会面时，他老调重弹，再次将改革的大部分责任归咎于克伦威尔。1537年，另一场叛乱爆发，亨利认为这是之前的叛乱者不守信用，尽管人们都知道这场新叛乱与阿斯克和他的追随者无关。亨利将阿斯克和其他几位领导者抓了起

在困苦时期，小规模修道院是食物补给和资金救济的唯一来源，修道院的援助往往才是人们真正需要的。

来，很快便将他们全部处决。愤懑不平的国王想要在这一事件中证明自己的权威，因而有二百二十余人被处死，其中许多人的尸体被放在了显眼的位置，以此来警告他人。亨利毫无怜悯之心，被他处决的有贵族、牧师、修士和平民，他甚至还让其家人旁听审判，以此来一同感受审判的痛苦煎熬。对叛乱领导者如此大规模的清除是行之有效的，事态很快得到了平息。人们都知道，亨利实际上是要将他们赶尽杀绝。

最终，朝圣者没能阻止亨利解散修道院和亵渎圣物圣地的行为。然而，尽管民众遭到了镇压，但他们仍然支持公共事业和传统教会，这将给都铎王朝日后的君主带来动荡。

新王后

新王后安妮不是个大美人，但她身段迷人又富有智慧，清楚如何利用自身的优势（人们认为，亨利特别喜欢她的身材）。现在她怀上了亨利的孩子，都铎王朝的未来似乎又得到了保障。1533 年 9 月 7 日，安妮生下了伊丽莎白，她的这位女儿未来会亲自统治英格兰。根据 1533 年颁布的《继承法》，亨利与凯瑟琳的女儿玛丽成了私生女，伊丽莎白现在是英格兰王位的合法继承人。安妮很快便证明了她有能力生育健康的孩子，但国王仍然没有得到他梦寐以求的儿子作为继承人。此外，他逐渐发现这位新任妻子的性格并不温顺。亨利原本十分欣赏安妮的直率和谋略，但两人成婚后，她似乎不再具有之前的吸引力。

安妮总是态度傲慢，认为自己是亨利的理想妻子。亨利无情地赶走了凯瑟琳，安妮对此毫不在意。她的生活与住处都比凯瑟琳的更为气派。这位苛刻的王后拥有六十多名侍女以及数百名仆人来满足她的一切需求。在追求她的过程中，亨利给安妮送去了很多礼物，这使她觉得自己生来就应当享受这种奢侈的生活。亨利甚至授予安妮贵族的身份，在 1532 年封她为彭布罗克女侯爵。然而，由于天性跋扈，言辞犀利，没有仆人和贵族真心效忠于她。

愤懑不平的国王想要在这一事件中证明自己的权威，因而有两百二十余人被处死，其中许多人的尸体被放在了显眼的位置，以此来警告他人。

……亨利原本十分欣赏安妮的直率和谋略，但两人成婚后，她似乎不再具有之前的吸引力。

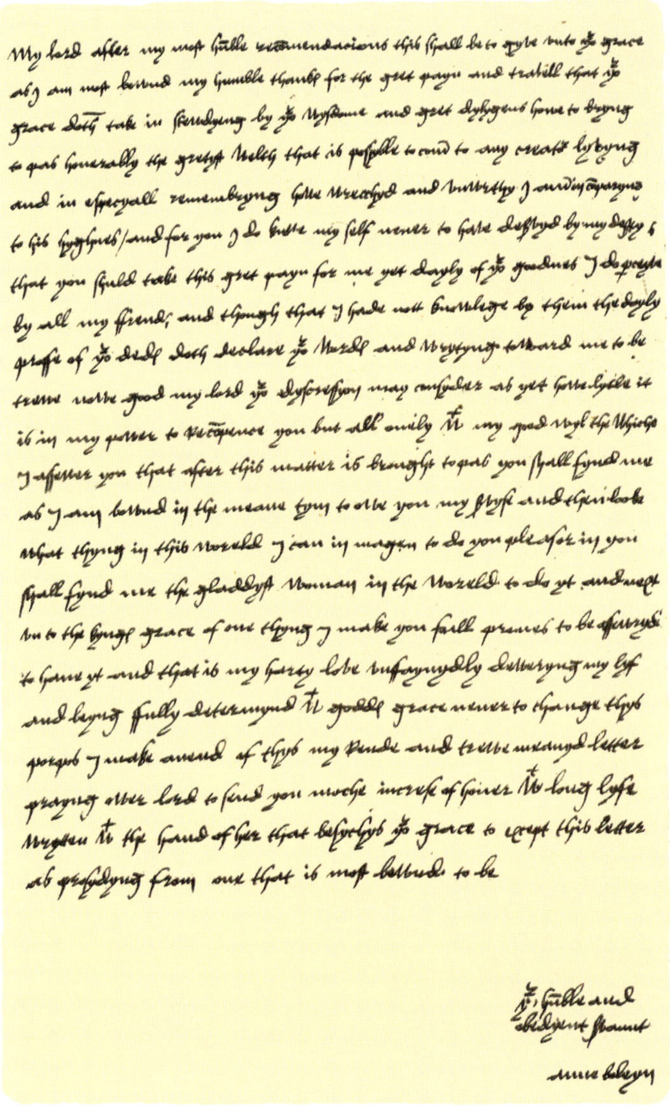

左图 这是安妮给红衣主教沃尔西的信，信中对他支持自己与国王的婚姻表达了感谢。作为一名政治家，安妮在信中表示她欠了沃尔西的人情，日后掌权时会报答他。

安妮接下来连续流产了两次，这给她的王后前途罩上了暗淡的阴影。1535 年，她再次怀孕，这次国王夫妇希望能得到最好的结果，然而命运开始跟她作对。1536 年 1 月 8 日，前王后阿拉贡的凯瑟琳去世。安妮和亨利额手称庆，但他们的兴奋转瞬即逝。1 月 29 日，凯瑟琳葬礼当天，安妮流产了一个男婴。她把这归咎于亨利在一场比武中摔倒给她造成的压力，但亨利认为安妮才是罪魁祸首。国王曾真心地爱过他的这位第二任妻子，对她仍旧存在着感情，但现在他认为他们永远也不会再有儿子了，于是开始谋划如何不择手段地废除她。

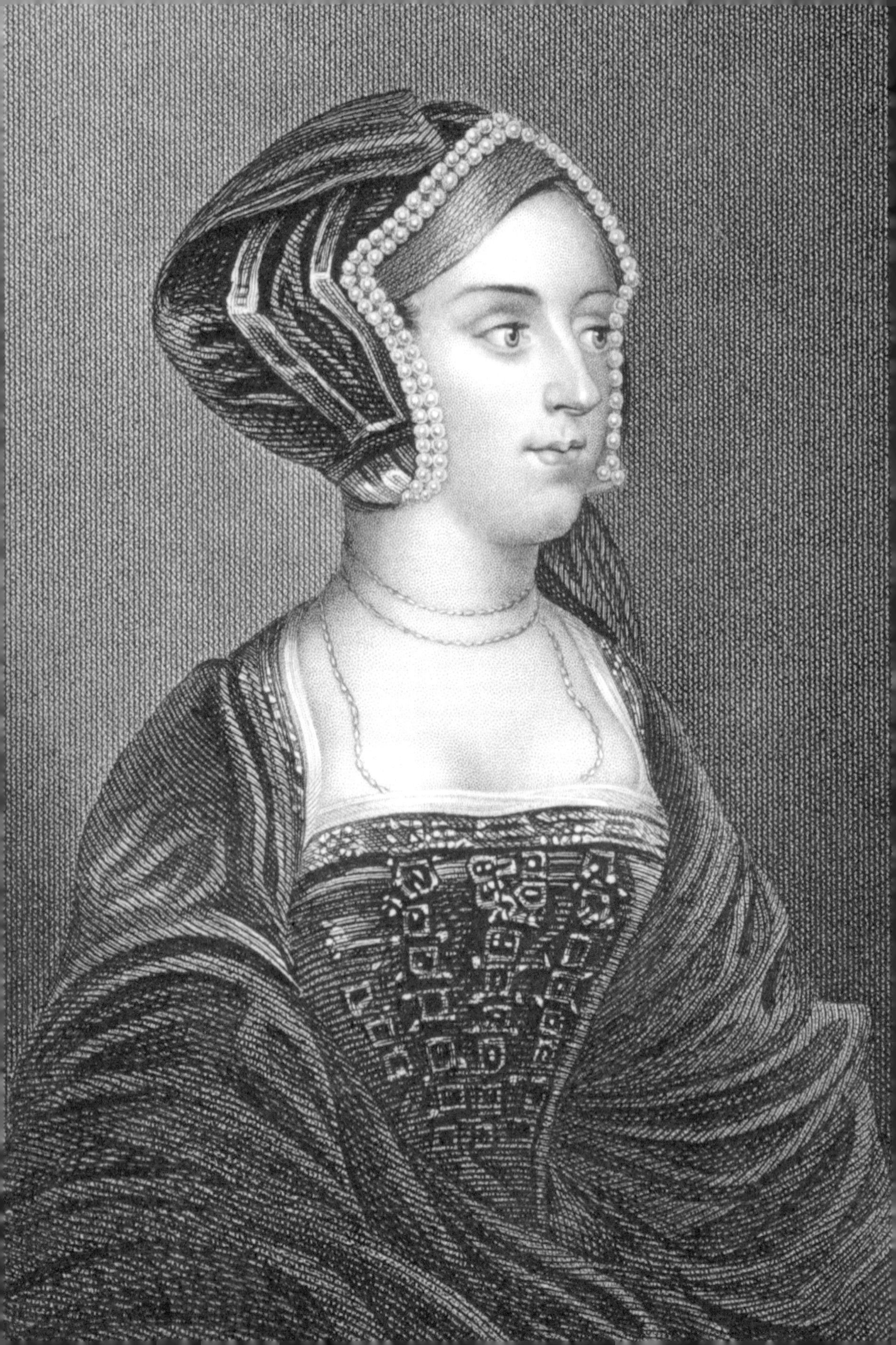

第三章　亨利八世：婚姻、密谋与处决　095

亨利没有让妻子知道他的真实想法，因为她还有可能为他生下继承人。他与信任的顾问讨论了此事，向克伦威尔寻求解决办法。安妮担任王后的时间不长，但这期间她树敌却不少，而且许多反对者都是有权有势之人，其中便包括萨福克公爵查尔斯·布兰登和原本支持她婚姻的舅舅诺福克公爵托马斯·霍华德。很少有人愿意出面表态支持新王后。有了上次难办的离婚经历，亨利确信这次的情况会更加难以辩解。他也确信，安妮不会平静地接受这样屈辱的离异。他必须找到一种方法来除掉安妮，同时也不能因此失去民心。

对页图　关于安妮·博林的外貌有诸多传言，包括她有疣子、双下巴和可怕的第六根手指！然而，这幅肖像画向我们展示了一位有魅力的女人，画中的她有迷人的双眼和一对让亨利迷恋的"漂亮鸭子"（乳房）。

扳倒王后的指控

安妮很有主见又善于调情，这样的性格曾让亨利为之着迷，但现在这却成为她垮台的导火索。在克伦威尔的密谋下，两种关于安妮对亨利不忠的说法相继出现。第一种说法是她与亨利·诺里斯（Henry Norris）爵士有染，但对方拒不承认。然而，在另一种说法中担任宫廷音乐家兼音乐教师的马克·斯米顿（Mark Smeaton）却承认他与安妮有过一段情，并声称是王后勾引在先。他或许是因为严刑拷打才认罪的（贵族出身的诺里斯可以免于这种折磨），然而当因叛国罪被处决时，或许是认为自己注定要死，他再次声明了其所言非虚。但针对安妮的指控并没有就此结束，共有五人因与王后有染而遭到了处决，其中甚至包括安妮的亲弟弟乔治·博林，另外还有三人受到了指控但被免了死刑。

现在轮到安妮面对审判了。种种荒谬的指控都证明了亨利除掉她的决心。亨利不再对她有任何属于妻子或孩子母亲的亲情，他迫切地想要再婚，并已选好了安妮的替代者。有传言称，安妮利用巫术勾引了国王和她的其他情人，她先是被指控为通奸、乱伦和滥用巫术罪，随后又因叛国罪被关进了伦敦塔。甚至有传言认为是她毒死了阿拉贡的凯瑟琳，还密谋杀害了亨利与其他女人的孩子。一项致命的指控（没有

上图 法国艺术家皮埃尔－诺拉克·贝杰雷特（Pierre-Nolasque Bergeret）大约于1814年创作了这幅画。画中，安妮·博林在得知自己被判处死刑后昏了过去。

对页图 安妮短暂的婚姻在格林塔[①]结束，在那里她被剑斩首；这是一种比使用斧头更利落、仁慈的斩首方式。刽子手用双手挥舞重剑，通常一剑就足以斩断受刑者的脖子。

---

① 伦敦塔建筑群中的一部分。——译者注

相关证据）是她为了嫁给亨利·诺里斯，曾与情人密谋杀死国王。亨利八世显然不会给她任何翻身的机会。

5月14日，原先支持安妮的托马斯·克兰麦宣布他们的婚姻关系解除。五天后，安妮在格林塔被处决。直到去世前，安妮都宣称自己清白，她为不忠的丈夫祈祷，请求上帝怜悯她那被诅咒的灵魂。通常被指控为叛国罪的妇女将受到可怕的火刑，但她逃过这一劫，在剑下利落地死去了。她仍然坚称自己是清白的，并表示她对亨利的爱不曾改变，但她"细小的脖颈"却难敌锋利的剑刃。当刽子手高高举起那不成形的头颅时，她的眼睛和嘴唇似乎动了动，有关她会巫术的传言就这样得到了证实。

尽管针对安妮的诸多指控有可能都是伪造的，但她在生活中身边有过太多男人，她因此常常被视为一个滥交的妓女。无论真相如何，她凄惨地遭到了处决，而她受处决的原因对亨利来说无疑是十分有利的。虽然这场婚姻导致了他与天主教会的决裂，也没有带来长久的爱情或是他期盼的男性继承人，但安妮的女儿伊丽莎白一世将成为英格兰最著名、最具影响力的君主之一。

都铎的刑罚：处决

塔山是伦敦塔作监狱时的官方处决地点。罪犯从牢房被带到塔山上的处决地，在那里他们会看到一块用作斩首的垫头木和一个手持斧头的刽子手。他们很可能还得穿过嘲弄的人群，因为人们往往会聚集起来围观他们的处决。刽子手不会得到王室的报酬。他们的生计来源是囚犯的小费。付了小费的罪犯可能会死得更加利落痛快，这取决于持斧人的同情心或行刑经验。安妮·博林、凯瑟琳·霍华德和简·格雷夫人等贵族妇女都在格林塔受到了处决，那里与普通罪犯的处决地点相隔甚远。

TO COMMEMORATE THE TRAGIC HISTORY AND
IN MANY CASES THE MARTYRDOM OF THOSE
WHO FOR THE SAKE OF THEIR FAITH COUNTRY
OR IDEALS STAKED THEIR LIVES AND LOST

ON THIS SITE MORE THAN 125 WERE PUT TO DEATH
THE NAMES OF SOME OF WHOM ARE RECORDED HERE

上图 这是塔山纪念碑的一部分，它纪念着那段沉痛的历史，告诉了人们众多逝者长眠于此。许多人都在亨利八世时期受到了处决，其中包括费希尔、莫尔与克伦威尔。

对页图 图中的简·西摩看起来温柔端庄，但据说她曾在安妮面前炫耀亨利赠送的吊坠，而安妮在被国王追求时也收到过类似的吊坠。

第三次婚姻的魅力

结束与安妮痛苦而不满的婚姻后，亨利吸取了教训，不再与聪明直率的人交往。简·西摩（Jane Seymour）曾是宫中的一名随侍女官，在凯瑟琳和安妮担任王后期间为她们服务。亨利很早就发现了她的魅力，被她温和的处事方式和谦逊迷人的态度迷倒——这与诱人的安妮和顽固的凯瑟琳形成了鲜明的对比。简受教育的程度不高，也不懂政治，相比干涉男人的事业，她更喜欢操持家务。亨利似乎最终在简的身上看到了理想妻子的模样，她的性格与他依恋的母亲更为相似。

1536 年 5 月 20 日，距离安妮被处决仅过去了一天，两人便订婚了，并准备在十天后结婚。亨利与阿拉贡的凯瑟琳离婚后，将女儿玛丽视为私生女，简试图恢复两人之间的关系。尽管玛丽的继承权还没有恢复，但简确实在一定程度上调和了两人的关系，成为众人口中富有同情心的王后。

右图 与凯瑟琳的婚姻一样，亨利需要获得教会的豁免才能与简结婚，这可能是因为她与他的一位前妻有远亲关系。

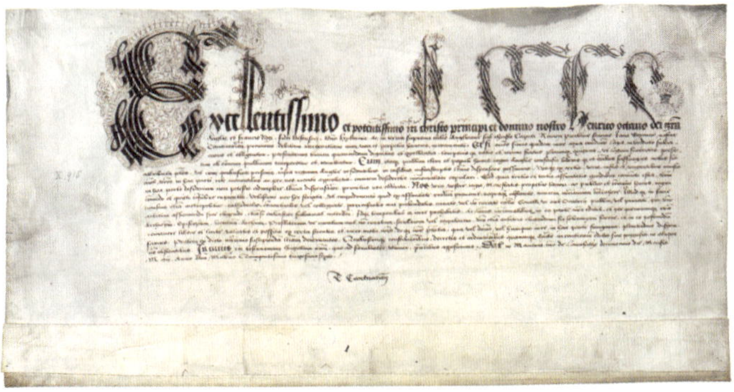

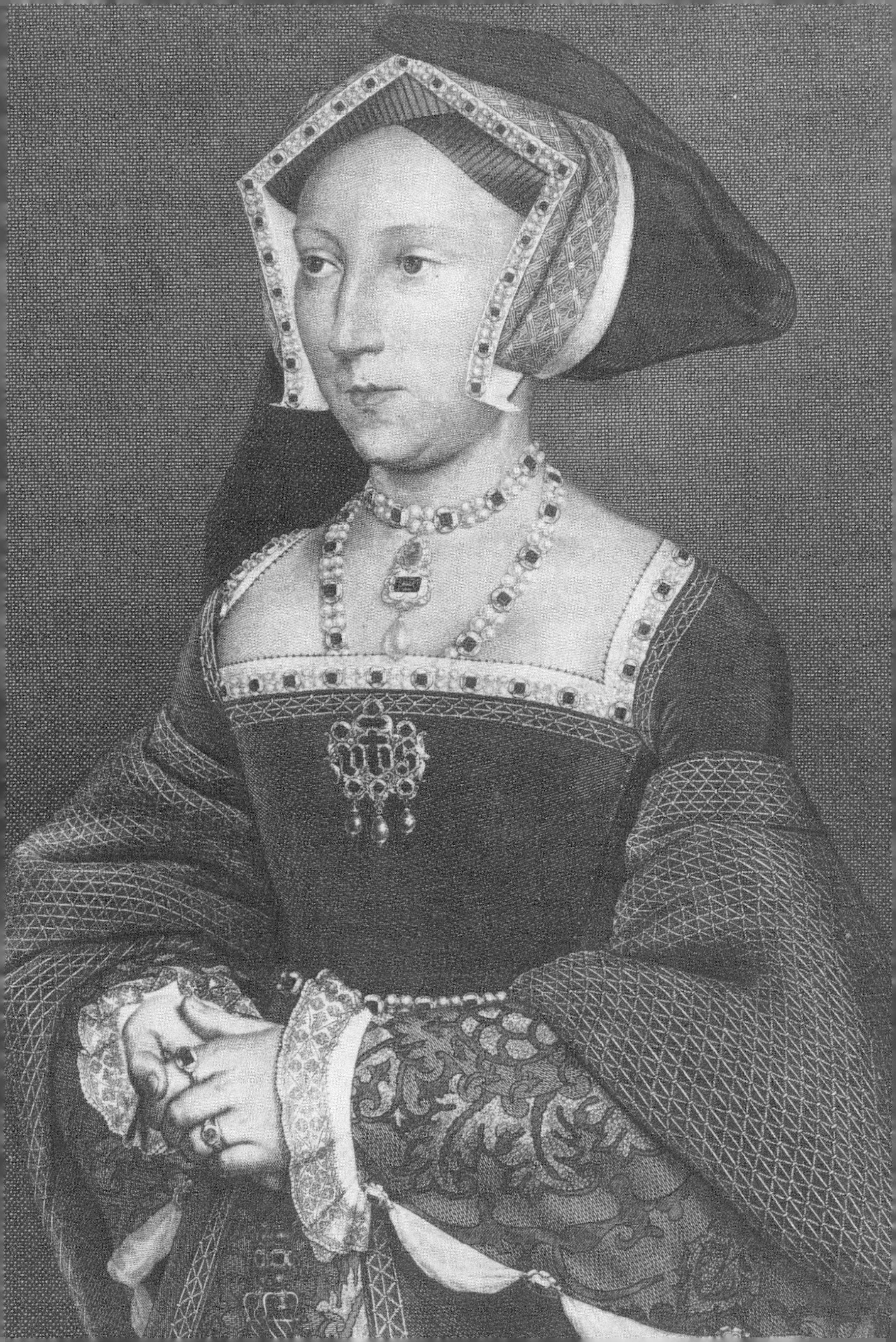

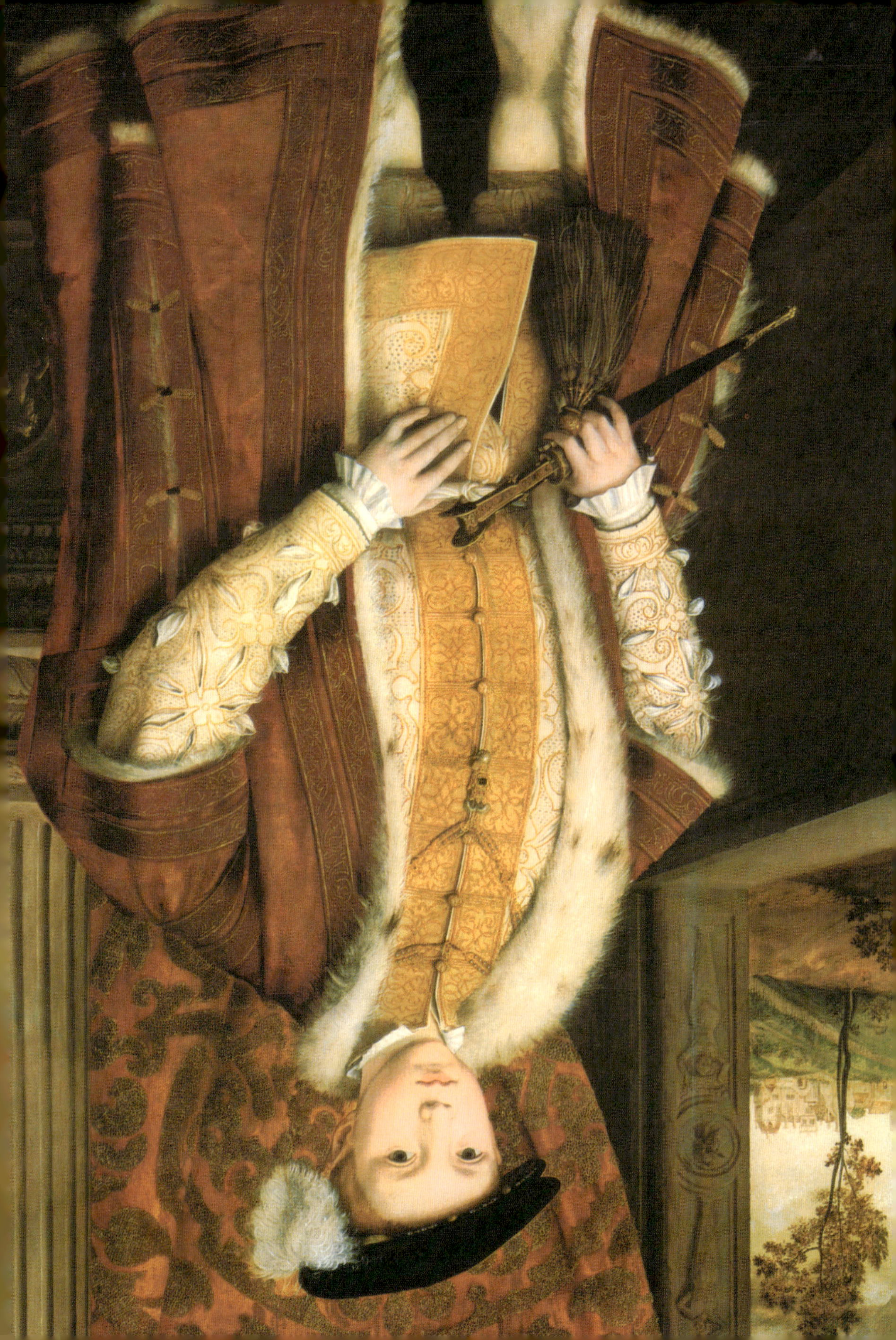

第三章 亨利八世：婚姻、密谋与处决 101

这并非易事，因为亨利曾恶毒地解除了与玛丽生母的婚姻关系。而玛丽自然是站在母亲这一边，父母离婚后，她便被送出了王宫。

1537年10月12日，简为国王生下了他渴望已久的儿子，一位男性继承人。这名男孩受洗时被取名为爱德华，人们纷纷庆祝他的出生，整个王国都沉浸在欢天喜地之中，国王终于完成了他的"大计"。然而，这种喜悦很快就被冲淡了，因为简在10月24日便因难产后诱发感染去世了，死因很可能是产褥热。亨利非常伤心，也许是因为她从未与他争吵，也许是因为她为他生下了一个儿子，也许是因为他真的爱她——人们认为简是国王最喜爱的妻子。他命令教会为简的灵魂做满一万两千场弥撒，还穿了三个月的丧服。尽管他和顾问很快就开始商议新王后的人选，但他直到三年后才再次婚娶。

简是亨利几任妻子中唯一以王后之礼下葬的。亨利死后也与她一同葬在了温莎城堡（Windsor Castle），这是他自己在遗嘱中要求的。据说，这位国王在遗言中对简说了一些话，这可能是因为她是唯一一位生下儿子的妻子。不过，如果她当时没有去世，与反复无常的丈夫继续生活，谁知道等待她的将是什么命运呢？

国王亲爱的姐妹

亨利已经有一个儿子了，现在他迫切地希望与下一任妻子缔结一桩有利于王国政治的婚姻，克伦威尔和其他顾问建议的

这并非易事，因为亨利曾恶毒地解除了与玛丽生母的婚姻关系。而玛丽自然是站在母亲这一边，父母离婚后，她便被送出了王宫。

对页图 简·西摩是唯一一位为国王生下男性继承人的妻子，实现了亨利最大的心愿。图中为威尔士亲王爱德华，他在出生后一周便获得了这个头衔。尽管还没有正式成为国王，但他看上去俨然一副君主的模样。

都铎时代的健康与分娩

在都铎时代，对任何人而言，身体保持健康都是一场赌博。那时的饮食、卫生和生活条件都非常差，人们对传染病的传播方式也几乎一无所知。与简一样死于分娩并发症或幼时死于肺结核和汗热病的情况都十分常见。人们的平均死亡年龄比现在小许多，为三十五至四十岁。1535年，黑死病暴发，该病是由老鼠身上感染病毒的蚤类引起的。缺失的排污系统和较差的卫生条件加剧了这些传染病的蔓延。

右图 亨利的第四任妻子
是克里维斯的安妮，有人
曾听到亨利说"我不喜欢
她"，而且他还以安妮的
外貌为由不与她圆房！

人选是克里维斯的安妮（Anne of Cleves）。随着英格兰与法国、西班牙联盟的不断变化，再加上法国的弗朗索瓦一世近期又与查理五世签署了和平条约，此时亨利与德国结盟算是个明智之举。如果罗马教皇与天主教会抗议亨利对待修道院的暴力行为，安妮的哥哥克里维斯公爵能够帮助他对抗这些威胁的势力。小汉斯·荷尔拜因为安妮和她的妹妹阿米丽亚（Amalia）创作了肖像画，两人都是亨利的下一任妻子和英格兰王后的候选人。虽然安妮的画像存在过分美化的嫌疑，但许多人认为这幅画真实地体现出了她惹人喜爱的长相和魅力。她迷人谦和，但受教育程度与文化修养不高，几乎不会英文，对音乐、舞蹈等宫廷活动更是一窍不通。

根据画像和议会的建议，亨利派克伦威尔去商议婚约，最终素未谋面的两人定于 1539 年 10 月举行婚礼。安妮正式踏上了前往英格兰的漫漫海路。毫不夸张地说，

第三章　亨利八世：婚姻、密谋与处决　　103

她与准丈夫的第一次见面简直是一团糟。亨利和他的几个朋友戴着面具和斗篷进入了她的房间，然后亨利扑向他那毫无防备的未婚妻，拥抱亲吻她。面对这场恶作剧，安妮的反应不像亨利所想，据说当时她根本不知道这是她的准丈夫，大声呼救并诅咒他们。从那时起，亨利便对她好感全无，不愿再与她结婚。他认为安妮没有画像中那般迷人，还缺乏幽默感，私下他还戏称她为"佛兰德斯母马"。尽管彼此心存芥蒂，但两人还是在 1540 年 1 月 6 日举行了婚礼。这场婚姻最终得以进行，很可能是因为以克伦威尔为首的顾问们强调了与德国联盟的重要性。他们还以亨利一直担忧的王朝继承者为由劝说他，因为如果新王后再为他生下一名继承人，王朝的未来便有了保障。但这场婚姻成了一场灾难，双方都不愿意圆房，仅仅几个月后，亨利就以这些理由要求宣布婚姻无效。

在这种情况下，安妮本应是最难办的人，尽管周围人都知道她与亨利尚未圆房的事实，他们担心她无法为亨利生下第二个继承人，但安妮并不乐意与丈夫圆房，她不想落得前任王后安妮·博林的下场，欣然同意废除婚约。亨利十分感激她的态度，这样他就不至于得罪她的家族，因此他赐予了对方丰厚的财富和地产。安妮在德国已经没有至亲，因此她选择留在了英格兰，过上了身边有女侍官照料的安逸生活。婚姻关系废除后，安妮没有再婚，她常被邀请到宫中，也一直与国王保持着友谊，甚至被称为国王的"亲爱的"或是"好姐妹"。安妮在 1557 年去世，比亨利和他所有的其他妻子都长寿。她被葬于

下图 亨利与安妮短暂的婚姻在六个月后便被宣布无效，双方都乐意接受这样的结果，明晓事理的安妮对此尤为满意。图为宣布婚姻无效的官方文件。

对页图《大圣经》的这幅图片展示了 16 世纪英格兰大多数教堂中的情景。《大圣经》的卷首语指示神职人员须将其放在人人都能读到的地方。

威斯敏斯特教堂，是亨利唯一被埋葬在那里的妻子。可以说，她是国王所有妻子中最幸运的一位，这也说明亨利对那些服从他意志的人是非常感激和厚待的。

另一名受处决者

虽然安妮的婚姻对她来说是个再好不过的结局，但亨利八世最出名的一位顾问却因此而倒台。亨利从不喜欢给予他人过多的权力，尤其是不能以放弃他自己的权力为代价。过去他愿意在一些事情上倚仗克伦威尔强力的政治手腕和敏锐的智慧，但克伦威尔改革的阵仗太大，提出要对教会进行改革，而亨利不愿意这样做。克伦威尔继续解散修道院至少能让亨利从中获利，但他提出的反对教会圣像崇拜已经与亨利大体上的正统思想背道而驰了。一些支持亨利的教会守旧派开始反对克伦威尔，但他们的声音很快就被克伦威尔压制，他利用对《至尊法案》的修订，以叛国罪处决了几位对自己造成威胁的权势人物。但是，对改革的反击已经开始，克伦威尔走得太远无法回头了。实际上，亨利是一名相当传统的天主教徒，他认为克伦威尔对教会的所作所为已经有偏向异端的迹象。加之在亨利与克里维斯的安妮婚姻中所承担的责任，克伦威尔最终迎来了自己命运的收场。

亨利认为自己在与克里维斯的安妮结婚过程中遭到了胁迫，因此感到十分愤怒。他担心再经历漫长的离婚过程，因

克伦威尔继续解散修道院至少能让亨利从中获利，但他提出的反对教会圣像崇拜已经与亨利大体上的正统思想背道而驰了。

善变的国王

处决克伦威尔后，亨利很快意识到这是一个草率的决定。回想对方为他所做的一切，亨利开始后悔自己的决定，并最终将此归咎于他的顾问们。克伦威尔确实忠心耿耿，他一直以来的所作所为都是为了国王和国家的利益。但是，他对改革有个人想法，常进行政治操纵，还一手促成了亨利与克里维斯的安妮的婚姻，这些都造成了他悲惨的下场，尽管他确实真心效忠于国王。亨利的性格反复无常，所以他后来为斩杀这样的忠臣而感到后悔，这种性格在他的整个统治期间有多次体现，许多男人和女人都因失宠而惨遭他的毒手。

第三章　亨利八世：婚姻、密谋与处决　　105

对页图 亨利八世的这幅画像精致而华丽。尽管有一些衰老的迹象，但这位强大的国王看起来仍旧严厉威武。他身后是英格兰君主的格言。这句话特别适合亨利八世："我权天授。"

此转而向一些克伦威尔的反对者寻求办法。其中最大的反对者便是诺福克公爵，他称克伦威尔为叛徒，并组织了对他的逮捕。他们急于让克伦威尔下台，起草了一份他的罪行清单，并据此出台了《褫夺公权法案》。在该法案下，克伦威尔犯有叛国罪与异端罪，未经审判和他人提供证词的环节就被判处了死刑。克伦威尔还被指控密谋与玛丽·都铎结婚并意图取代亨利的王位——他的反对者急于证明国王可能对他提出的一切指控。亨利认为克伦威尔有些事做得过分了。国王也知道，自己迫切想要拉拢的弗朗索瓦一世看不起自己的这位顾问，他已经不再有利用的价值，现在是该离开的时候了。

在人们心中，克伦威尔通常是一个严酷可憎的形象，但他留下的文化遗产至今仍然影响着英国。他主持了《大圣经》（Great Bible）的编写工作，该书的英文版于1539年首次发行。

克伦威尔设立了多种官僚机构，维护了英格兰大部分地区的秩序与稳定，确保了他为国王赚取的大量资金能得到妥善利用，例如1536年他开始为贫困救济立法。他在很大程度上推动了中世纪政府形式的现代化发展，他设置独立的部门，每个部门都有固定的报酬和管理人员，达到了分权制衡的效果。克伦威尔还支持平民或者任何贤能者来担任这些职务，而不愿将政府交给可能带有政治目的的贵族阶层。

仓促的第五次婚姻

亨利再度经历无子婚姻，他的王位仍然没有几位合法的继承人，他开始为此感到担忧。尽管他已经四十九岁且体重超标，但他仍然有挑选伴侣的眼光。过去的政治联姻从来没有过好的结果（第一、第二和第四任妻子证明了这一点），亨利决定在妻子的随侍女官中寻求他的第五任妻子。1540年7月28日，在克伦威尔被处决的当天，他与凯瑟琳·霍华德（Catherine Howard，诺福克公爵的侄女）结婚。亨利一直很欣赏凯瑟琳，她只有十九岁，比他小了整整三十二岁，正值青春年华、性格活泼，这些都深深地吸引着亨利。他送了凯瑟

DIEV ET MON DROIT

《绿袖子》①

亨利八世喜爱音乐，他是一名很有天赋的音乐家。他向往文艺复兴时期的宫廷，那时宫中有许多娴熟的演奏者和讨论神学、艺术及哲学的有识之士。人们都知道亨利的音乐才能，他能演奏多种乐器，还会作曲写诗。亨利创作了《与好伙伴一起消磨时光》（*Pastimes with Good Company*，被称为"国王的歌谣"）。此外，当时人们都认为著名的《绿袖子》（*Greensleeves*）是他的作品（见上图），但这从未得到证实，现在看来可能性不大。

---

① 一首英格兰传统民谣，相传为英王亨利八世所作。——译者注

对页图 这是一幅凯瑟琳·霍华德的画像，画中的她难掩少女的娇媚姿态，而这也是亨利眼中这位第五任妻子的魅力所在。衣着华丽的凯瑟琳看起来更像简·西摩或是克里维斯的安妮，而不是安妮·博林，但她却要经历与安妮同样惨痛的命运。

琳不少华丽昂贵的礼物，这些同样也吸引了这个活泼的女孩。起初，两人沉浸在他们充满激情的婚姻中。亨利很喜欢他这个迷人的小新娘，认为她能轻松地为他生下孩子。她的家人也得到了丰厚的赏赐，人们都说他们利用亨利的幸福为自己争取了职位和财富。

风流成性的凯瑟琳

凯瑟琳与亨利的甜蜜时光很快便结束了，因为她又恢复

Catherine Howard.

了从前的风流韵事。父母去世后，凯瑟琳在继祖母诺福克公爵夫人的家中待过一段时间。公爵夫人很少在家，因此她年轻的被监护人一般都是自己照顾自己。凯瑟琳便是在这段住家时光中遇到了音乐教师亨利·曼诺克斯（Henry Mannox），自十三岁起就与他发生了关系。几年后，凯瑟琳早已深谙交欢之道，她又爱上了公爵夫人的秘书弗兰西斯·迪勒姆（Francis Dereham）。然而，公爵夫人发现他们的关系后，她被送到宫中成了克里维斯的安妮的侍女。

如果她年轻时的不检点行为到此为止，也许还不会有什么危害。但一个已过不惑之年的老国王已经无法满足凯瑟琳的欲望了。她似乎不懂得控制欲望和自我保护，又勾搭上了朝臣托马斯·库尔佩珀（Thomas Culpepper），在亨利决定娶她前，她就已经看上了对方。凯瑟琳和亨利结婚还不到一年，她便开始与库尔佩珀私会。鲁莽轻率的王后现在将为她的所作所为付出沉痛的代价。凯瑟琳惯于玩弄男性，不过当弗兰西斯·迪勒姆再次出现时，她还是感到了震惊。迪勒姆被任命为凯瑟琳的私人秘书，这或许是为了防止他泄密，但这个决定最终导致了两人双双殒命。

有人向亨利揭发了王后不检点的行为。他起初并不相信，派克兰麦前去审问，让她交代实情。此时若凯瑟琳如实承认自己与迪勒姆有婚约在前，那么即使婚姻被宣布无效，或许还能免去一死。但她谎称是迪勒姆强迫她通奸，而迪勒姆拒绝承认两人在凯瑟琳婚后仍发生了关系，他指认库尔佩珀为

> 她似乎不懂得控制欲望和自我保护，又勾搭上了朝臣托马斯·库尔佩珀，在亨利决定娶她前，她就已经看上了对方。

英国的海军力量

虽然英国海军在亨利七世时期已基本建立，但直至伊丽莎白一世的统治时，它才发展为一支广泛使用的先锋部队。亨利八世建造了配备更多枪支的大型船只来发展海军。现在，和平时期的英格兰也拥有一支采取主动防御战略的海军。1544 年，英法发生索伦特（Solent）战役，"玛丽·罗斯号"（Mary Rose）在战役中沉没，最终法国的入侵以失败告终。该船在 1982 年被打捞上来，现在成为一座博物馆。

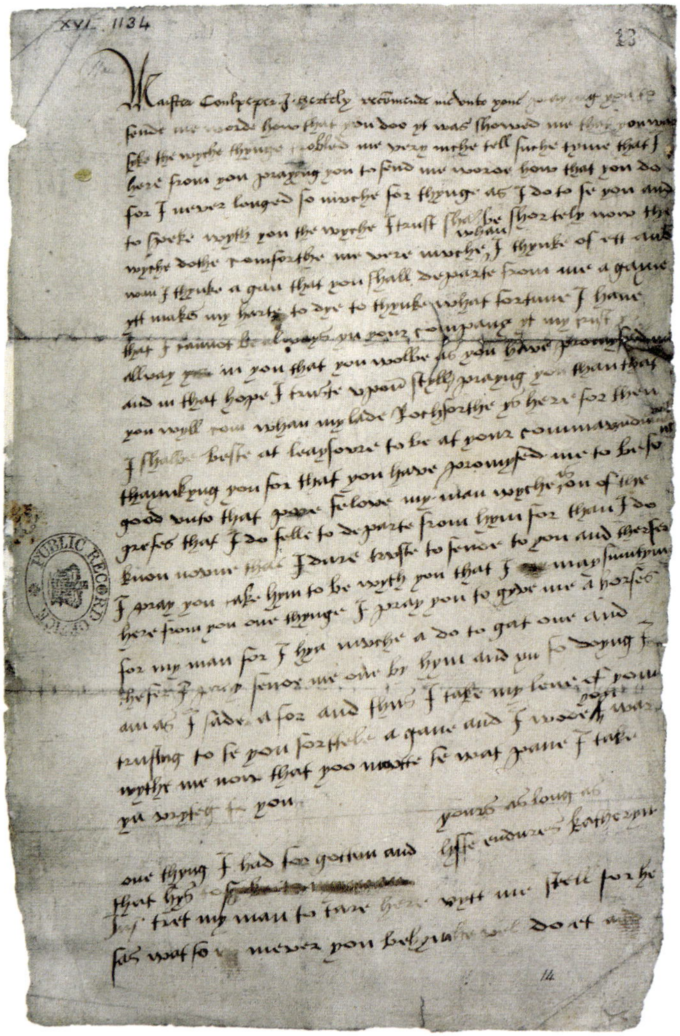

第三章 亨利八世：婚姻、密谋与处决 111

左图 可能写于1541年，也就是她与亨利结婚一年后，凯瑟琳·霍华德写给她的情人托马斯·库尔佩珀的一封情书。凯瑟琳写道："一想到我不能一直和你在一起，我就心碎了。"她的话很快就会成真。

真正的通奸者，因为他知道凯瑟琳对对方有意。

对凯瑟琳不利的证据越来越多，当库尔佩珀最终承认与王后私通时，她便只剩死路一条了。她的一封信也被发现，信中提到了她渴望与库尔佩珀见面交谈。亨利大受打击，颜面尽失，感到非常愤怒。迪勒姆和库尔佩珀都因叛国罪遭到处决（库尔佩珀曾是国王的宠臣，因此没有受"绞刑、拖行与分尸"）。

1542年2月10日，凯瑟琳从叛徒之门被带进了伦敦塔。令人不寒而栗的是，押送她的船只正好从库尔佩珀和迪勒姆凯瑟琳从叛徒之门被带进了伦敦塔。

令人不寒而栗的是，押送她的船只正好从库尔佩珀和迪勒姆的头颅下经过，此时这两人已经被处死了。

的头颅下经过，此时这两人已经被处死了。在伦敦塔中，凯瑟琳仅被关押了三天。2 月 13 日，她在格林塔被处决，死时年仅二十一岁，是最年轻的受处决女性之一，仅次于 1554 年的简·格雷夫人（其确切出生日期不详）。

对页图 图中，押送凯瑟琳·霍华德的船正沿着泰晤士河驶向伦敦塔。凯瑟琳的随从正在为她哭泣，而她本人似乎也被吓坏了。

没有受到处决的妻子

1543 年 7 月 12 日，亨利第六次结婚，这也是他最后一次婚姻。他的第六任妻子是凯瑟琳·帕尔（Catherine Parr），三十一岁的她之前曾有过两次婚姻。作为亨利的妻子，她不再正值青春，不会欲望过盛，她也并非狡猾之人，不会卖弄风情，她亦没有少女般的活泼，但也不至于冷漠，她受过一定的教育，不至于做出蠢笨之事。她或许能带给亨利幸福。

人们都认为，凯瑟琳在婚姻生活中主要起到了照顾亨利的作用。然而，尽管她会努力开导和疏解亨利的情绪，但她不太可能真正照料他的身体。事实上，亨利有一个庞大的医生团队来照顾他的健康。凯瑟琳确实是一位忠诚、体贴的妻子，她爱着亨利。不过，他们的婚姻也有岌岌可危的时候。凯瑟琳是宗教改革派，甚至倾向于新教信仰，两人在宗教问题上常有争执。

这引起了亨利的不满。1546 年，天主教派的反对者甚至以国王的名义拟定了对她的逮捕令。不过，他们的指控被凯瑟琳发现。她直接去找国王理论，并说服了他，表示争论纵然让亨利感到懊恼，但这都是为了在他饱受腿部溃烂之苦时转移他的注意力。她还告诉亨利，她已经从他的回答中吸取了教训，这样的奉承取悦了唯我独尊的亨利。

这对夫妻重归于好，人们认为他们会这样彼此相爱地生活下去，直到亨利去世。亨利对这位第六任妻子或许没有之前几次婚姻中那般炽热的感情，但他们是彼此的朋友，他可以信任并依赖凯瑟琳。当然，亨利也全心全意地对待她，在死后给她留下了丰厚的财产。

这引起了亨利的不满。1546 年，天主教派的反对者甚至以国王的名义拟定了对她的逮捕令。

托马斯·西摩

　　托马斯和爱德华是简·西摩的兄弟。他们利用她的婚姻在王室中获得了很高的权势地位。渴望权力的阴谋家托马斯甚至计划在凯瑟琳·帕尔死后与伊丽莎白公主结婚，这样他便能成为国王。即使已经成为凯瑟琳的丈夫，托马斯仍对公主极度关注，尽管她当时才十几岁，还在受到继母凯瑟琳的照顾。事实上，凯瑟琳甚至曾发现两人有拥抱的行为，伊丽莎白因此被赶出了家门。

　　此外，1544 年亨利在法国作战时，凯瑟琳也被任命为摄政，这足以说明亨利对她的信任（虽然这场战争的最终结果不尽如人意，亨利被查理五世欺骗，这位西班牙国王早已单方面与弗朗索瓦一世达成了和平协议）。托马斯·克兰麦确保了摄政的王后能得到众人的支持，但更为突出的是她个人的忠诚品质和人格力量，这帮助她在国内成功地处理了法国战役的相关事宜，同时也保护了王国免受苏格兰的任何潜在威胁。

在凯瑟琳的努力下，亨利最终与疏远的女儿缓和了关系。1543 年，第三部《继承法》出台，玛丽和伊丽莎白恢复了继承权，两人的继承顺序在爱德华及其子女之后，只要她们同意日后会在议会的允许下结婚，法案便能生效。正是由于这个法案的存在，简·格雷夫人在爱德华六世之后的统治很快便结束了。

亨利去世后，凯瑟琳很快便再婚了，但她的婚姻不得不秘密进行，因为国王去世后王后很快再婚是不合时宜的。凯瑟琳的旧爱托马斯·西摩成为她的第四任丈夫（她被称为结婚次数最多的英国王后）。这段婚姻也有过波折。西摩起初是想与凯瑟琳的继女伊丽莎白结婚的，之后才决定与凯瑟琳本人结婚。

后来，凯瑟琳在 1548 年 8 月 30 日生下了她唯一的孩子玛丽。不久之后，她便和当年的简·西摩一样因产褥热而死。

上图　图中是亨利八世和他的枢密院。亨利希望确保儿子爱德华的王位在他死后不会落入他人之手。他在遗嘱中表示，十六名枢密院成员将成为爱德华的顾问，不留给任何人夺权的机会。

对页图　图中为亨利与凯瑟琳·帕尔的婚礼，凯瑟琳·帕尔比亨利更为长寿。当亨利向凯瑟琳表明自己的心迹时，她正倾心于简·西摩的兄弟托马斯·西摩。不久之后，托马斯被赶出了王宫。

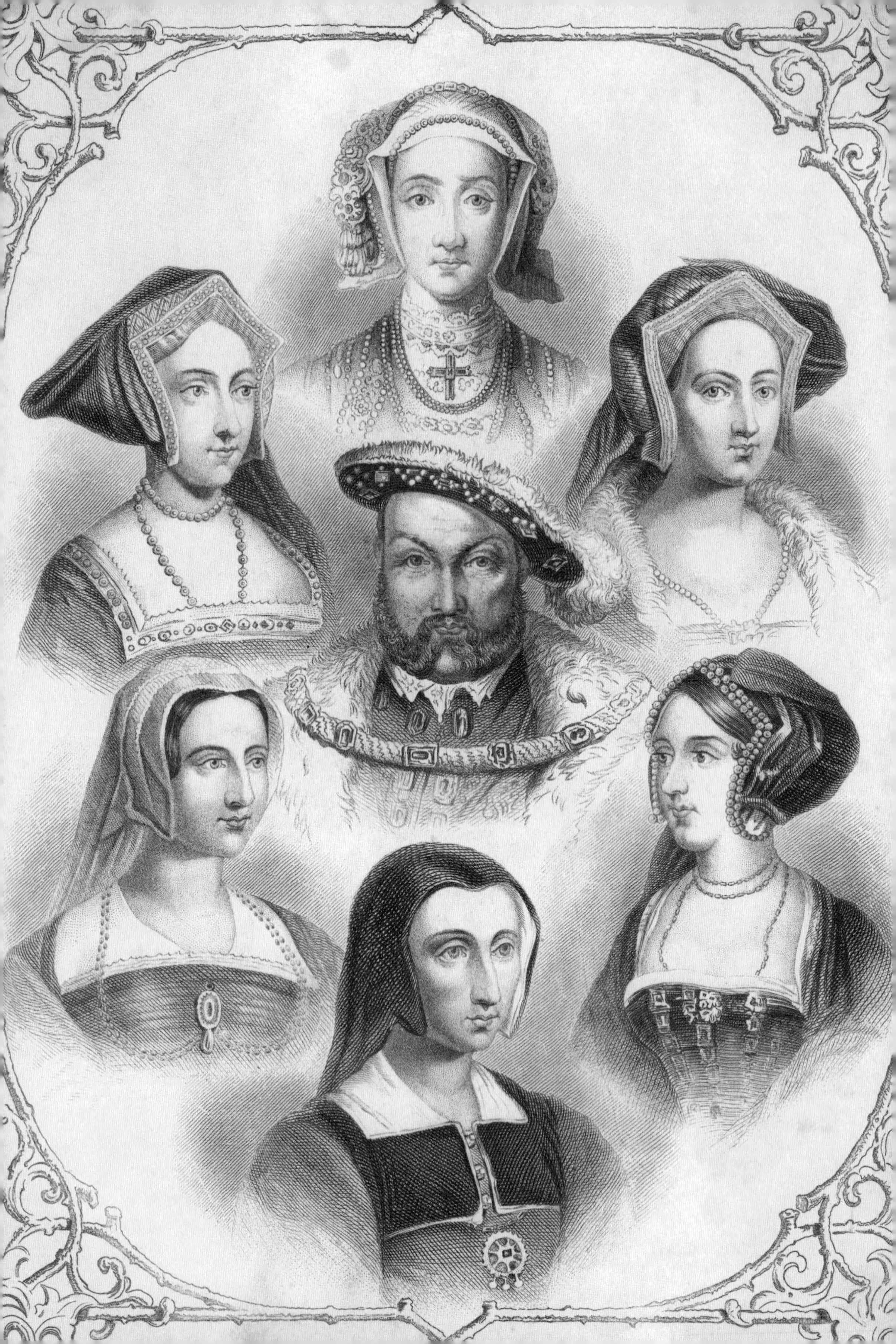

小汉斯·荷尔拜因

荷尔拜因是一位德国艺术家，人们普遍认为他是 16 世纪最出色的肖像画家。自 1535 年起，他便成为国王的御用画师，其系列作品仿佛是一本都铎王朝的名人录。他的画像精准写实，注重把握细节，集象征和讽喻为一体，著名的亨利八世肖像便是这些特征的最好体现。在他现实主义风格的肖像画中，过去人们的形象大致可见一斑（尽管他为克里维斯的安妮所画的肖像过分地美化了她）。

右图 小汉斯·荷尔拜因的这幅自画像展现了他画作中对细节的关注以及现实主义的风格。他还在 1533 年创作《大使》（The Ambassadors）时尝试视觉陷阱的手法，即从画的最右边可以完整地看到一个扭曲的头骨。

她和亨利没有孩子，这也许要归咎于亨利在婚姻期间糟糕的健康状况。当时，亨利已经年逾五十，由于生活放荡不羁、暴饮暴食，他变得非常肥胖。这位老去的国王不再如年轻时那般活泼好动，连走动都需要他人搀扶。暴食和缺乏锻炼导致他出现了许多健康问题，包括痛风、皮肤病和类似糖尿病的症状。1536 年，他在一场比武中坠马，受伤严重（这可能是安妮·博林当年流产男婴的原因）。该伤口溃烂多年，经常复发，亨利因此受尽了疼痛的折磨，而这也进一步限制了他包括性生活在内的一切活动。

亨利八世在五十五岁时去世，人们遗忘了他早年宫廷生活中轻松享乐的模样，只记得他统治时处决、改革和暴力的血腥行径。亨利最终是病逝的（确切死因不明），他在克兰麦大主教面前去世。很少有顾问能像克兰麦一样与国王关系密切并免于处决，也许只有他能算是亨利真正的朋友。

关于亨利八世的遗言说法众多，有的说法称他在临终时

对页图 不顺利的婚姻：在这幅 19 世纪的版画中，亨利八世位于中间，他的六位妻子在他周围。按照顺时针方向，从亨利上方开始依次为：克里维斯的安妮，凯瑟琳·霍华德，安妮·博林，阿拉贡的凯瑟琳，凯瑟琳·帕尔，简·西摩。

右图 临终时的亨利八世身形臃肿、疼痛不止，年逾五十的他甚至连走路都变得困难。去世时，他的身边没有妻子和孩子的陪伴。这幅图中的亨利让人们清醒地认识到，再伟大的国王也不会永远活着。

对页图 亨利八世被埋葬在温莎城堡的圣乔治教堂。他的遗体与简·西摩一同躺在这个大理石纪念牌下面的墓室中。一百多年后，国王查理一世也被安葬在同一个墓室里。

呼唤了最爱的妻子简·西摩，因为她为他生下了最为期盼的儿子。其他版本则表示他狂呼"修士，修士，修士"，也许他永远也无法原谅自己对教会亲信们犯下的罪行。实际上，年老的国王可能根本无法做到开口说话。事实再次证明，在死亡面前众生平等，即便是这位出色而可畏的国王。

亨利个性鲜明、意志坚定，一生都活得十分精彩，他从不允许任何事阻碍他追求幸福、获得满足。这位国王能够得到人们的拥护，即使他有时没有清楚地考虑事情的后果。他将自己的至尊地位当作与生俱来的权利，不让任何人违背他的意愿。撇开残暴行径不谈，在臣民眼中，强大的亨利八世是一位真正的国王，直到今天他仍拥有无穷的魅力。

IN A VAULT
BENEATH THIS MARBLE SLAB
ARE DEPOSITED THE REMAINS
OF
JANE SEYMOUR QUEEN OF KING HENRY VIII
·1537·
KING HENRY VIII.
·1547.·
KING CHARLES I.
·1648.·
AND
AN INFANT CHILD OF QUEEN ANNE

THIS MEMORIAL WAS PLACED HERE
BY COMMAND OF
KING WILLIAM IV. 1837.

第四章

◆

爱德华六世:
改革、叛乱
与革命

Edward VI:
Reforms, Rebellions and Rouges

　　爱德华六世在位不满六年便去世了,时年仅十五岁,尚未成年。作为一位都铎君主,爱德华鲜为人知,与他传奇的父亲亨利八世以及继任者玛丽一世、伊丽莎白一世相比,他的所作所为显得不值一提。爱德华六世是父亲亨利八世唯一的男性继承人,尽管父亲试图为他稳固王位,但他仍将面对觊觎王位的威胁及统治时的争议与动荡。

PARVVLE PATRISSA, PATRIÆ VIRTVTIS ET HÆRES
    ESTO, NIHIL MAIVS MAXIMVS ORBIS HABET.
GNATVM VIX POSSVNT COELVM ET NATVRA DEDISSE,
    HVIVS QVEM PATRIS, VICTVS HONORET HONOS.
ÆQVATO TANTVM, TANTI TV FACTA PARENTIS,
    VOTA HOMINVM, VIX QVO PROGREDIANTVR, HABENT
VINCITO, VICISTI. QVOT REGES PRISCVS ADORAT
    ORBIS, NEC TE QVI VINCERE POSSIT, ERIT.

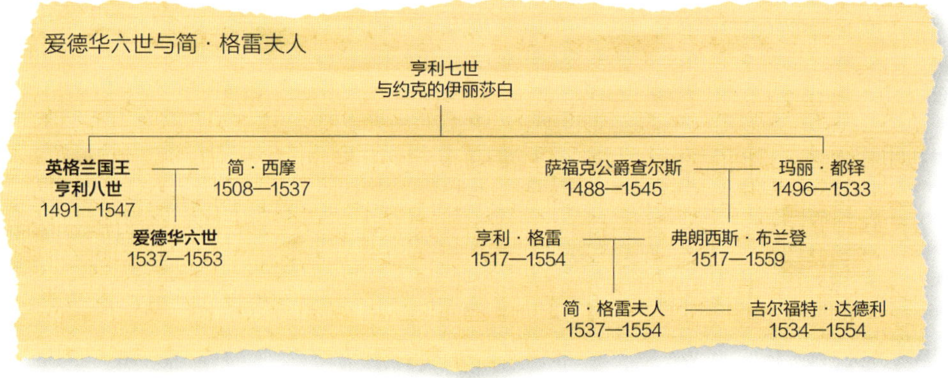

爱德华六世与简·格雷夫人

```
                    亨利七世
                 与约克的伊丽莎白
                        │
   ┌──────────┬─────────────┴──────────────┬──────────┐
英格兰国王      简·西摩            萨福克公爵查尔斯      玛丽·都铎
亨利八世       1508—1537          1488—1545        1496—1533
1491—1547
   │                              │                  │
爱德华六世                   亨利·格雷          弗朗西斯·布兰登
1537—1553                  1517—1554          1517—1559
                              │
                          简·格雷夫人        吉尔福特·达德利
                          1537—1554          1534—1554
```

◆

爱德华六世只活了几年……但他活得有价值。

"虔诚的小恶魔"爱德华受制于许多追求绝对权利的强权者，不过他相较父亲更进一步地推动了宗教改革，巩固了新教信仰在英格兰的地位。然而，他的早逝使得都铎王朝的未来疑云重重，一场继承权之争没多久便爆发了。

爱德华的童年

在人们眼中，小时候的爱德华是一个快乐的孩子，惹人喜爱，他与一些宫廷侍女共同度过了幼年时光，她们满足了这位小王子的一切需求。父亲宠爱他，将他视作珍宝（但他在幼年便对亨利八世和玛格丽特·博福特过度的关怀深感厌恶）。作为英格兰王位的男性继承人，备受宠爱的他没有经历过两个姐姐那般糟糕的童年。

由于父亲较为正统的信仰，爱德华早期主要接受了天主教的宗教教育。六岁时，爱德华正式开始接受教育，他的老师都是当时最出色的精英。然而，这些人的思想更倾向于宗

对页图 图为小汉斯·荷尔拜因约于 1538 年所画的爱德华六世。这幅画展现了小爱德华快乐、健康的模样。画下方的拉丁文字意为鼓励爱德华以他杰出的父亲为榜样。

教改革。理查·考克斯（Richard Cox）负责爱德华的教育，在他的成长中发挥了重要的作用。在爱德华统治期间，考克斯成为一名积极的改革者。约翰·切克（John Cheke）是剑桥大学最聪明的学生之一，他也信仰新教，负责教授爱德华古典文学、哲学和博雅科学。这两个人深深影响了爱德华，这位年轻的国王希望像他父亲一样，成为善于表达的博学之才。爱德华还学习了语言、音乐、艺术，对外交事务和宫廷礼仪也有了一定的了解。爱德华的情况与亨利八世不同，他是唯一的儿子，人们从不怀疑他会成为王国未来的统治者，一切都表明他会成为一位伟大的国王。

尽管有说法称这位王子童年时健康状况糟糕，但除了四岁时发过一次烧，他一生中的大部分时间都十分健康。人们认为，童年时的疾病并非他日后早逝的原因，尽管这场重病可能导致了小国王身体虚弱。亨利魁梧威严，爱德华可能只是在父亲的衬托下才显得软弱无力。

据说他从小就和姐姐们关系亲密，因此当她们与父亲和解时，这位年轻的王子为她们的归来而高兴。当亨利八世在1543年与凯瑟琳·帕尔结婚时，都铎家族才成为一个真正的家庭。爱德华享受着"新母亲"的关爱，这是他过去一直缺失的（爱德华是简·西摩的儿子，但她生下这位盼望已久的儿子后没几天便去世了），他也喜欢两位姐姐，尤其是玛丽。

作为儿子和继承人，在爱德华年仅七岁时，亨利便安排他与苏格兰女王玛丽订婚，而当时玛丽只有七个月大。1543年，英格兰与苏格兰签署《格林威治条约》（*Treaty of Greenwich*），一直以来敌对的两国将通过这场婚姻形成牢固的联盟。然而，婚约在1547年遭到了废除，同时苏格兰议会也拒绝签署条约，两国因此爆发了长达数年的"粗暴求爱"（rough wooing）战争。玛丽后来嫁给了法国王储，即日后的法国国王弗朗索瓦二世。随着联盟的破裂，英格兰向苏格兰发动战争，这场战争在爱德华统治期间持续不断。

成为国王

九岁时，爱德华无忧无虑的童年戛然而止。他的父亲去世了，伟大而充满争议的亨利八世时代就此结束。这个不幸的消息最初没有在国内公开，因为王国刚经历过巨大的宗教动荡，而年幼王子即位的消息可能招致他国的威胁，也可能导致意图取代小国王的篡位者出现。但爱德华身边有强大的帮手。亨利尽己所能地确保了儿子的继承权，因此他的枢密

对页图 人群聚集在一起为少年国王的加冕游行欢呼。爱德华于1547年2月20日在威斯敏斯特大教堂加冕，随后在威斯敏斯特大厅举行宴会。六年后，他的尸体被运回教堂安葬。

亨利魁梧威严，爱德华可能只是在父亲的衬托下才显得软弱无力。

亨利尽己所能地确保了儿子的继承权……

126   都铎王朝

王室宴会

　　爱德华的加冕礼宴会十分盛大，情景可谓壮观。宴会上有可以想象到的各种肉类和鱼类，有馅饼、挞饼和来自异国的水果蔬菜，各式菜肴通常有三到六道不等。食物通常使用香料调味或以盐腌渍，贵族们会享用藏红花、生姜和丁香等异国风味。宴会桌上摆放着金银制的盘子。桌子中央可能是仿制天鹅或孔雀的奢华摆件，或是象征参会贵族的纹章。由于晚宴场合特殊，国王的餐桌上往往摆放了大量丰富的食物。不过，通常国王只会品尝一点自己喜欢的菜肴，这样确保了侍从们能获得足够的食物。然而，由于摄入了太油腻的食物和过量的酒精，当时许多人一度患上了痛风。其他诸如维生素缺乏症之类的健康问题也十分常见，由于一些食物被认为只能出现在穷人的饭桌上，因此被宴会的菜单排除在外，当地种植的蔬菜便是其中之一。

院成员不会质疑爱德华，他们都视他为唯一的继承人。如果爱德华死后没有子嗣，王位将依次由玛丽与伊丽莎白继承，因为亨利在 1543 年的第三部《继承法》中恢复了两个女儿的继承权。

上图 照片中为都铎御膳房，从其宽敞的面积不难看出，过去每天都会有大量的食物在此烹饪。当左边的每个砖炉都点起火时，几加仑的汤、炖菜和酱汁便能同时制作。

亨利还委任了十六名执行人和十二名助手照顾爱德华直至其成年。亨利不急于留下一位有能力操纵国王的人，他认为保护继承者最安全的方式便是多人之间的权力制衡。一般而言，当未成年的王室成员即位时，他的政府几乎不会有所作为，一切直到新国王崭露头角、掌握权力后才会有所改变，这使国家有时间去适应一位新的统治者。然而，两项预防措施都没有站稳脚跟。带有政治野心的权势者很快便会给年轻的君主和整个国家带来纷争。

1547 年 1 月 31 日，爱德华宣布即位。他的议会以新国王继任为由，计划在 2 月 20 日举行一场隆重的加冕仪式进行庆祝，以此赢得民众的支持。他们的担心是多余的：爱德华已经被人们誉为新一代的"约西亚"，即《旧约》中因改革希伯来宗教而名声大噪的希伯来国王。克兰麦称赞爱德华为"基督的代牧"①，这意味着他是王权至尊的象征，只对上帝负责。这位年轻的君主对此深信不疑。

---

① 基督的代牧（Vicar of Christ，来自拉丁文 Vicarius Christi），在历史上以不同方式使用并具有不同神学内涵的术语，此处意为"基督在世上的代表"。——译者注

新国王身穿貂皮镶边的红色天鹅绒长袍，头戴王国王冠，现在这顶王冠已经成为英格兰国王和英格兰教会最高领袖的象征。后来，这顶王冠被换成了一个更小更轻的王冠，以示对国王幼年即位的赞许，爱德华在接下来的宴会上一直戴着它。王座上还放了两个垫子，这使得爱德华瘦小的身躯看起来更加高大。爱德华在位期间一直保持着写日记的习惯，这些详尽的日记中提到，他对加冕仪式中的走钢丝表演一直印象深刻。

护国公

爱德华加冕后不久，萨默塞特（Somerset）公爵爱德华·西摩（Edward Seymour）就被任命为国王的护国公。西摩是爱德华的舅舅，他成为护国公无疑是一个恰当的选择，但其他人对他手握大权感到不满。南安普敦（Southampton）伯爵托马斯·里奥谢思利（Thomas Wriothesley）时任大法官和掌玺大臣，他起初拒绝将这一权位授予西摩，或许他认为自己才是护国公的不二人选。之前凯瑟琳·帕尔的逮捕令也是由他拟定的，尽管该令后来遭到了亨利的拒绝。西摩及其亲信很快便迫使里奥谢思利放弃了对权力的企图，让他选择了辞职。这位大法官或许是担心不卸任便会落得更惨的下场，但他一直在等待着东山再起的时机。随后，西摩任命曾为费希尔和莫尔作证的律师理查·里奇接任大法官一职。受益于亨利遗嘱中的"待赏赐"条款，西摩授予自己和手下头衔、土地和财富，赢得了众人的支持。许多议会成员因此更愿意支持他的一切决定，只要他们的忠诚能够得到奖赏。

现在，西摩稳固了自身的地位，基本上掌握了对国王和国家的控制权。为了巩固权力，他让爱德华签署特许令，

下图 这幅插图戏剧性地展现了愤怒的托马斯·西摩试图闯入爱德华所住的汉普顿宫的情景。狗叫声惊动了侍卫，他们很快便带走了托马斯。他的哥哥爱德华·西摩保护了国王爱德华。

爱德华·西摩

亨利去世后，简·西摩的兄弟爱德华·西摩授予自己萨默塞特公爵的头衔。尽管议会设立的初衷是让成员们共同辅佐年轻的国王，但十六名成员中有十三人同意西摩宣誓成为护国公（其他三人当时不在）。

他的支持者不关注宗教，或者在一定程度上有其他的信仰。西摩面临着弟弟托马斯的反对。托马斯也在谋求权力，尽管他的手段与西摩不同。

西摩是一名优秀的军人，在亨利八世统治时期，他领导英格兰军战胜了苏格兰和法国。后来，西摩对爱德华的影响逐渐减弱，他于1549年被捕，1552年被他的外甥和约翰·达德利下令处决。

受益于亨利遗嘱中的"待赏赐"条款，西摩授予自己和手下头衔、土地和财富，赢得了众人的支持。

赋予他选择枢密院成员的权力，这样他便能够挑选政见一致且效忠于自己的人。他们利用亨利遗嘱中的表意不明之处，按照"待赏赐"条款进行分配，最终西摩的每位支持者都获得了头衔和土地。大约从这时起，王朝中的保守派都不再受到重用。托马斯·霍华德便是其中之一，他在亨利统治的大部分时间中都备受青睐，后来还效忠于伊丽莎白与斯蒂芬·加德纳（Stephen Gardiner）。作为一名保守的天主教徒，加德纳非常反对西摩比亨利八世更为激进的宗教改革。西摩很快摆脱了这些人的威胁，并将他的支持者安插在爱德华的身边，这位护国公甚至可以控制面见国王的人选。他对爱德华的控制进行得十分顺利，效率极高，几乎没有受到挑战。

兄弟反目

爱德华·西摩的弟弟托马斯对他控制国王感到不满，想要获得更多属于自己的权力。国王很容易为他人左右，为了全面地控制他，托马斯不惜摧毁西摩的权威。"待赏赐"条款赋予托马斯将来萨默塞特公爵的头衔，他还已经担任了海军大臣和枢密院成员，西摩希望他的野心能就此满足。然而，托马斯并没有直接挑战西摩的权力，他采取了一种更为隐秘的卑劣手段。他悄悄地给爱德华六世塞钱，暗示国王这位护国公拿走了本应属于他的钱，以此让他与西摩关系疏远。托马斯还怂恿爱德华与西摩争夺王国的控制权，同时他进一步密谋夺权，并继续发展与爱德华姐姐伊

丽莎白的感情。亨利死后不久，他便哄骗爱德华同意了他与凯瑟琳·帕尔的婚姻。

在托马斯与凯瑟琳·帕尔结婚期间，他与公主伊丽莎白建立了亲密的关系。这位肆无忌惮的海军大臣对妻子的继女展开了变态的追求，在她还没有睡醒或穿好衣服时便闯入她的卧室。没过多久，伊丽莎白便被赶出了家门，但卑鄙的托马斯撒谎说与她撇清了关系，这件事就此不了了之。凯瑟琳死后，托马斯再次开始追求公主，给她写情书，对她百般恭维。伊丽莎白本来真的有可能会接受他的殷勤，尽管她日后拒绝婚姻的做法十分出名。然而，议会建议她对他的追求保持冷淡。托马斯还一度考虑与玛丽结婚，这说明他并不在意与哪位公主结婚，为了获得渴望的统治地位，他能做出任何事来。

更糟糕的决定

当托马斯密谋与英吉利海峡的海盗联盟时，他的倒台之路也就此开始。现在，他不再隐藏自己夺权的野心。他与臭名昭著的海盗托马斯·沃尔顿（Thomas Walton）勾结，只要一起瓜分战利品，他便保证对方在英格兰海域畅通无阻。作为海军大臣，托马斯滥用职权，与海盗分赃获利，通过寻求他们的支持来发动推翻哥哥的政变。

当被要求为自己的行为辩护时，托马斯决定放手一搏，他计划绑架国王。1549 年 1 月 16 日，在夜色的掩护下，托马斯试图闯入爱德华在汉普顿宫的房间。然而，一只吠叫的狗妨碍了他，虽然他将其射杀，但随后他被逮捕并关进了伦敦塔候审。最终他被指控犯有密谋、贪污［托马斯还试图贿赂布里斯托尔造币厂的司库威廉·谢灵顿（William Sharington）爵士］和叛国的罪行。托马斯没有支持者，也没有任何洗刷罪行的可能，最终在 1549 年 3 月 20 日被处决。后来，西摩因为参与了亲弟弟的判决而遭到人们的谴责，但他不愿签发托马斯的死刑令，议会最终将其交给国王签署。

对页图 图中，爱德华六世坐在议会前（此时大约为 1549 年）。虽然护国公爱德华·西摩将代表他领导议会，但种种迹象表明，爱德华六世已经有所成长，有朝一日他或将成为一名强大而博学的统治者。

当托马斯密谋与英吉利海峡的海盗联盟时，他的倒台之路也就此开始……

然而，一只吠叫的狗妨碍了他，虽然他将其射杀，但随后他被逮捕并关进了伦敦塔候审。

斯蒂芬·加德纳

加德纳主教不像沃尔西、克伦威尔那般声名狼藉，在亨利八世的顾问中不算出名，但在亨利八世的整个统治期间，他在议会中都发挥了较大的影响力。

加德纳十分强势，亨利担心他的性格会影响儿子。而且加德纳在宗教方面立场保守，这些都使得他在新君主统治时期不再受到重用。在早期的政治生涯中，加德纳曾在沃尔西手下工作，但在沃尔西死后，他成功地与亨利保持了良好的关系。1531年，加德纳被授予沃尔西曾经的主教职位，成为温彻斯特主教。

与许多人一样，加德纳经常拒绝服从亨利。在爱德华统治时期，他更是表现出过分的固执与强势，只愿意接受议会的部分决定。当克兰麦开始推行新的信仰时，加德纳试图以异端的罪名指控他。后来，加德纳被关进了伦敦塔，在玛丽一世时期才得以东山再起。

以国王之名

一般而言，政府在国王成年前几乎不会进行任何改革，但西摩无视了这一惯例，自顾推行着存在争议的议程与政策。在克兰麦的帮助下，他于1547年到1553年期间将人们信仰的国教由温和的英格兰国教转变为了新教，废除了教义中的炼狱和圣像崇拜，并允许神职人员结婚。这位护国公进一步废除了修道院并没收其财产，这为日后他因鲁莽而发动的战争提供了资金来源。西摩仍属于改革派的阵营，他脱离了传统天主教的正统观念和亨利八世的英格兰教会，这样的行为对许多人来说太过于偏激。

随着西摩改革的推行，这个国家开始分裂为天主教和新教两派。改革中的王室视察便极具争议，西摩的手下会视察教堂，强制要求必做和必废之事，以此达到净化教堂的目的。圣像、念珠、鲜花和大部分的蜡烛被移除。风琴乐与许多传统的赞美诗被禁，建筑物被重新粉刷，唯一允许的装饰物只有王室的纹章。

改革最激进的一步是将弥撒用的拉丁文改为英文。在1549年的圣灵降临节（Whit Sunday）①，克兰麦设计的英文版《公祷书》（Common Prayer）②发行。如果不使用该手册，很快就会受到叛国罪指控。在亨利统治时期，人们使用拉丁文以外的任何语言做弥撒都会因叛国罪被处死，这说明宗教改革在短短几年间便取得了很大的进展。大约两千五百个追思弥撒堂——人们为死者祈祷的小教堂——遭到破坏，王室能从

---

① 在5月23日，又称"五旬节"，是基督教传统节日，其日期固定在复活节后的第50天。因为据《新约》记载，耶稣在复活后的第50天差圣灵来到人间。——译者注

② 英国圣公会礼拜仪式中使用的礼仪手册。——译者注

这些土地中获得高达六十万英镑的资金。一切改变发生得太快，超出了人们的接受范围。西摩和爱德华面临着国内的叛乱和国外的威胁。

西摩十分精明，在爱德华身边安插了他信任的顾问，这些人是他的亲信，而他也给予了忠心的他们丰厚的赏赐。这些人包括威廉·佩吉特（William Paget）和安东尼·丹尼（Anthony Denny）。丹尼曾是亨利八世的心腹之一，在亨利签署最后的遗嘱前，是他负责印上亨利的签名摹本（尽管亨利在签署前便去世了，这在一定程度上为西摩和他的支持者提供了利用遗嘱条款的机会）。国王写遗嘱时，身体已经十分虚弱，据说丹尼在这期间不着痕迹地左右了他的想法。在亨利写下最后的遗嘱时，他的大臣威廉·佩吉特也在场。人们认为他在国王临终前左右了他的决定，但国王究竟受到了多大的影响我们不得而知。

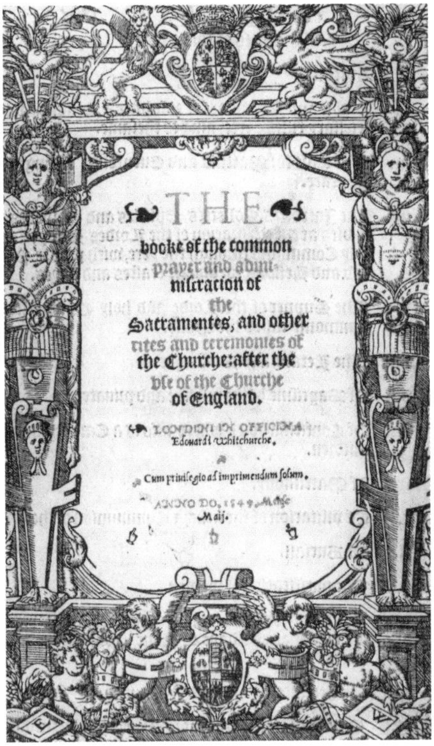

另一个与西摩关系密切的是沃里克伯爵约翰·达德利（John Dudley），他也曾是亨利八世的心腹。然而，达德利很快便会为了争夺自己的权力开始反对西摩。

上图 这是托马斯·克兰麦的《公祷书》的扉页，该书与拉丁文弥撒背道而驰。爱德华和他的支持者的信仰使改革更接近亨利八世曾经意图推行的新教。

平克战役

亨利八世生命中的最后几周是动荡不安的，因为王国仍不时会与苏格兰发生战争。他起初寄希望于爱德华与苏格兰女王玛丽的婚姻，认为这有利于保证两国未来的良好关系，但随着英格兰的和平交涉接连受阻，亨利发动了对苏格兰的"粗暴求爱"战争。战争的部分原因是英格兰想迫使苏格兰的大部分天主教徒接受宗教改革。西摩还想确保英格兰边界的安全，防止法国从英苏边境入侵。1547 年 8 月 31 日，他以护国公和驻军司令的身份率军入侵苏格兰。由于以联姻为条

战争的部分原因是英格兰想迫使苏格兰的大部分天主教徒接受宗教改革。

跨页图 图中是发生在苏格兰东南部穆塞尔堡（Musselburgh）附近平克战役的惊人情景。该战役属于"粗暴求爱"战争的一部分，战争中苏格兰军被英格兰军打败。

件的和平提议遭到拒绝，英格兰军大举入侵，大败苏格兰军，超过一万名苏格兰士兵在爱丁堡附近的平克（Pinkie）被杀。苏格兰人发动了进攻，但他们的部队早已四分五裂，更现代化的英格兰军队利用武器击溃了他们。西摩在苏格兰留下了驻军，他认为这样做可以维持和平，确保英格兰在边境的安全，但战争代价高昂，造成了巨大的财政消耗，西摩后来因

此受到了指责。然而，1542 年苏格兰国王詹姆斯五世去世后，由阿兰（Arran）伯爵詹姆斯·汉密尔顿（James Hamilton）摄政的苏格兰仍然拒绝投降。1548 年 8 月，玛丽被偷偷送往法国的安全地带，后来她嫁给了弗朗索瓦二世，短暂地担任了几年法国的王后。英苏婚约因此作废，这场战争也变得毫无意义了。

苏格兰女王玛丽的母亲吉斯的玛丽是英苏谈判中的主导人物，她在 1554 年取代汉密尔顿成为女儿的摄政。她一边向亨利保证玛丽和爱德华王子会在女儿十岁时

右图 法国的亨利二世支持与苏格兰的"老同盟"①，在这个联盟下，两国得以联手反对英格兰。为了巩固同盟关系，他的儿子弗朗索瓦二世于1558年与苏格兰女王玛丽结婚。

对页图 这是苏格兰国王詹姆斯五世的妻子吉斯的玛丽的肖像画，画中的她看上去强大而坚定。玛丽后来成为苏格兰的摄政，但她的天主教信仰导致她与苏格兰不断扩大的新教徒群体产生了矛盾。

———————

① 指欧洲中世纪时期苏格兰与法国之间长达两个多世纪针对英格兰的同盟关系，包括一系列攻击性和防卫性的双边条约。——译者注

他做出的宗教改革以及不得民心的种种决定，加之各处的民众叛乱，加剧了英格兰的紧张局势。

结婚，另一边一直与法国进行谈判，以确保女儿免受向来暴怒的英国国王的伤害。有传闻称，吉斯的玛丽自己也不愿成为亨利的第六任妻子，她拒绝了他的求婚，担心自己嫁过去将会性命不保。

由此引发的战争掏空了亨利八世本就空虚的国库，耗费的资金按现代的货币折算可达数亿元。西摩对此采取了措施，通过贬值英镑来获得资金，这导致了通货膨胀，爱德华的许多臣民因此陷入财政困境。西摩还发起了圈地运动，这对土地所有权产生了深远的影响，人们纷纷开始担忧土地所有权的滥用。他做出的宗教改革以及不得民心的种种决定，加之各处的民众叛乱，加剧了英格兰的紧张局势。1549年，矛盾最终爆发，王国各处爆发了叛乱和暴力事件，因此西摩的倒台很快到来了。

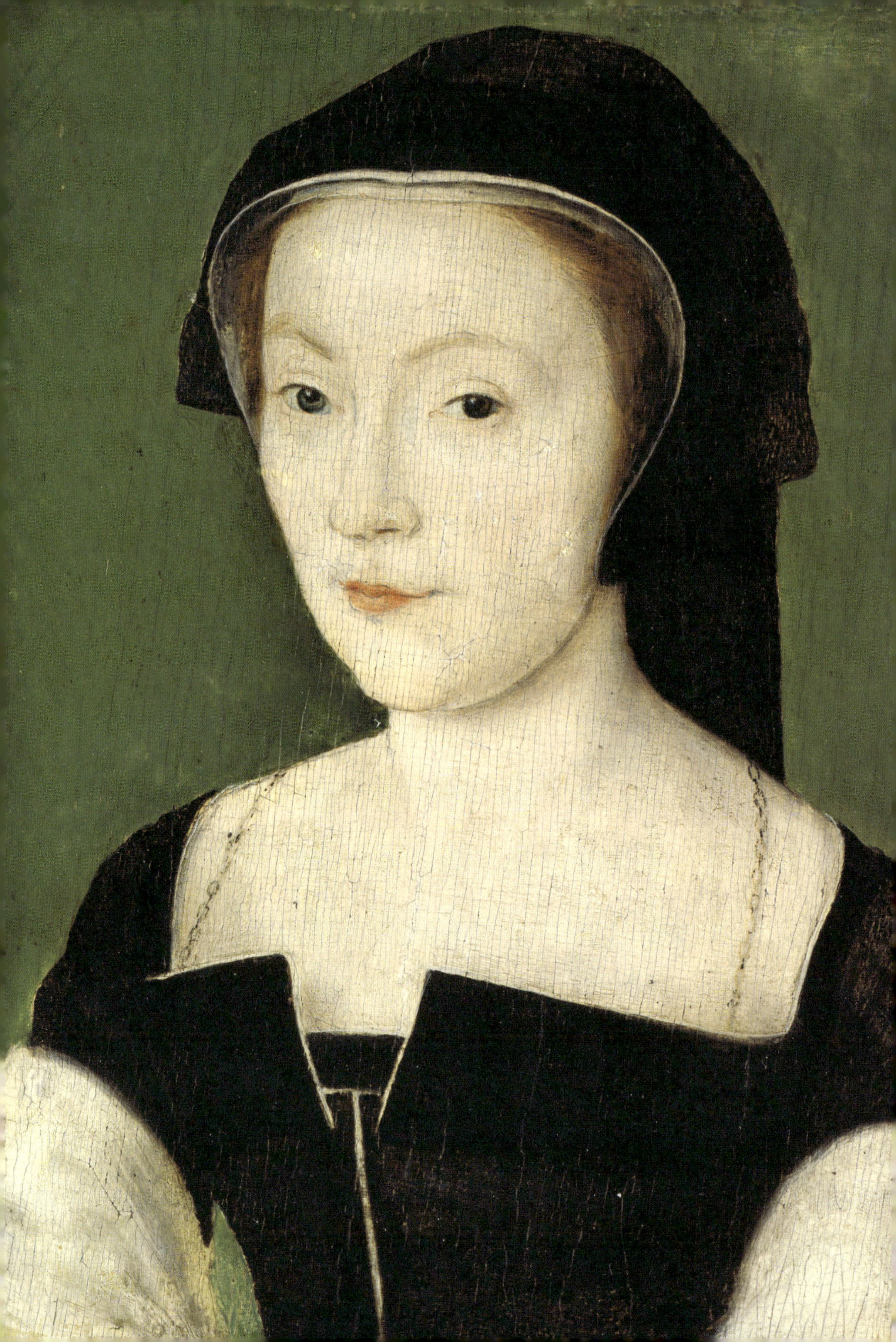

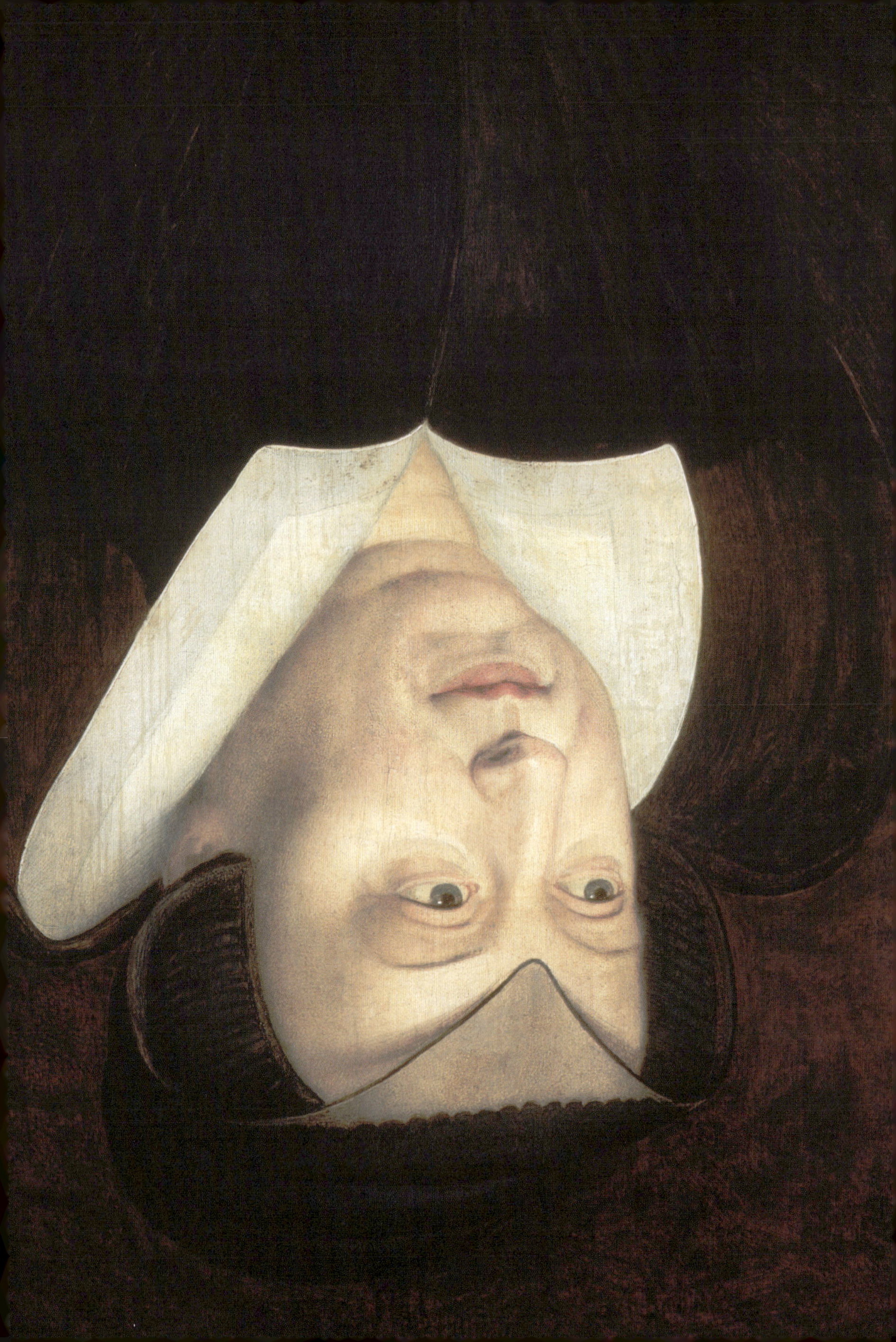

法国的威胁

除了镇压苏格兰人，爱德华和他的顾问们还必须应对来自法国的攻击。弗朗索瓦一世于 1547 年 4 月去世，他的儿子亨利二世（弗朗索瓦二世的父亲）继任。亨利二世急于支持与苏格兰的"老同盟"，想将英格兰人赶出原本属于法国的布洛涅。虽然西摩得到了查理五世的支持，但这位神圣罗马帝国皇帝只有在加来（仍在英格兰统治之下）受到攻击时才会出兵相助。之后，在 1549 年，亨利二世的舰队起航出征英格兰，但在泽西岛（Jersey）附近被装备精良的英格兰海军击退。后来，达德利与亨利二世进行了谈判，同意法国赎回布洛涅，维护了两国最初的协定。

凯特起义

起义始于诺福克郡的温德姆镇（Wymondham），起因是为了抗议英格兰的圈地运动。这些被圈地意味着某些土地的价值将远远高出其他地块。这些地可用于饲养绵羊，而这些绵羊身上的羊毛又可用于日益发达的羊毛贸易。这也意味着在通货膨胀、人口猛增、粮食经常短缺的大环境下，可用于种植农作物的土地变少了。1548 年，王国各地首先爆发了小规模的动乱，就根本而言，这是当时的宗教纷争、社会动荡和圈地法令所导致的。许多起义者确实已经穷途末路，因为他们赖以生存的土地被夺走了。人们的不满情绪高涨，罗伯特·凯特（Robert Kett）和他的追随者可能也是因此而起义的。

西摩感受到民众对圈地法令的怨言，他下令进行调查，然而他的调查对象主要是那些受益于圈地条款的地主们。不出所料，他们裁定这是一种公平的做法。后来，一些更富有的地主圈地的栅栏也遭到拆毁，那时作为一名地主的罗伯特·凯特便加入了起义，并成为后续起义的首领。他们的人数迅速扩大到数千人，起义军直捣当时英格兰的第二大城市诺里奇（Norwich），他们要求政府停止这些不得民心的做法。

对页图 凯瑟琳·德·美第奇是法王亨利二世的妻子。虽然在亨利的一生中，凯瑟琳在很大程度上被其情人迪亚娜·德·普瓦捷（Diane de Poitiers）排挤在外，但在她三个儿子担任法国统治者期间，凯瑟琳可以冷酷无情地密切监督他们。

> 起因是为了抗议英格兰的圈地运动……这也意味着在通货膨胀、人口猛增、粮食经常短缺的大环境下，可用于种植农作物的土地变少了。

上图 图中为 1549 年的凯特起义。树是凯特起义画像中常出现的意象，图中便有凯特在毛斯霍德山的改革之树，起义者们在树下扎营。

凯特预感到起义即将失败，想与达德利进行谈判，但这场起义现在只能在血战中结束了……起义者最终还是难以抵挡达德利庞大的军队和精良的武器装备。

当平民的乡村教堂遭遇拆毁的威胁时，罗伯特·凯特曾给予过他们支持。现在，凯特又与他们站在了一起，他将不满的起义者组成了一支起义军。他们在诺里奇附近的毛斯霍德山（Mousehold Heath）营地拟定了一份纲领，并在 1549 年 7 月将其送交西摩，但政府拒绝了其要求。他们被要求立即解散，否则将遭到逮捕，不过，如果他们就此解散，所有起义者都将获得赦免。凯特领导的起义者不接受政府的提议，选择留在原地，而国王的手下没有料到这样的结果，一时无法强迫他们离开。

迫于形势，凯特和追随他的起义者对诺里奇发动了进攻。政府派威廉·帕尔（William Parr）带兵镇压起义军。但是，凯特和起义者打败了王军，这位北安普顿侯爵被迫撤退。西摩随后派出约翰·达德利和一支更为强悍的部队来解决这场骚乱。面对兵力大增的政府军，起义者在战争中愈发处于不利的位置，他们的补给线也被切断了。凯特预感到起义即将失败，想与达德利进行谈判，但这场起义现在只能在血战中结束了。凯特领导的起义者为反抗圈地运动而英勇斗争，但最终还是难以抵挡达德利庞大的军队和精良的武器装备。超过两千名起义者被杀，更多的起义者为保命逃离了战场。凯特成为俘虏，被关进了伦敦塔。1549 年 12 月，他被送回诺

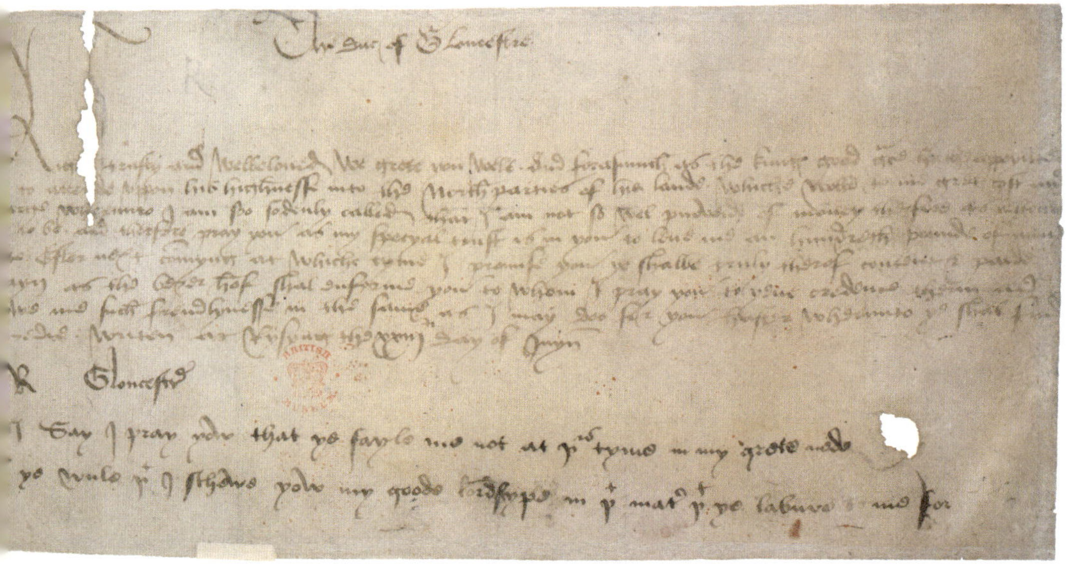

第四章 爱德华六世：改革、叛乱与革命 141

里奇，最终被处以绞刑，他的尸体被挂在城墙上示众，这是政府对其他民众的警告。除了战死的数千人外，还有三百人因参与起义而被处死。圈地运动还是没有改变，起义最终只是削弱了西摩对国王和议会的控制权。

上图 凯特和手下的起义者认为国王正被带有政治目的的顾问所误导，而他们起义是在为国王行事。然而，为了平息这场叛乱，国王发布了针对起义者的公告。

拥护玛丽

各地的起义均以失败告终，紧随其后的是严厉的改革措施，民众对玛丽取代年轻国王的呼声越来越高。玛丽坚持参加拉丁文弥撒，甚至在 1548 年的圣灵降临节邀请了所有想和她一起做弥撒的人，而那一天正是克兰麦宣布开始实施英文弥撒的日子。她如此公开表达对传统天主教信仰的忠诚，意味着那些认为爱德华顾问改革过头的保守派对新改革的反抗只会比她表现得更为直截了当。玛丽将弟弟视作异端，她的支持者更是如此！许多人还为自己的灵魂而担忧，尽管改革中提倡的信仰和奉献是正确的，但多年来的天主教教义告诉他们，要想在天堂获得一席之地，光靠信仰是不够的。民众希望死后免受地狱之火的折磨，因此将玛丽视为救世主，她后来也一直没有忘记这份使命。此外，许多迷信的人将粮食

玛丽坚持参加拉丁文弥撒，甚至在 1548 年的圣灵降临节邀请了所有想和她一起做弥撒的人……

歉收、食物短缺和贫困看作是上帝的旨意。

在1550年圣诞节的一次家庭聚会上，当时十三岁的爱德华斥责玛丽的异端行为，将她惹哭了。姐弟俩各执己见，都不愿让步，后来玛丽得到了她掌权的表亲查理五世的支持，爱德华最终沮丧地哭了。

西摩垮台，达德利崛起

人们认为，西摩在执政上的失误以及他结党营私的行为是这些惨痛的暴力事件发生的主要原因。他的护国公地位岌岌可危，一直以来的朋友和支持者都开始反对他。惊慌失措的他在10月7日将爱德华带到温莎城堡，囚禁了这位十二岁的国王。议会下令剥夺西摩的权力，他于1549年10月11日被捕。尚未成年的爱德华再次重掌了王权，而失势的西摩则被关进了伦敦塔。约翰·达德利成为君主背后真正的掌权者。爱德华被送到了安全的地方，达德利委任的议会成员必须一直待在他的身边。

西摩此时被关在伦敦塔深处，他签署了认罪书，渴望再次获得自由和权力。后来，他获得了赦免，并在1550年2月与达德利和解。当时，达德利任枢密院议长，确立了自身的权威。后来，西摩夺取达德利权力的企图暴露，10月16日，他因叛国罪被捕，并于1552年1月22日遭到处决。达德利后来承认，当时他对西摩的许多指控都是捏造的。现在，他彻底地控制了年轻的国王。

好公爵与坏公爵

尽管人们都认为西摩是"好公爵"，达德利是"坏公爵"，但爱德华的这两位护国公有许多相似之处。如我们所见，这两人自私自利、野心勃勃，还都善于政治操纵。西摩傲慢自大，基本无视议会的决定，用自拟的公告统治王国。达德利筹划的阴谋导致了西摩兄弟的反目，因为他知道两人都想利

跨页图 尽管爱德华·西摩坚称自己并无篡位企图，但这位护国公还是于1552年在塔山受到了处决。此时，他的权力竞争者达德利已经接任了他的护国公头衔。

后来，西摩夺取达德利权力的企图暴露，10月16日，
他因叛国罪被捕，并于1552年1月22日遭到处决。达德利后来承认，
当时他对西摩的许多指控都是捏造的。

用家族关系谋求对爱德华的控制权。

　　不过，也有人认为达德利这么做是因为担忧西摩家族势力过大。可以说，西摩
尽其所能地为爱德华留下了一个强大的国家并统一了国内的宗教信仰，而爱德华本
人也是该宗教的狂热信徒。另一点值得关注的是，在西摩担任护国公时，没有人因
为宗教异端被处决。也是在这一时期，成文法中删除了1414年出台的《焚烧异端分
子法案》(*Act for the Burning of Heretics*)。

约翰·达德利

　　约翰·达德利是埃德蒙·达德利的儿子，他的父亲曾担任亨利七世的财务顾问，但最终被亨利八世当作替罪羊处死。达德利手握重权，富有魅力，对每一位王位继承者都忠心耿耿。这导致有些人认为他是一个虚伪的犬儒之辈，缺乏自身的坚定信仰。他贪恋权力，为此不择手段地改变了"继承遗嘱"，使简·格雷夫人（不久后将成为他的儿媳）成为女王。甚至有传言称，达德利为了让爱德华尽快死去对他下了毒。达德利的倒台与父亲如出一辙，尽管他曾试图取悦现任君主来继续掌权。在达德利生命的最后阶段，人们对他深恶痛绝，他被捕后关进了伦敦塔，于 1553 年 8 月 22 日遭到处决（如下图所示）。

　　诚然，在达德利担任护国公期间，王国的生活安定了起来。1550 年，他通过谈判归还了布洛涅，避免了与法国的战争。战争和起义都结束了，爱德华国王再过几年也将成年并开始独当一面的统治。在 1552 年的一小段时间中，王国的和平看起来将一直延续下去，几乎没有人想到日后会经历怎样的动荡岁月。

第四章　爱德华六世：改革、叛乱与革命　　145

1552 年，达德利开始为爱德华成年后的统治做准备。他还与法国的亨利二世谈判，想促成爱德华与亨利的女儿瓦卢瓦的伊丽莎白（Elisabeth of Valois）的婚姻，这样便能确保两国之间的和平关系。然而，爱德华的早逝使这些谈判失去了意义。1558 年玛丽一世去世后，瓦卢瓦的伊丽莎白嫁给了西班牙国王腓力二世（Philip II）。爱德华开始更频繁地出席议会，并亲自签署了一些王室的授权令。尽管爱德华只有十三岁，但不难看出，他继承了父亲唯我独尊的性格。如果他没有早逝，成年后很可能会成为一位掌握实权的暴君。但不到一年后，爱德华便去世了。

1552 年 4 月，爱德华因感染麻疹病了数月。他确实有过康复的迹象，甚至在夏天时去全国各地巡视王国，体察民情。然而，到了 1552 年的圣诞节，这位年轻国王的病情变得严重起来。在接下来的几个月中，情况越来越糟，因此他对继任者的决定变得极为重要。

王位继承

无论受到权势者多大程度的影响甚至政治操纵，爱德华都无愧于亨利儿子的身份。他清楚自己的想法，希望别人能达到他的要求。在这位少年国王的统治时期，英格兰的各项改革都得到了他的支持，甚至是在他准许的情况下进行的。若是将国家交给一位信仰天主教的女王，这些改革将被推翻。爱德华制定的继承法表明，他尽己所能地避免发生这样的情况，即便这个女王是他亲爱的姐姐。在他看来，一件正确的好事意味着它要符合所有人的利益，他这样做对大家都好。

目前，最有权继承王位的是爱德华的姐姐玛丽，爱德华和他的议会都不愿意将英格兰交给一个未婚的天主教女人。1553 年 5 月，爱德华拟定了"继承遗嘱"，推后了玛丽和伊丽莎白的继承顺序（他无法剥夺两人的继承权），将国家交到了简·格雷夫人手中，

下图　与西摩相比，约翰·达德利在人们心中通常是一个反派的形象，但这两人都有过控制年轻国王的企图。爱德华死后，达德利没过多久也去世了。

右图 爱德华·西摩继续实行从亨利八世时期开始的货币贬值政策，这意味着在爱德华六世的统治时期，货币经历了进一步的贬值。玛丽一世计划扭转这种贬值的趋势，但她还没等到改革实行便去世了。

1553 年 5 月，爱德华拟定了"继承遗嘱"，推后了玛丽和伊丽莎白的继承顺序（他无法剥夺两人的继承权），将国家交到了简·格雷夫人手中，直到她生下男性继承人再做变更。

直到她生下男性继承人再做变更。简·格雷是亨利八世的妹妹玛丽·都铎和查尔斯·布兰登的外孙女，后者的父亲威廉·布兰登（William Brandon）曾担任亨利七世的旗手。威廉在博斯沃思战役中被理查三世所杀，救了亨利七世一命（至少从表面上看是这样）。任命简·格雷为继任者，王位便被传给了一位都铎家族的后代，她既能延续家族血统，又能维护爱德华重视的新教信仰。

约翰·达德利在多大程度上操纵了爱德华我们不得而知，但是在 1553 年春天，也就是爱德华第一次生病以后，达德利便提出安排儿子吉尔福德（Guildford）与简·格雷结婚。两人于同年 5 月 25 日结婚，尽管后来简拒绝与丈夫共享统治权，限制了他作为女王丈夫的影响力。虽然继承遗嘱最初规定只有简的儿子有权继承王位，但在遗嘱修改后，简本人便可加冕为女王。当时她只有十六七岁，她的丈夫及公公能够轻而易举地控制她，达德利就这样成为实际的掌权者。

亨利八世制定的第三部《继承法》中规定，如果爱德华死后没有留下男性继承人，他的两个女儿便有权继承王位。爱德华的遗嘱与《继承法》中的条款相悖，这实际上是违反成文法的行为。然而，粗心的亨利在去世前忘记了恢复女儿

第四章　爱德华六世：改革、叛乱与革命　147

货币的贬值

货币贬值始于亨利八世时期，到爱德华六世统治时，货币的价值更是下降到了前所未有的低点。更多的货币使政府获得了额外的资金，但这些货币的使用价值已经远不如前。持续的贬值也导致了物价和通货膨胀的飙升，外国与英格兰的贸易量下降。1158 年发行的 925 纯银货币最初是由纯银制成的。在爱德华统治时期，银币只含三分之一的银，其余材料都是更加廉价的金属，货币的价值因此大幅下降。据说，这些银币本身就会因为尴尬而脸红，其含有的浅粉色铜确实在银的映衬下闪闪发光。

们的合法身份，这让爱德华有机可乘，他以非婚生子女为由将她们排除在了继承人选之外。议会通过了爱德华的遗嘱，达德利得到了所有人的签字同意。他甚至严格控制了国王的探望者，不允许玛丽和伊丽莎白与临终的爱德华说话，以免他改变主意。

　　1553 年 7 月 1 日，爱德华最后一次向公众发表讲话。众人对他消瘦虚弱的模样感到震惊。当时的他饱受病痛折磨，连站立和呼吸都十分困难。五天后的 7 月 6 日，爱德华去世。我们无法得知他的确切死因，有可能是因为肺结核感染。他被葬于威斯敏斯特大教堂，与逝去的先人在亨利七世所建的圣母礼拜堂中团聚，亲信克兰麦为这位年轻的国王举行了葬礼。

　　如果玛丽没有被允许从伦敦前往东盎格利亚（East Anglia），事情的结果可能会截然不同。在东盎格利亚，她获得了民众的同情并发展起了自己的势力。玛丽继位后，开始了对议会和国家的强权统治，她毁掉了爱德华在位几年间取得的一切改革进展。那"九日女王"①呢？任人摆布的简·格雷将在二十岁之前遭到处决。起初，玛丽赦免了她，一直将

爱德华死后……宗教信仰一片混乱，没有人知道改革的下一步该如何进行。信奉天主教和新教的人都有可能被指控为异端。

———————
① 简·格雷在位仅九天，故称"九日女王"。——译者注

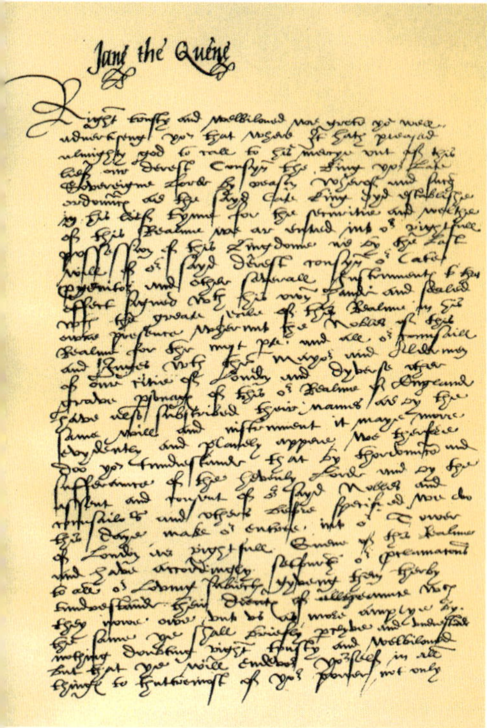

上图 这封信是简·格雷夫人写给威廉·帕尔的，信上署名为"女王简"。她在信中要求帕尔支持她反对玛丽。人们怀疑这封信并非出自简本人。

她囚禁在伦敦塔中，这里也是她之前被加冕为英格兰女王的地方，她将在伦敦塔中度过生命最后的时光。后来怀亚特（Wyatt）叛乱爆发，简再次成为威胁玛丽的继承人选，因此玛丽不得不将她与丈夫和父亲一同处决。

我们不妨做一个有趣的假设：如果爱德华没有早逝，英格兰会经历一段怎样的历史？在生命的最后几年中，爱德华成长得愈发博学睿智，在王国中逐渐树立起了威信，他从身边的顾问身上学到了很多东西，已经具备了一名伟大国王应有的素质。他可能会领导英格兰走向繁荣，并推动新教在整个欧洲大陆上传播。他的子女可能会继承他的位置，这意味着玛丽和伊丽莎白都不可能成为英格兰的君主。但事实并非如此。爱德华死后一切都变得十分糟糕，英格兰陷入了动荡。宗教信仰一片混乱，没有人知道改革的下一步该如何进行。信奉天主教和新教的人都有可能被指控为异端。当时，国家缺乏资金，国库空虚，许多人都担心受到外来的入侵。在玛丽一世统治时期，天主教再次成为国教，这位女王在火刑柱上烧死了两百八十多名新教徒，也因此成为人们口中臭名昭著的"血腥玛丽"。作为第一位女王，玛丽即将用血与火在英格兰的历史上留下浓重的一笔。

简·格雷夫人

在 1554 年 2 月 12 日被处决前，简感到惶恐不安，不过这也是人之常情。直到生命的最后一刻，她仍坚称自己对废黜玛丽的阴谋一无所知，她就这样在不安和恐惧中失去了生命。按照惯例，简被蒙住了双眼，需要有人引导她通往刑场。简宽恕了刽子手夺走她生命的罪过，以此要求他给自己一个痛快。

这位"九日女王"在死前祈求上帝带走她的灵魂，然后便咽下了她的最后一口气。保罗·德拉罗什（Hippolyte-Paul Delaroche）在《简·格雷夫人处决图》（*The Execution of Lady Jane Grey*，1833 年）中描绘了这一场景，这幅画现收藏于伦敦国家美术馆。画中表现了她被处决时的心情，背景中她忠心的侍女因为过度悲痛晕了过去。

图中的简·格雷看上去是个温顺的年轻女孩。然而在成为女王后，简很可能已经摆脱了阴险的达德利，她也不愿让儿子（或丈夫）成为国王。

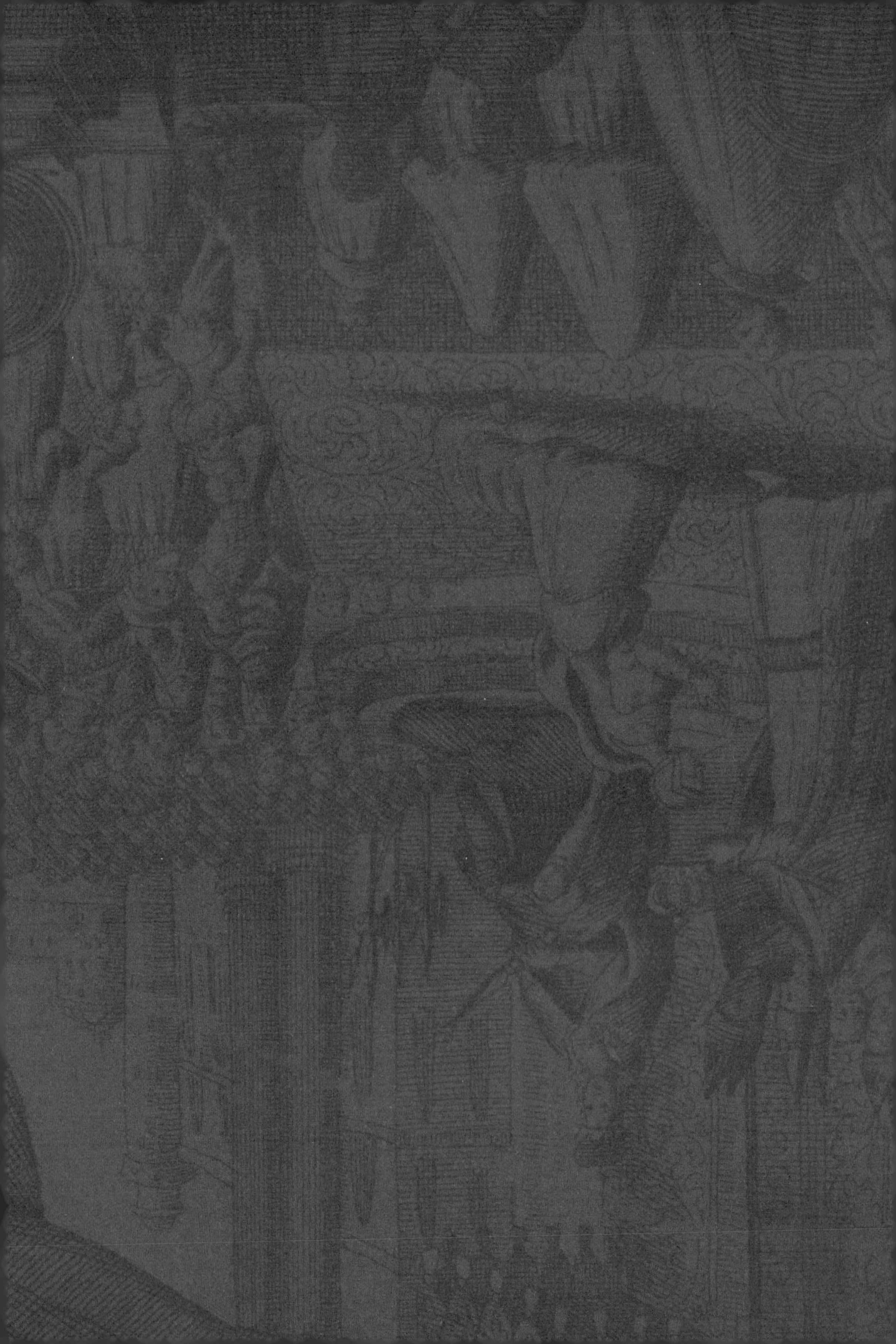

第五章

玛丽一世:
玛丽小姐真
倔强 ①

Mary, Mary, Quite Contrary

　　玛丽一世开始了她的统治,她恢复了英格兰的传统宗教,因此受到人们的赞美与爱戴。然而,在她在位的五年里,英格兰充斥着饥荒、战争和叛乱,王国内饿殍遍野,殉道、战死者亦不计其数,这位英格兰的第一任女王也因此成为历史上最令人憎恶的英国君主之一。

---

① 出自英国广受欢迎的民间童谣集《鹅妈妈童谣》(Mother Goose),原歌词为:Mary, Mary, quite contrary, / How does your garden grow? / With silver bells, and cockle shells, / And pretty maids all in a row.(意思是:玛丽小姐真倔强, / 你的花园怎么样? / 银色铃铛,美丽贝壳, / 漂亮女仆排成行。)——译者注

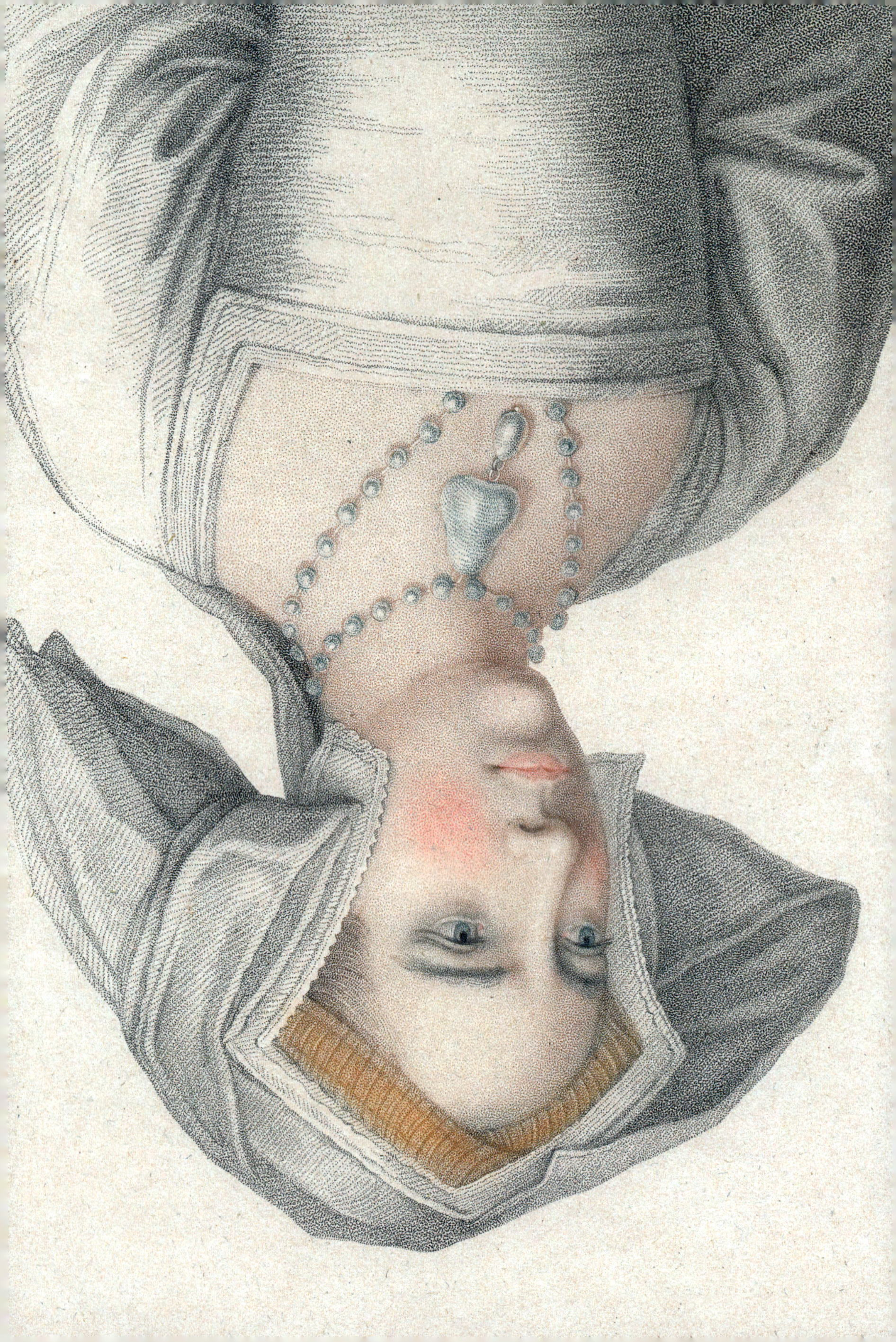

英格兰国王
亨利八世
1491—1547

阿拉贡的凯瑟琳
1485—1536
婚姻：1509 年

西班牙国王腓力二世
1527—1598

玛丽一世
1516—1558
婚姻：1554 年

◆

"神若帮助我们，谁能抵挡？"
——玛丽一世

玛丽决心恢复都铎王朝的正统宗教，推翻了父亲和弟弟做出的改革。她经历了一场不明智的跨国婚姻，遭受了疾病和假孕的折磨，她的国家在她的所作所为下变得愈发糟糕。"血腥玛丽"一开始被誉为国家的救世主，最后却只能在孤独中死去，和丈夫、妹妹彼此疏远，落得一个无子无女、遭人唾弃的下场。

对页图 图中的玛丽看上去若有所思，这位英格兰史上的首位女王一生中忍受了许多痛苦，她十七岁时被父亲抛弃，后来在与西班牙国王腓力二世的不幸婚姻中又经历了几次假孕。

亨利的女儿

作为亨利第一个没有夭折的孩子，玛丽受到了人们的尊敬和喜爱，而成为国王的长女并非易事。她比一般的王室子女承受了更多的痛苦，在十几岁时就从受人拥护的王位继承人沦落为悲惨的私生女。童年的动荡经历深深影响了玛丽，幼年形成的性格将为她日后的统治埋下祸根。当阿拉贡的凯瑟琳成为王后时，玛丽是受人爱戴的王位继承人。当安妮·博林成为王后时，玛丽被贬为私生女，只能在担惊受怕中度日。

右图 照片中是一台华丽的小键琴，这种类似拨弦键琴的乐器在都铎时期非常流行。玛丽和伊丽莎白都是这种乐器的爱好者，这台小键琴的主人是伊丽莎白。

这位漂亮的公主也为巩固王国的政治联盟发挥了作用，她在童年时期曾多次订婚，英格兰希望通过她的婚姻与欧洲各国建立强大的联盟。

玛丽从小就是一名虔诚的天主教徒，但后来她被迫放弃了信仰，转而信奉英格兰教会。这只是为了取悦她的父亲，即使他将自己当作私生女抛弃，还破坏了自己挚爱生母的幸福。她一直都在失去一些重要的东西，这样的情况甚至在她成为女王后也会再次发生。玛丽始终无法摆脱血缘的束缚，在混乱的一生中，她的身体和精神都受到了影响。

玛丽出生于1516年，在刚出生的几年里，父母十分宠爱她。母亲阿拉贡的凯瑟琳在成功怀上玛丽之前曾多次流产。虽然亨利八世对她没有生下男孩感到失望，但他认为玛丽的出生预示着他很快便会拥有儿子，因此很喜欢这位年轻的公主。玛丽在音乐和语言方面天赋异禀，受到了良好的教育，她的父母为她的聪慧感到骄傲。这位漂亮的公主也为巩固王国的政治联盟发挥了作用，她在童年时期曾多次订婚，英格兰希望通过她的婚姻与欧洲各国建立强大的联盟。

玛丽小姐

在公主十七岁的时候，她的生活发生了彻底的改变。当时亨利已经属意她人，决心废除与凯瑟琳的婚姻。亨利的自大和专制意味着他将毫不犹豫地抛弃妻女。父母的婚姻被宣布无效，玛丽被迫成为私生女。亨利确信新的婚姻能为他带来男性继承人，因此他不再理会玛丽和她无用的母亲。安妮·博林很快便生下了女儿伊丽莎白，玛丽公主由此成了"玛丽小姐"，同父异母的妹妹伊丽莎白取代了她的位置。安妮为了稳固权力，密谋将玛丽逐出宫廷并加以软禁，这样她便远离了那些同情她的人。玛丽成了伊丽莎白的侍女，这个职位不适合公主，但适合她现在的"小姐"身份。

安妮认为，作为长女的玛丽未来将继承王位并驱逐伊丽莎白。这种担忧也影响了亨利，这位以前深爱着女儿的父亲迫使她承认了安妮的王后身份和伊丽莎白的合法继承人身份。对玛丽而言，这意味她承认了自己是一名私生女，而她亲爱的母亲拥有的不过是一段不合法的虚假婚姻。

婚床祈福

根据塞勒姆惯例（Sarum Rites，一种基于传统罗马天主教的基本礼拜仪式），中世纪的一个习俗是在婚礼当天为幸福的夫妇进行婚床祈福。玛丽在统治时期恢复了该仪式，即在婚礼当晚，牧师与新娘新郎（以及各位祝福者）来到婚床前，牧师随后为房间、婚床和夫妻俩祈福，请求上帝保佑他们。当这对夫妻想要成功怀上孩子时，这种祈福尤为重要。然后，床帐合拢，夫妻俩将得到独处的空间，但信赖的侍从往往会留在房间里确保新郎履行了职责。圆房后带血的床单有时甚至会被保留下来作为婚姻的证据。

下图 女王在汉普顿宫的私人寝殿。

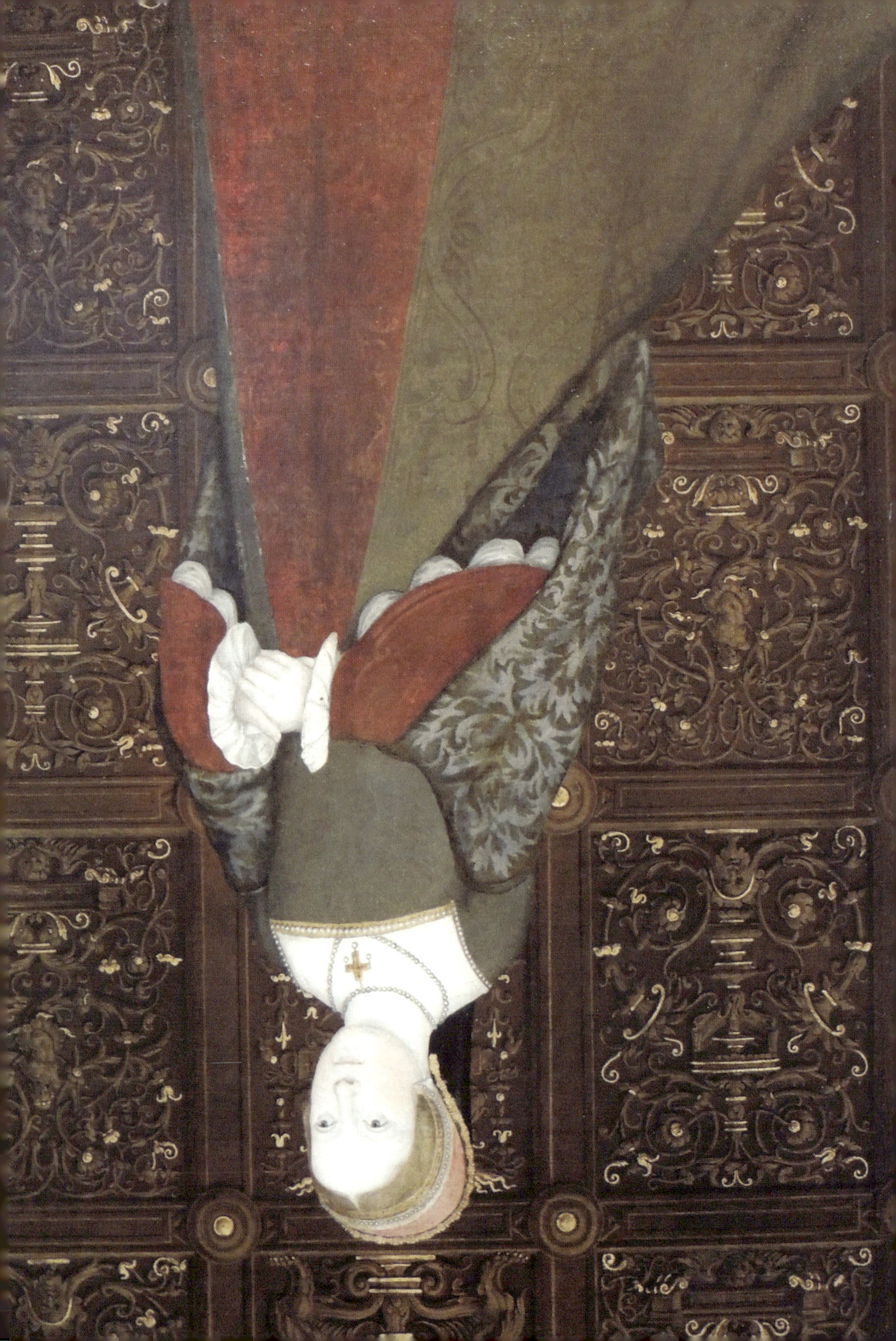

第五章　玛丽一世：玛丽小姐真倔强　157

亨利与罗马教会的决裂让玛丽备感痛苦，她面临着巨大的压力，不仅要被迫承认父亲是英格兰教会的最高领袖，还要谴责教皇的权力。这时，玛丽小姐表现出了她固执倔强的天性，她坚决不服从父亲的规定。亨利无情地禁止玛丽与凯瑟琳见面，即使这时两人都在病中，他也没有表现出任何同情。但即便惩罚至此，玛丽也绝不服软。经过表亲查理五世的劝说，她才做出退让，按照父亲的规定承认了他的权威。这个决定给玛丽的余生造成了难以驱散的心理阴霾。

对页图　玛丽在画像中通常是一副严肃虔诚的表情。请注意她脖子上的十字架，这体现出她坚定的天主教信仰，即使在她不得不取悦父亲时，她也会佩戴这个十字架。

在宫中长大

　　尽管安妮对她怀有敌意，但玛丽很快便与她善变的父亲和解了，她再次回到了宫中。安妮被处决后，父亲与简·西摩结婚，这位新王后试图进一步缓和他们父女俩的关系，玛丽的处境因此得到了改善。1536年，亨利通过了他的第二部《继承法》，该法确保了他与简的孩子享有继承王位的权力，而他的两个女儿都被排除在外，因此伊丽莎白也与玛丽一样成为私生女。亨利终于得到了他期盼已久的儿子，而玛丽则再次成为政治联姻的筹码，即使二十一岁的她已经不会再像过去那般顺从。

下图　玛丽在画像中也常常展现祈祷的姿势。这幅版画描绘出了她执着的天性，并暗示了她在英格兰推行宗教教义的决心，玛丽认为这一举措将拯救人民的灵魂。

　　玛丽依旧美丽迷人，巴伐利亚（Bavaria）公爵菲利普（Philip）向她求婚，但玛丽无法接受他的路德教信仰。后来，托马斯·克伦威尔提议玛丽与克里维斯公爵结婚，面对罗马和欧洲天主教国家的威胁，他迫切地希望英格兰能与德国结盟。然而，这一提议无疾而终，反而导致了克伦威尔爱德华六世认为不能让玛丽和伊丽莎白成为他的继承人，因为她们在法律上并非亨利的婚生子女。不过，爱德华不能接受玛丽继任王位主要是因为她狂热的天主教信仰。

的倒台——他因帮助亨利八世与克里维斯公爵的妹妹安妮成婚而受到谴责，而这次的提议让他的处境变得更为糟糕。在亨利结婚时，玛丽会帮助他招待宾客，为他们展示出色的舞蹈和音乐。在亨利与凯瑟琳·帕尔的第六次婚姻中，玛丽与她的父亲、妹妹和弟弟的关系更加密切。亨利甚至在1544年恢复了玛丽和伊丽莎白的继承权，尽管两个女儿在法律上仍是私生女的身份。

这让后来的爱德华六世感到难办，他认为不能让玛丽和伊丽莎白成为他的继承人，因为她们在法律上并非亨利的婚生子女。不过，爱德华不能接受玛丽继任王位主要是因为她狂热的天主教信仰。

坚定的信仰

即便爱德华及其顾问在推动先王亨利的英格兰教会向新教发展，玛丽还是坚定地信仰天主教。她坚持参加拉丁

MARIA Catholische Koni in Engeland.

语弥撒并遵循天主教教义，爱德华将她的行为视为异端。她还邀请民众与她一同参加公开的礼拜仪式，这样的做法更是公然藐视了爱德华的权威。直到玛丽真正感觉到自己面临威胁时，她才开始在私下里举行心爱的弥撒，这是她唯——次做出让步。姐弟俩同样固执，坚信自身信仰的正确性。不幸的是，两人的宗教观念正好相背，因此无论他

对页图 图中，玛丽被加冕为英格兰的玛丽一世女王。在玛丽统治之初，比起简·格雷夫人，她受到了更多的拥戴。然而，这些为她加冕而热烈欢呼的民众很快便开始反对她暴力和不理智的行径。

女王的加冕

当时，人们几乎从未听说过女王加冕，这确实是从未有过的事（尽管亨利一世的女儿马蒂尔达和简·格雷夫人都被宣布为女王，但她们都没有参加过加冕仪式）。事实上，法国的《萨利克法典》（*Salic law*）[①] 甚至直接禁止了女性即位。虽然英格兰没有这样的法律来反对玛丽继位，但许多人都难以接受女性成为统治者，而这也正是亨利七世和亨利八世一直极力避免的情况。在面对叛乱、战争和动乱时，一个女人是否能在治理国家时与男性统治者一样具有威慑力？软弱和情绪化的女人能像男人一样强大吗？此外，还有一个实际问题。在结婚时，女王将把权力交给她的丈夫，所以人们会担忧女王的婚姻并非是出于政治联姻的目的，而是两个人相爱的结果。

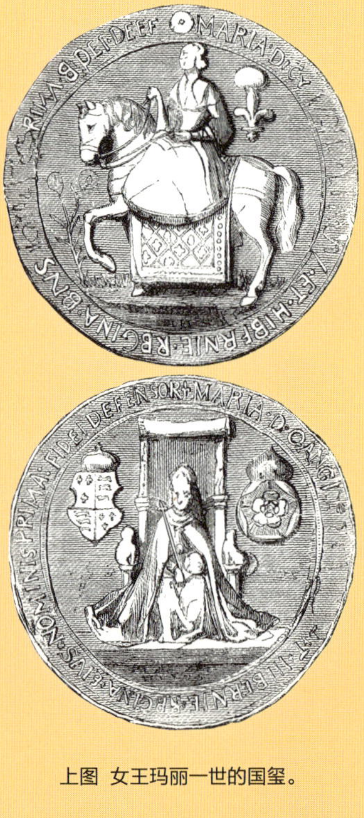

玛丽打消了许多人的疑虑。她在统治中表现出了国王应有的威严，树立了威信，她的所作所为让人想起她的父亲。她凭借一己之力改变了国家的新教信仰，恢复了天主教的主导地位。然而，玛丽也证实了一些人的担忧。她仅仅通过画像便爱上了西班牙王子腓力，迈入了一场不明智的婚姻，使得英格兰的王位差点落入他国手中。她渴望生下孩子，这导致她出现了假孕，被整个欧洲嘲笑和怜悯。她一心追求自身的宗教信仰，无视其对国家和自身名誉造成的伤害。作为继任的女性统治者，伊丽莎白没有表现出前述中的女性特征，国家这才在一定程度上回归了正轨。

上图 女王玛丽一世的国玺。

① 发源于法兰克人萨利克部族中通行的各种习惯法，并因此而得名。《萨利克法典》中有关女性继承权的规定随着法兰克帝国的分裂和联姻扩散到大多数欧洲的天主教国家中，对中世纪和近代欧洲历史产生了很大的影响。——译者注

160   都铎王朝

第五章 玛丽一世：玛丽小姐真倔强　　161

们曾经有多么深厚的感情，都不可能真正地成为朋友。

玛丽甚至想过从英格兰逃到布鲁塞尔，这样她便无须再为实践信仰而担惊受怕。她受到了查理五世的支持——她经常求助于这位表亲。由于两人关系密切，查理后来也在玛丽与他儿子西班牙国王腓力二世的婚姻中起到了关键作用。玛丽还请求查理帮她对付异端化的英格兰，想通过他的力量迫使国家恢复天主教信仰。

玛丽一直受到国民们的拥护，她有一群忠实的追随者，他们迫切地希望看到她取代爱德华成为国王，因为爱德华与西摩的改革越来越令他们难以忍受。在亨利八世时期，恢复玛丽的合法地位便是人们"求恩巡礼"的要求之一。正是这些忠实的追随者在爱德华死后给予了玛丽支持。

取代简·格雷

尽管玛丽能够容忍尚未成年的弟弟先于她成为国王，但表亲简·格雷夫人的继任对她而言是一种侮辱。简是亨利八世妹妹玛丽的外孙女，爱德华选择她是因为她生下的男性继承人

简是亨利八世妹妹玛丽的外孙女，爱德华选择她是因为她生下的男性继承人将延续都铎家族的血统，而且她也信仰新教。

跨页图　图中为玛丽一世凯旋，在伦敦继承她的合法王位的情景。在这幅精美的画作中，玛丽接受了支持者的祝福。伊丽莎白公主就在她的身后，她看起来对玛丽受到的拥护感到不满！

L'EXECUTION DE LADY JANE GREY EN LA TOVR DE LONDRES L'AN 1554

上图 这幅画作描绘了曾短暂成为女王的简·格雷夫人接受处决的情景。她生命中的最后几年处境艰难，最终又落得了被处死的下场，而画中的她看起来年轻而无辜，这无疑加深了她人生的悲剧色彩。尽管简很年轻，但她是一名坚定的新教徒，在死前仍拒绝皈依天主教。

将延续都铎家族的血统，而且她也信仰新教。爱德华认为简不会推翻他的改革，同样地，他也确信玛丽会不惜一切代价毁掉他的改革。但这位国王的想法最终没有实现，玛丽很快就会在威斯敏斯特教堂被加冕为英格兰的第一位女王。

国民的态度决定了一切。趁着爱德华病重，玛丽逃到了东盎格利亚。因为她在之前得知有人为了简·格雷的顺利继位密谋除掉她。玛丽也深知自己不可能说服弟弟传位于她，因为爱德华与她和父亲一样性格倔强。但这已经不重要了，玛丽已经得到了大多数民众的支持，上帝也将选择她。多年来，她受到了越来越多人的拥护，其中东盎格利亚地区对她的呼声最高，该地区在凯特起义期间遭到了残酷的镇压。玛丽在藏身处给枢密院写了信，表示她计划以都铎王朝合法继承人的身份接任爱德华的王位。

尽管如此，受到达德利及其亲信政治操纵的简·格雷夫人在 8 月 10 日被宣布为女王。简没有受到正式的加冕，因此她成为英格兰著名的"九日女王"。而玛丽只用了几天时间便召集了一大批支持者。随着她的军队不断壮大，简渐渐失去了人们的支持。玛丽及其支持者甚至还没与达德利的军队发生冲突（其中许多人很快就投靠了玛丽的军队），便成功地废黜了"九日女王"，并将她和她的丈夫吉尔福德以及公公达德利一起关进了伦敦塔，达德利于 1553 年 8 月 22 日被处决。

她首先便释放了被囚禁在伦敦塔中的天主教支持者，即斯蒂芬·加德纳、埃德蒙·邦纳（Edmund Bonner）[①] 和托马斯·霍华德。加德纳再次成为温彻斯特（Winchester）的主教，并加入了玛丽的议会（在爱德华的统治结束后，议会仍由新教徒组成）。1553 年 10 月 1 日，加德纳主持了玛丽的加冕仪式。尽管玛丽有一个臭名昭著的绰号，但她并不像父亲那样嗜杀成性，她不愿处决简，认为受人操纵的简是无辜的。

玛丽：作为君主

玛丽迫切地希望英格兰重新回归天主教的信仰。她立即开始行动，在 10 月 5 日便召开了议会。议会除了宣布她父母的婚姻有效以外，还宣布废除爱德华统治时期的一切改革。尽管玛丽表示会谨慎行事，不会强迫臣民们信奉天主教，但很快这位新女王便表现出了和弟弟相同的教条主义。有影响力的新教领袖纷纷遭到了噤声或监禁，玛丽很快便指出教义须以 1539 年通过的《六条信纲法案》（Act of Six Articles）为准。这意味着在过去结婚的神职人员都违反了法律。从 1553

简·格雷夫人……被宣布成为女王……简没有受到正式的加冕，因此她成为英格兰著名的"九日女王"。

新教领袖可以选择流放他国、皈依天主教或者接受惩罚。据说，在玛丽统治时期，大约有八百人为了避免惩罚并保持他们的新教信仰而离开了英格兰。

---

① 亨利八世时期任派驻西班牙大使。——译者注

上图 斯蒂芬·加德纳是温彻斯特主教和玛丽女王的大法官。在亨利八世废除与阿拉贡的凯瑟琳的婚姻时，加德纳也曾参与其中。尽管有过这样的情况，但他和玛丽都忠诚地信奉着同样的宗教信仰，加德纳还主持了玛丽的加冕仪式。

年 12 月 20 日起，国家恢复了拉丁文弥撒，参加新教弥撒不再合法。

如何处理教会土地成了棘手的难题。富有的贵族没有打算放弃他们购买的土地，玛丽不得不就土地的所有权问题与议会和教会进行商议。最终，好提议在好收益前败下阵来，土地仍然被列为贵族的私人财产。

有别于人们对她的普遍看法，玛丽并不喜欢给他人带去痛苦。在她成为女王的最初几年中，如果没有充分的理由，她便不会判人死刑。新教领袖可以选择流放他国、皈依天主教或者接受惩罚。据说，在玛丽统治时期，大约有八百人为了避免惩罚并保持他们的新教信仰而离开了英格兰。

玛丽对反对者宽宏大度，但托马斯·克兰麦是个例外，因为对他积怨已久。克兰麦不仅推动了新教信仰的大肆传播，更是亨利与凯瑟琳婚姻无效的宣判者；在他的怂恿下，亨利抛弃了玛丽与凯瑟琳。玛丽不愿原谅他的罪行，这也是一个可以体现她决心的例子。玛丽相信上帝让她成为女王是为了让国家再次受其恩惠，认为自己是在拯救灵魂而不是在制造殉道者。

1553 年 11 月 13 日，克兰麦接受了叛国罪的审判，并被认定有罪。在 1554 年第二次审判到来前，他一直在监狱中过

第五章　玛丽一世：玛丽小姐真倔强　　165

着饱受折磨的生活。直到拉蒂默（Latimer）和里德利（Ridley）[①]
被处以火刑，克兰麦才宣布放弃自己的新教信仰。他多次否
认原有的信仰，表示自己已经重新成为天主教的信徒。克兰
麦甚至承认了他曾经视为异端的教皇权威和圣餐变体论。根
据法律，玛丽没有理由再处决克兰麦。可她无视了克兰麦的
悔过和本应让他被宽待的缓刑法，只在处决前给予他再次公
开忏悔的机会。然而，这时的克兰麦或许已经知道自己难逃
一死，他否认了先前的忏悔，并声称自己是新教的真正信徒，

上图　克兰麦将右手伸
入舔舐他身体的火焰中，
履行他在死前做出的承
诺："因为我的手犯下了
罪……所以它将最先受到
惩罚；当我身处烈火，它
将首先被烧毁。"

① 伍斯特主教休·拉蒂默以及伦敦主教尼古拉斯·里德利都是著名的新教领袖，二
者于同日被处火刑。——译者注

雷金纳德·波尔

雷金纳德·波尔（Reginald Pole）是索尔兹伯里（Salisbury）女伯爵玛格丽特·波尔（Margaret Pole）的第三个儿子。玛格丽特是玛丽的家庭教师，她的命运随着玛丽的遭遇经历了跌宕起伏。在玛丽之前，雷金纳德曾效忠于亨利八世，但他后来拒绝支持亨利与凯瑟琳离婚，因此不再受到他的青睐。亨利无情地报复了他，处决了他的家族成员，而波尔本人则遭到了流放，直至1554年才得以回国。

1556年，他就任坎特伯雷大主教，成为史上最后一位罗马天主教身份的大主教。在此之前，人们曾一度认为他在追求玛丽，并在很大程度上参与了玛丽一世迫害新教徒的行动，不过也有说法是他本人更愿意宽恕他们。1558年11月17日，波尔死于一场流感，与玛丽在同一天去世。

将签署忏悔书的手伸入了火中以示惩罚。克兰麦撰写了《公祷书》，是日后数百年英国国教信仰的主要奠基者，他就这样因为叛国罪以及之前的罪行身受火刑而死，成为一名殉道者。

但玛丽的行动还远未结束。她打算不惜一切代价地铲除新教异端，将她的国家恢复到之前天主教繁荣发展的时期。

> 克兰麦否认了先前的忏悔……将签署忏悔书的手伸入了火中以示惩罚。

与西班牙结盟

即位后不久，玛丽便迫切地想通过生下男性继承人来保证家族的延续，她开始到处物色丈夫人选。这一次，她有权自己做决定。与她结婚的人必须是一名天主教徒。

玛丽已经三十七岁了，她在英格兰拥有一些追求者，比如被她封为德文（Devon）伯爵的爱德华·考特尼（Edward Courtenay），玛丽对他青睐有加；还有玛丽以前家庭教师的儿子雷金纳德·波尔，他一直支持着她母亲与亨利的婚姻（波尔坚定地支持着玛丽，但女王自己制定的法律不允许神职人员结婚，因此两人本就不大可能的婚姻更是成为泡影）。然而，玛丽迫切地希望将英格兰教会与罗马天主教合并，她就此向查理五世寻求了意见，因为她曾表示他可以为她选择一位丈夫。不出所料，查理选择了他唯一的儿子西班牙的腓力二世。

西班牙国王腓力二世

玛丽去世后，腓力提出与伊丽莎白一世结盟，但这位信仰新教的童贞女王断然拒绝了他。后来，他派遣西班牙无敌舰队①进攻英格兰，以示对她的不满（尽管这场战争以西班牙军的惨败告终）。

腓力是一个十分矛盾的人。他虔诚而坚定地信仰着天主教，但同时又行事残忍，毫无道德底线，对新教徒更是如此。他遭到英格兰人民的憎恨，但他同时又给西班牙带来了巨大的财富，因此受到了西班牙国民的爱戴和尊重。

① 西班牙无敌舰队（Spanish Armada，西班牙语"Grandey Felicísima Armada"，意为伟大而幸运的海军）是西班牙16世纪晚期的海上舰队。西班牙无敌舰队有一百五十艘以上的大战舰，三千余门大炮、数以万计士兵，实力最盛时舰队有千余艘舰船。——译者注

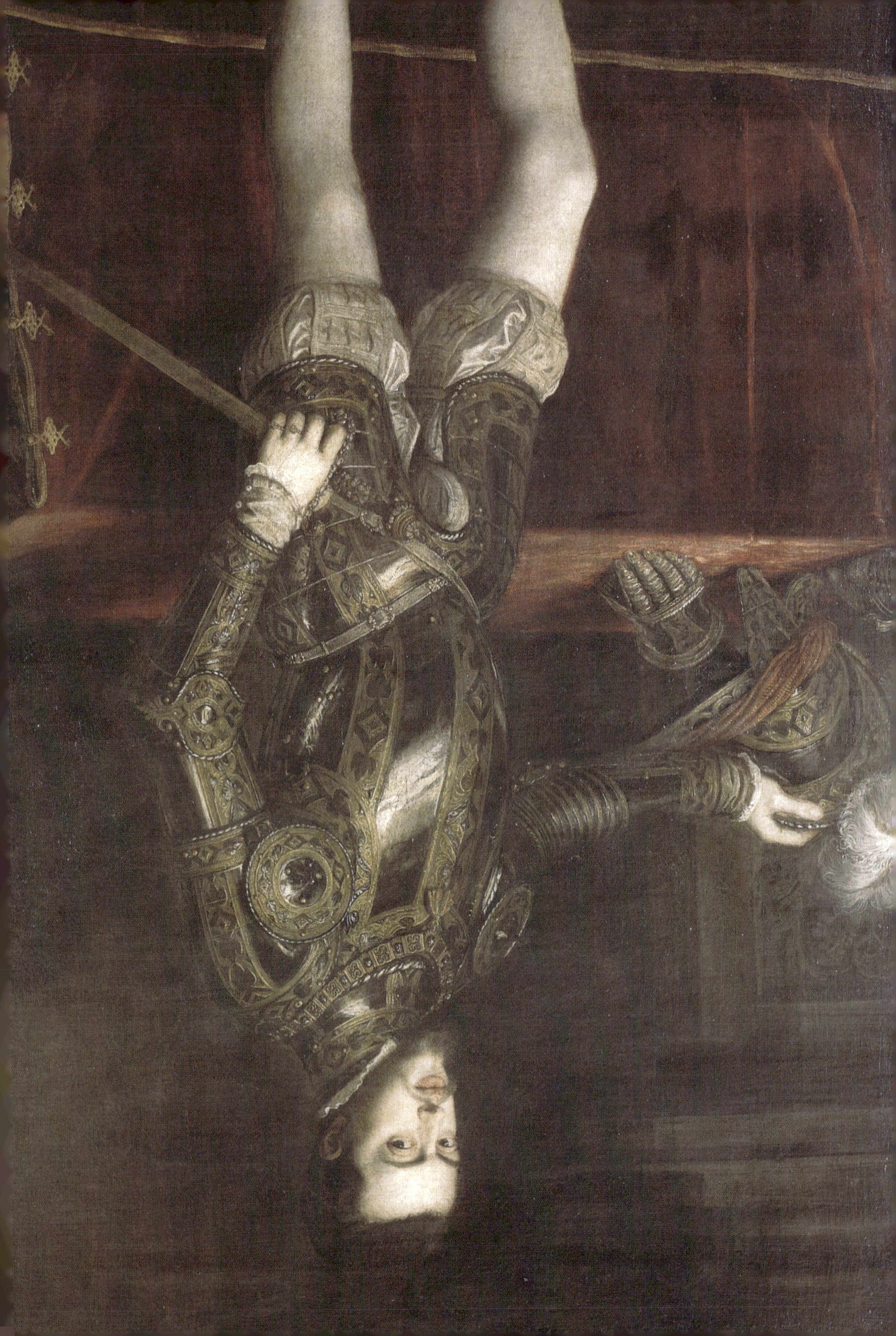

第五章 玛丽一世：玛丽小姐真倔强 169

左图 无论玛丽多么相信自己的感情，她选择与腓力结婚都是出于政治利益的考虑，这证明了她对天主教国家的承诺。不幸的是，许多臣民并不希望英格兰出现一位外国国王。

对页图 这幅腓力二世的画像是由意大利画家提齐安诺·维伽略（Tiziano Vecellio）绘制的，他更为人熟知的名字是提香（Titian）。提香为腓力二世创作了包括这幅肖像在内的许多画作，在玛丽表示愿意接受查理五世的联姻提议后，她看到了这幅送来的肖像。

在父亲去世后，腓力将成为他庞大帝国的继承人，而且他还是一名虔诚的天主教徒。为了使腓力与他的新娘地位平等，查理任命他为那不勒斯和耶路撒冷王国的国王。原则上说，这是一场很合适的婚姻。然而，腓力比他的新娘小了十岁，并且他认为这纯粹是一场政治联姻。这场婚姻也遭到了英格兰议会的强烈反对，他们对玛丽寻找外国丈夫成为国王的想法感到震惊。作为男性统治者，腓力有权在玛丽死后继续统治英格兰，这将带来不堪设想的后果。

不幸的是，玛丽不为所动。她心意已决，这其中的部分原因是她看到了提香所作的腓力画像。和普通的少女一样，玛丽想象着自己的爱情，对她的准丈夫感到满意，尽管有传

为了使腓力与他的新娘地位平等，查理任命他为那不勒斯和耶路撒冷王国的国王。

言称腓力第一次见到她本人时不太满意。同时，她也为与西班牙联姻感到高兴，因为她亲爱的母亲便是来自那里。双方达成了协议，即腓力只能在与玛丽的婚姻期间担任英格兰国王。他无权发布公告、签署条约（这可能是一个明智的规定，因为腓力不会说英语），必须与妻子共同决定一切事物，也不能任命外国人成为英格兰议会的成员。另一项规定是，英格兰没有义务支持西班牙的战争。腓力获得的特权是

任何否认他权力的人都将被处以叛国罪。他不情愿地同意了婚约，这对夫妇于 1554 年 7 月 25 日举行了婚礼。

上图 1556 年，西班牙国王腓力二世接任父亲查理五世成为尼德兰的统治者。

怀亚特叛乱

玛丽的婚约造成了许多严重的负面影响，比如民众的强烈抗议。1554 年 3 月，一场新教徒领导的叛乱爆发，叛乱者要求玛丽嫁给英格兰人。虽然叛乱主要是出于政治原因，即玛丽的臣民希望维护国家的主权，不让其落入外国势力的手中，但玛丽严酷的宗教改革也是她遭到抵制的原因之一。叛军密谋在伦敦集结，若玛丽坚持与腓力结婚，他们将拥护伊丽莎白为新国王，她将代替玛丽嫁给爱德华·考特尼。

小托马斯·怀亚特（Thomas Wyatt the Younger）、詹姆斯·克罗夫特（James Croft）、彼得·卡鲁（Peter Carew）和亨利·格雷（Henry Grey，简·格雷的父亲）领导了叛乱，他们都是当时颇有影响力的地主。最初，他们打算聚集全国各地的叛乱势力并计划在 3 月 18 日对伦敦发动攻击。追求玛丽的爱德华·考特尼野心毕露，他不顾叛乱对玛丽造成的威胁，

对页图 照片中为一套拉肢刑具：这是一种典型的中世纪酷刑，用于刑讯逼供。不幸的受害者被绑住手腕和脚踝，随着手柄转动，他们的身体两端将承受拉力，十分痛苦。

追求玛丽的爱德华·考特尼期望她能嫁给自己，不过玛丽明显没有此意，所以他很快就开始追求伊丽莎白。

对此表示支持。也许他对玛丽有过真心，并期望她能嫁给自己，不过玛丽明显没有此意，所以他很快就开始追求伊丽莎白。考特尼在叛乱结束后不久便被流放，失去了与姐妹两人结婚的机会。

有人发现了他们的计划，这场叛乱也因此逐渐走向了失败。西班牙使节西蒙·雷纳德（Simon Renard）和加德纳主教都站出来保护女王。考特尼被捕后交代了一切。怀亚特不愿撤退，他将进攻日期提前，聚集了一大批叛乱者，占领了罗切斯特镇。政府派部队前去驱散叛乱者，但女王的婚姻太不得民心，导致许多士兵都加入了叛军，现在叛乱者的人数超过了四千人。随着紧张局势的加剧，玛丽表示愿意听取怀亚特的要求。而自负的怀亚特便是从此时开始失去了人们的支持，他没有提出原先对玛丽与腓力婚姻的担忧，而是要求玛丽交出伦敦塔的控制权并听从于他。玛丽很快做出回应，在伦敦市政厅发表了著名的讲话，这为她赢得了许多同情和支持。

玛丽和她那虚张声势、精力充沛的父亲一样富有感召力和吸引力。她在讲话中巧妙地将这一点和她作为女性的脆弱结合了起来，发挥了她的性别优势。玛丽女王向民众保证了她对他们全心全意的爱，并承诺她会就婚姻寻求议会的建议，一切以国家利益为先。在今天看来，女王激情澎湃的演讲仍然令人动容：

看看他们的回答吧，我的婚姻在他们反对的诸事中不过是微不足道的一部分；他们早已放弃了之前的要求，现在又狂妄地叫嚣着要管理我们的人民，占领我们的城市，掌控我们的议会。亲爱的臣民们，我，在加冕仪式上你们曾承诺效忠和服从的女王，在当时便嫁给了这王国和王国的法律，我手指上的这枚婚戒，我从没有摘下它，也永远不会摘下它。

我从未生养，无法告诉你们一个母亲爱自己的孩子是出于多么强烈的天性，但如果君主对臣民可以如同母亲对待孩子那般，请你们相信，我作为你们的女君主和女王，全心全意地爱着你们，支持着你们。我愿意相信你们也爱着我，毕竟我别无

第五章　玛丽一世：玛丽小姐真倔强　　173

小托马斯·怀亚特

小托马斯·怀亚特（如此称呼是为了区别于他的父亲托马斯·怀亚特爵士，他是一名诗人，曾担任亨利七世的外交使节）是一名天主教徒，年轻时参与西班牙宗教法庭（Spanish Inquisition）① 审判的经历给他留下了深刻的印象。他成为坚定的反西班牙人士，并坚决反对玛丽的对外婚姻。怀亚特得到了其他贵族的支持，许多人愿意追随他参与叛乱。然而，当他狂妄地要求玛丽听从于他时，人们便不再支持他。在安妮·博林经历不幸的婚姻之前，他也曾是她的追求者。

左图　埃塞克斯（Essex）伯爵夫人萨拉（Sarah）在 1825 年创作了这幅画，以古典风格描绘了小托马斯·怀亚特爵士的形象，也许这是为了突显他叛乱的英雄气质。

————
① 西班牙宗教法庭，15 世纪设立于西班牙的罗马天主教会组织，因残酷迫害异教徒而知名。——译者注

选择；这样，我们的关系就会变得和谐，我毫不怀疑，我们很快便能战胜这些叛军。

我没有那么渴望婚姻，更不是偏要你们随我的意，只是我必须有一名丈夫。迄今为止，我仍是处女之身，我毫不怀疑，承蒙天恩，我的生命仍将继续。但是，若我与先王一样迈入婚姻，欣慰的上帝会允许我诞下一位继承者，他将成为未来的国王，相信你们也一定会为此高兴；我明白，这对你们来说也是一种宽慰。然而，若是我发现这桩婚姻会危及你们中的任何一位，我亲爱的臣民，或者危及王国中的任何王室领土，只要我还活着，我便绝不允许这样的事发生，更不会结婚。我以女王的名义向你们保证，如果这桩婚事没有得到议会、贵族和民众的认可，为了王国的重大利益，我不仅会放弃它，还会放弃其他任何婚事。

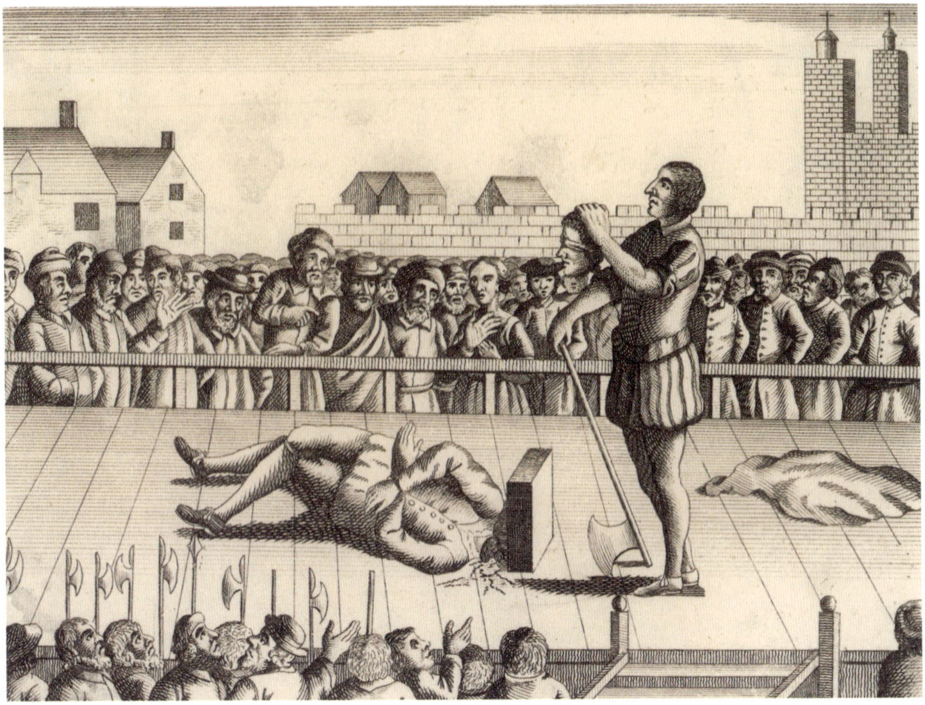

上图 1554年4月11日，小托马斯·怀亚特因叛国罪被处决。图中刽子手向聚集的人群举起怀亚特的头颅。他的头颅被放在伦敦海德公园附近的干草山绞刑架上示众，后于4月17日被盗。

玛丽这时必须谨慎行事，她早就对妹妹心生怀疑，伊丽莎白不接受天主教也让她感到恼火。

虽然怀亚特率军在1554年2月到达了萨瑟克区（Southwark），但玛丽的支持者坚守着伦敦城，将他们挡在了城外。一些支持者到达了伦敦郊区，但女王军队的力量势不可当，叛军最终溃败。后来，怀亚特投降，与大约九十名叛乱者一同被处决。玛丽愿意给予他们一定的宽恕，她赦免了许多反叛者，但她还是需要处决一些人来证明她并不软弱。就这样，简·格雷夫人和她的丈夫以及她的父亲亨利一起受到了处决。

但有一个与叛乱相关的人最终没被处决：若叛乱成功，伊丽莎白也是受益者之一，她将成为女王。玛丽这时必须谨慎行事，她早就对妹妹心生怀疑，伊丽莎白不接受天主教也让她感到恼火。现在，玛丽又怀疑她参与了叛乱的阴谋，将她囚禁在伦敦塔中进行审讯。伊丽莎白否认参与了阴谋，表示自己对此并不知情，也没有任何证据可以反驳她的陈述。虽然没有理由追究她的叛国罪，但玛丽仍然对妹妹保持着警惕之心，她将伊丽莎白软禁在伍德斯托克宫（Woodstock Palace）将近一年。

动荡与不幸

玛丽在枢密院的附加条款下得以继续与腓力成婚，这意味着英格兰不会落入西班牙人的手中。玛丽终于如愿以偿，她拥有了丈夫，也与西班牙结成了联盟，但这次的叛乱正是后来一系列事件的开端。

玛丽继续实行她的宗教政策。她恢复了异端法，据此对新教徒进行了一系列残酷的迫害。仅这一点就足以让女王失去民众的拥护。玛丽很快便成为所有人恐惧和谩骂的对象，此外她还经历了一些其他的不幸。

外交内政

爱尔兰的大部分地区仍处在英格兰的统治之下，尽管几十年来那些地区一直存在着不满情绪。玛丽试图镇压它们进一步的反抗，她在爱尔兰的中部地区安排了英格兰殖民者来平息这些骚乱。直到伊丽莎白即位，爱尔兰才不再对英格兰构成威胁。腓力一直试图说服玛丽在西法战争中支持西班牙。虽然他们的婚姻条款规定玛丽没有支持西班牙的义务，但法国废黜玛丽的种种阴谋导致了英格兰在 1557 年向法国宣战。玛丽与教皇的关系因此变得紧张起来，因为当时的教皇保罗四世（Paul IV）[①] 是法国的盟友。1558 年 1 月，法国人夺回了加

下图　尽管玛丽在 1554 年 2 月向公众发表了慷慨激昂的讲话，当时她承诺绝不与臣民不同意的人结婚，但图中可以看到玛丽和腓力在同年晚些时候便一起进入了伦敦。

----

① 保罗四世（1555—1559 年在位）1555 年同法兰西结成同盟，准备把西班牙军队赶出那不勒斯。——译者注

176 都铎王朝

跨页图 在圣康坦（Saint
Quentin） 战 役 ① 中，
腓力的部队在皮卡第
（Picardy）击败了法军。
玛丽派出英格兰军支持西
班牙，尽管这违背了她婚
约中的条款。

——————————

① 圣康坦战役，又译作
圣昆丁战役。1557 年，
西班牙和英格兰联军攻入
法国北部，围攻圣康坦
城。——译者注

来，使局势变得更为糟糕。这严重损害了英格兰的威望，因为加来是英格兰两个
多世纪以来一直占有的法国领土。当时国家缺乏资金，而这场战争将付出高昂的
代价。玛丽需要承受这份责任与耻辱，因为人们认为这场战争是她与腓力的婚姻
所导致的。

在玛丽的统治时期，国内的生活十分艰难。虽然这在很大程度上与她的决
定无关，但还是引起了人们的不满。暴雨导致的洪水毁掉了无数庄稼，食物匮
乏，饥荒变得越来越频繁。贸易不景气，尤其是衰落的布料贸易，而与西班牙
的贸易往来又使得英格兰失去了一些与其他国家的贸易机会。玛丽试图改变亨
利八世时期开始的英镑贬值情况，但在她的统治时期内货币的价值并没有得到

第五章 玛丽一世：玛丽小姐真倔强 177

玛丽深信自己的职责是杜绝人们亵渎圣灵的行为，并阻止异端分子腐蚀和侵害他人。

回升。她还试图发展新的贸易路线和商业前景，命令航海冒险家为英格兰建立新的贸易联系。如果她的统治时间超过五年，情况可能会有所好转，英格兰还有可能走向经济的繁荣。但事实却是直到1558年初，玛丽和英格兰的情况看起来都不容乐观。

玛丽的迫害

早期的处决导致了更多的新教徒遭到迫害，受害人数在两百八十到三百人之间。虽然玛丽处决的人数实际上只达到了她父亲的一小部分，但她为了除掉阻碍不

下图 图中，"血腥"的埃
德蒙·邦纳以惩罚异端为
乐。这幅插图来自约翰·福
克斯（John Foxe）[1]的《殉
道史》（Book of Martyrs）。
虽然邦纳以苛刻闻名，但
一些人认为他只是一个听
命于女王的官员。

---

[1] 约翰·福克斯，牛津
大学玛格德琳学院院士，
英国宗教改革中最有影响
力的作家之一。"血腥玛
丽"当政时，对新教徒进
行残酷的压迫，福克斯被
迫流亡欧洲大陆，在那里
写下了《殉道史》这部传
世之作。——译者注

惜一切代价，可怕的恶名人尽皆知。然而，玛丽深信自己的
职责是杜绝人们亵渎圣灵的行为，并阻止异端分子腐蚀和侵
害他人。

1555 年 1 月 20 日，异端法被恢复，自那以后惩罚反天
主教会的异端成了合法行为。在得到国会的批准后，玛丽
的议会试图通过清除土地上的异端来展现他们对传统信仰
的支持。一些较为正统和保守的议会成员表现得比其他人
更为积极主动，其中还有一些知名人士，例如加德纳主教
和伦敦主教埃德蒙·邦纳。邦纳表现得尤为激进，他因积
极参与迫害异端遭到了人们的厌恶，被反对者称为"血腥
邦纳"。几乎所有受害者都被烧死在了火刑柱上，受刑者也
包括了贵族和教会领袖，男人、女人甚至一些孩子都受到
了惩罚。而这些惩罚与普通的处决一样，并不含有政治动

机，纯粹是一种宗教迫害的行为。

在中世纪将异教徒绑在火刑柱上焚烧被视作一种凶残的处决方式，许多人对此感到愤怒。玛丽及其支持者还夺走了一些教士的生命，这些教士平日里虔诚忠心，行善仁爱，深受人们的喜爱。玛丽深信，通过在烈火中牺牲几具尸体，她便能从地狱之火中拯救无数的灵魂。然而，她曾经宣称自己深爱着英格兰的人民，现在却要牺牲他们的生命，人们因此对她感到憎恨，面对着以天主教名义进行的可怕烧杀，许多人转而信仰新教。1555 年 2 月 4 日，第一个被烧死的是圣保罗大教堂的教士约翰·罗杰斯（John Rogers），现在人们称他为"玛丽的殉道者"。历史上记载的最后一次火刑事件发生在 1558 年 11 月 17 日，这是玛丽去世的前几天，如果她没有去世，一定还会有更多人被烧死。

可以说，玛丽认为如果大多数英格兰人的灵魂能得到拯救，那么付出巨大的生命代价便是值得的。不幸的是，这样的迫害产生了严重负面影响。看着殉道者因为信仰被烧死，国内的新教徒进行了强烈的抗议，反抗的热潮达到了难以控制的地步。玛丽去世时，监狱中挤满了拒绝放弃信仰的新教信徒。玛丽最终还是失败了。

> 在中世纪将异教徒绑在火刑柱上焚烧被视作一种凶残的处决方式，许多人对此感到愤怒……

玛丽：作为妻子

玛丽一直渴望能拥有孩子，这既能保证她的王位后继有人，也能让腓力和她成为父母。1554 年 9 月，当时他们结婚仅两个月，玛丽便表现出了怀孕的迹象。很快，整个王宫都相信她怀上了孩子。她停经了，体重也有所增加，还出现了晨吐的症状。在一次公开露面中，玛丽甚至不明智地让聚集的人群看到了她的肚子。很快，整个国家都认为，一个王室的孩子即将出生。人们举行了庆祝活动，议会也做出了关于王位继承的相关安排。玛丽已经三十八岁并且伴有一定的健康问题，因此她不能冒任何风险。如果玛丽死于分娩，腓力将成为他们孩子的摄政。

火刑

　　将异教徒焚烧至死的做法可能是出于对西班牙宗教法庭的效仿（西班牙宗教法庭曾以这种方式处决了两千人），这不如斩首来得利落、迅速。在火刑柱上被烧死可能需要几个小时，不幸的受害者将因此承受巨大的痛苦。他们被拴在一根插于地面的高金属桩上。某种可燃材料会被堆在金属桩周围，然后被点燃。树脂或沥青通常会被倒在受害者身上来促进燃烧。在受害者被烧死之前，他们有可能会因休克或一氧化碳中毒死亡。这样死去的人还算幸运。如果火势较小，它首先会烧到腿和胳膊，然后再蔓延到躯干、胸部和头部。

下图　1557 年，在苏塞克斯（Sussex）郡的刘易斯市（Lewes）有十名新教殉道者遭到焚烧。图中的受害者为理查·伍德曼（Richard Woodman）、乔治·史蒂文斯（George Stevens）、亚历山大·霍斯曼（Alexander Hosman）、威廉·梅纳德（William Mainard）、托马斯娜·伍德（Thomasina Wood）、玛格丽·莫里斯（Margery Morris）、詹姆斯·莫里斯（James Morris）、丹尼斯·伯吉斯（Denis Burges）、安·阿什顿（Ann Ashton）和玛丽·格罗夫斯（Mary Groves）。

在这段怀孕即将结束的时候，伊丽莎白与姐姐的关系得到了缓和，她回到宫中来见证孩子的诞生，这时大约是 1555 年 5 月。然而，几个月过去了，玛丽仍没有要分娩的迹象。宫中流言四起，人们都说玛丽实际上并没有怀孕。这些流言后来得到了平息，但在 1555 年 7 月，玛丽隆起的腹部逐渐恢复了原状。事实证明，她并没有怀孕。玛丽大受打击，颜面尽失。她当时坚信自己怀孕了，这可能是因为她认为尽管自己已经不再年轻，但上帝会赐给她孩子，这个孩子将以国王的名义继承她的统治。

很快，腓力便离开英格兰前往佛兰德斯，在那里发动了对法国的战争。他离开后，玛丽只能独自留在她的国家。年少时的抑郁再次开始折磨她，她感到无法释怀。她还担心假孕是上帝对她"从宽"处理异教徒的惩罚。这位曾经受到所有人信赖的女王现在名誉扫地，她一直没能在妻子和君主这两种角色之间把握平衡（伊丽莎白拥有母亲的风情和权谋，因此她没有这种困扰）。

玛丽于 1558 年 11 月去世，去世前不久，她再次认为自己怀孕了。当时，她已经四十二岁，留给她的时间不多了。她的精神性假妊娠和腹部肿胀可能是由卵巢癌引起的，如果她没有感染流感，最终便可能死于卵巢癌。然而，玛丽当时

她的精神性假妊娠和腹部肿胀可能是由卵巢癌引起的……玛丽当时确定自己有了孩子，出于子女继承的考虑，她还修改了遗嘱。

玛丽的长眠之地

在威斯敏斯特教堂中，亨利七世为其家族建造了一座华丽的圣母礼拜堂。除了他的妻子、母亲和他自己的坟墓之外，这里还有伊丽莎白和玛丽的墓，这对姐妹死后被葬在了一起。玛丽于 1558 年 12 月被葬于墓中。之前，她的遗体一直被埋在一堆祭坛的碎石之下。伊丽莎白一世去世后，詹姆斯一世（她的继承人）建造了一座宏伟的坟墓来安葬这对姐妹。令人震惊的是，墓上只有伊丽莎白一人的雕像。不论在死后还是生前，玛丽都让位给了她这位更著名的亲人，从没有受到世人的青睐。

MEMORIÆ ÆTERNÆ
ELIZABETHÆ ANGLIÆ, FRANCIÆ, ET HIBERNIÆ
REGINÆ, R. HENRICI VIII FILIÆ, R. BEN VII NEPTI.
ED III PRONEPTI. PATRIÆ PARENTI, RELIGIONIS
ET BONARVM ARTIVM ALTRICI. RELIGIONIS
LINGVARVM ARTIVM PERITIA, PRÆCLARIS TVM ANIMI
TVM CORPORIS DOTIBVS, REGISQ. VIRTVTIBVS
SVPRA SEXVM PRINCIPI
INCOMPARABILI
IACOBVS MAGNÆ BRITANNIÆ, FRANCIÆ, ET
HIBERNIÆ REX, VIRTVTVM ET REGNORVM
HÆRES, BENE MERENTI PIE
POSVIT

确定自己有了孩子，出于子女继承的考虑，她还修改了遗嘱。第二次怀孕无果之后，她再次修改了遗嘱，效仿亨利八世在遗嘱后附加了指定"子女和继任者"的条款。据说，她不愿在遗嘱中将伊丽莎白写为继承人。玛丽恳求伊丽莎白继续维护她在暴政期间重新引入的天主教信仰。去世时，她认为自己的一切努力都将化为乌有。之前，她先是遭到了父亲的抛弃，又遭到了弟弟的拒绝。在她婚姻的大部分时间中，丈夫都在国外，她也没有生下孩子来继承王位，难怪她要向上帝寻求帮助。

对页图 威斯敏斯特教堂的玛丽和伊丽莎白墓上有一段拉丁语铭文，上面写着："伊丽莎白和玛丽姐妹，王国和坟墓中的伙伴，长眠于此，等待复活。"

"女王……便是国王"

玛丽统治时期出现了各种问题，因此人们认为她担任英格兰女王的五年是失败的，她浪费了这段时间，许多人也因此失去了性命。英格兰没有在玛丽的领导下发展得更好，事实上，许多人的处境变得更为糟糕。有的人因宗教迫害和叛乱而逃亡遭受苦难，有的人过着水深火热的生活，还有的人因为教义的再次改变而受到伤害，这些人都愿意拥护伊丽莎白。民众为玛丽的死欢呼，一起支持伊丽莎白继位。王国上下都迫切地想要忘记过去几年的恐惧生活，迎接一位对民众包容的君主。

玛丽曾做出许多不得民心的决定，也以她的名义进行了于天主教复辟毫无益处的宗教迫害，这段历史在人们的记忆中留下了长久的印记。大约从 17 世纪起，人们憎恶地称她为"血腥玛丽"，将她统治期间英格兰发生的一切问题都归咎于她，例如恶劣的天气和饥荒问题，但这些问题实际上在爱德华统治时期便已经存在。人们认为，宗教迫害、加来失守和没有子女等问题都是她统治失败的体现。随着新教信仰的盛行，她成为受天主教腐败势力操纵的傀儡。约翰·福克斯的《殉道史》记录了在玛丽的迫害中每一位被处决的受害者，它将成为英国继《圣经》之后最普及的书籍。在今天看来，书中描绘这些可怕事件的插

QUEEN MARY.

画仍让人感到不寒而栗。玛丽的所作所为很可能使许多人因厌恶而远离了天主教。当然，经历了她的统治以后，人们变得更加不重视宗教，这也许是多年来的宗教纷争所导致的。

有一种说法是，玛丽只是没有足够的时间来实施她的好政策，例如阻止货币贬值和伊丽莎白时期继续进行的海军扩张与海外探险。但谁知道这位"血腥玛丽"会将宗教迫害进行到什么程度呢？玛丽的暴政时代已经结束，此时的王国正处在动荡不安中，民众渴望国家能变得稳定与和平。

玛丽的所作所为很可能使许多人因厌恶而远离了天主教。

对页图 这幅玛丽一世晚年的画像展现了她悲伤的模样，没有生下孩子给她增添了阴郁的折磨。直到生命的最后一年，即1558年，玛丽都一直对成为母亲怀有期待。当时，人们都开始唾弃她，这位英格兰第一任女王去世时，人们还为此庆祝了一番。

第六章

伊丽莎白一世：受人崇拜的童贞女王

Elizabeth: Cult of the Virgin Queen

　　伊丽莎白一世的名声盖过了都铎王朝的任何一位君主，或许只有她那恶名昭彰的父亲能与她相提并论，她没有再重蹈姐姐和弟弟的覆辙，受到了人们的尊敬。她的统治时期见证了英格兰文化和海外贸易的进步、几十年来宗教动荡的结束以及西班牙无敌舰队的覆灭。伊丽莎白一世因拒绝结婚而声名受损，但成为"童贞女王"的她也因此获得了无数人的崇拜。美名也好，骂名也罢，她用自己的方式书写了一代女王的传奇。

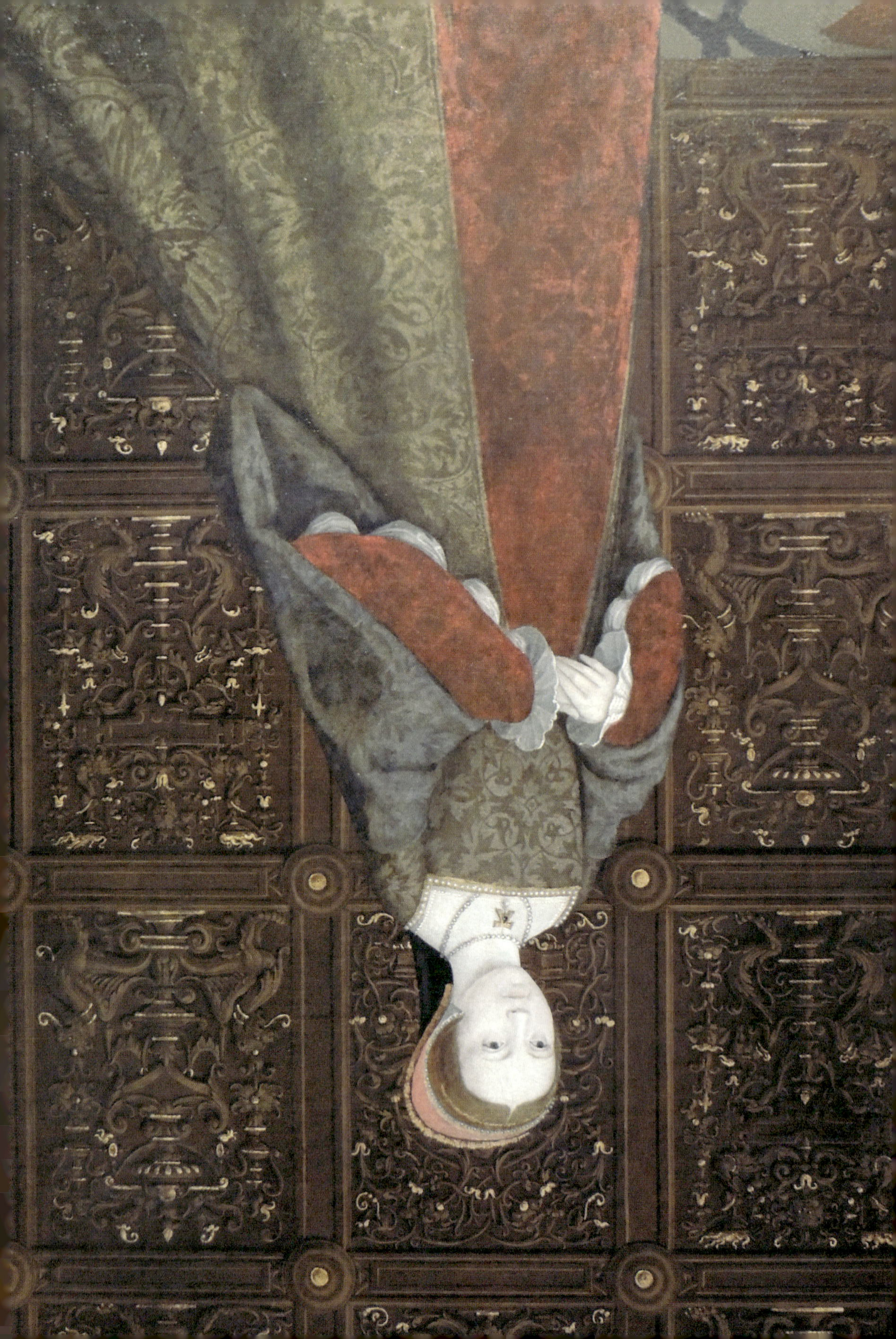

英格兰国王 亨利八世 1491—1547	安妮·博林 1501—1536 婚姻：1533 年
伊丽莎白一世 1533—1603	

"我将成为主宰，不需要男人。"
——伊丽莎白一世

1533 年，亨利八世与安妮·博林的婚姻导致了他和天主教会的决裂。婚后不久，安妮生下了伊丽莎白。当时，国家正处于改革时期，充斥着混乱与动荡，这位公主便是在这样的环境中度过了整个童年。在伊丽莎白三岁前，安妮·博林被处死，这位年轻的公主因此遭到了抛弃，并失去了继承权，她怀着这份仇恨度过了许多年。但是，亨利八世的每个孩子都应当受到一定的照顾，而伊丽莎白（以及她的姐姐玛丽）是否受到疼爱则取决于亨利的心情和婚姻状况。伊丽莎白能成为联姻的筹码，在与外国结盟的过程中发挥作用，因此她必须接受良好的教育并表现得像一位公主。虽然她被剥夺了身份，但她也一直视自己为公主。伊丽莎白接受了一流的教育，在语言方面表现出色。她聪慧过人，善于表达，思想开明，在学校教育和家庭环境的共同影响下迅速成长起来。

1547 年，伊丽莎白的弟弟爱德华六世成为英格兰国王，而当时尚未成年的她将经历更糟糕的生活。亨利死后不久，他的遗孀凯瑟琳·帕尔与托马斯·西摩结婚。根据亨利的遗

对页图 图中的伊丽莎白公主看起来俨然一副未来君主的模样。虽然伊丽莎白一世进行政治联姻将有利于她的家族，但她绝不会容忍任何人通过婚姻来掌控原本属于她的国家和权力。

嘱条款，伊丽莎白被恢复为爱德华的继承人，她受到了凯瑟琳·帕尔的照顾，住在她的家里。此时，十四岁的伊丽莎白第一次吸引了异性的注意。

托马斯·西摩是爱德华统治时期担任英格兰护国公的爱德华·西摩的弟弟，他与妻子的继女存在着不正当的关系。托马斯当时年近四十，是个迷人的男子。他为地位不如哥哥显赫而嫉恨，试图以一种更为卑劣和危险的手段获得权力。托马斯与十几岁的公主"玩闹"，在晚上进入她的房间，骚扰她，与她拥抱在一起。

当凯瑟琳·帕尔第一次发现两人的关系时，托马斯利用了妻子对他的信任，向她保证他与伊丽莎白之间的玩闹是毫无恶意的。凯瑟琳甚至偶尔也会加入进来，在托马斯骚扰或捉弄她的时候按住女孩的身体。也许凯瑟琳认为只要有她在，他们两人的举动便不会逾越关系。当凯瑟琳发现独处的两人拥抱在一起时，她才上前制止。1548 年 5 月，伊丽莎白被逐出家门，她很快便有了自己的家庭和一些值得信赖的侍从。

伊丽莎白不再受到托马斯的骚扰，暂时摆脱了这些不愉快的事情。然而，凯瑟琳·帕尔于 1548 年 9 月去世，此后托马斯·西摩试图与伊丽莎白恢复之前的关系，这一次他不再

下图 伊丽莎白给她的继母凯瑟琳·帕尔写了很多信，在她被赶出家门后，两人的关系仍然十分亲密。因为伊丽莎白未来可能会成为女王，凯瑟琳便建议她注意自身的言行，伊丽莎白将继母的忠告谨记于心。

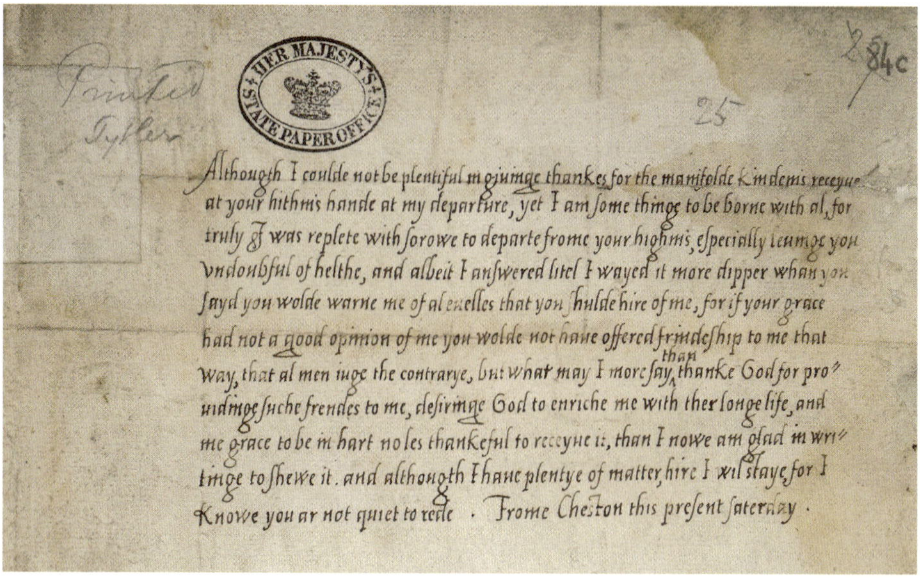

需要秘密地进行追求。他想要迎娶公主，以确保自己的权力。托马斯还企图削弱哥哥对爱德华六世的控制权。当时，托马斯经常探望年近十一岁的爱德华，给他送钱，在他耳边进谗佞之言，暗示这位年轻的国王西摩正在篡夺他的权力。这些诡计没有得逞，反而导致了他最终的失败。1549 年，托马斯被捕，同年他因为骚扰伊丽莎白和密谋绑架国王遭到了处决。

渴求权力

　　托马斯十分有魅力，只是他的嫉妒心和权势欲表现得太过明显，最终才毁了自己。有意思的是，当这位潜在的篡位者面临调查时，伊丽莎白在审问中没有交代任何可能牵连他的事情（她很早便学会了自我保护）。虽然伊丽莎白的沉默不足以拯救托马斯，但她受到了这段经历的影响，可能也是因此才做出了永不结婚的决定。据说，她可能知道托马斯有意娶她并确保她而不是弟弟和姐姐成为英格兰国王，这个说法毫无事实根据但耐人寻味。同样耐人寻味的是，如果真是如此，那托马斯又会从伊丽莎白处得到多大的权力呢？

　　总而言之，伊丽莎白必须迅速成熟起来。到十五岁时，她已经亲眼见证了太多的身败名裂，因此她对自己的声誉十分谨慎。伊丽莎白这次险些身陷叛国指控不会是最后一次，就连她能让自己摆脱困境的出色口才也将很快受到近乎极限的考验。

上图 托马斯·西摩娶到亨利八世的遗孀、英国最富有的女人之一凯瑟琳·帕尔后，准备引诱他的继女以迎娶一位潜在的女王！失败后，托马斯企图通过操纵爱德华六世来寻求权力。

到十五岁时，她已经亲眼见证了太多的身败名裂……

童贞女王

伊丽莎白亲眼见证了婚姻的可怕（母亲在她三岁前就被处决了），因此并不急于结婚。她的姐姐玛丽也经历了不明智的跨国婚姻，饱受精神性假孕和相思的痛苦，而且女王所嫁的任何男人都将获得与她相当的权威，因此伊丽莎白不愿做出这样的承诺也是在情理之中。不管她是出于什么原因，童贞女王的地位使伊丽莎白受到了人们的崇拜，甚至被视为女神，她自己也支持形成这样的世情风气。拥有这种地位的她凌驾于大多数人之上，成为传奇的荣光女王。

国王的姐姐

　　玛丽曾公开藐视爱德华六世的命令，邀请所有人参与拉丁文弥撒。与她相比，作为姐姐的伊丽莎白没有给爱德华造成什么麻烦。姐弟两人小时候关系很好，但他们父亲的种种阴谋诡计使得这个家庭一直笼罩在猜疑的阴影下。没有人能高枕无虞地稳坐王位，因为无论如何防备，家族的成员都会一直存有觊觎之心。这一点在爱德华去世后得到了充分证明。而他也是在1553年病重时，做出了违背亨利八世的决定，剥夺了两个姐姐的继承权。爱德华主要是不能接受玛丽继任，因为她的天主教信仰将使他在英格兰发展新教的一切努力化为泡影。但为了不让玛丽继承王位，国王也不得不将伊丽莎白的继承权一并剥夺。他这样做是为了支持简·格雷夫人。经历了简名誉扫地的九日统治，伊丽莎白再次感受到了君主生命的脆弱，她也明白了成为指定继承人的危险。

女王的妹妹

　　爱德华去世后，玛丽很快便登上了王位，获得了民众们的热烈支持。伊丽莎白的生活再次发生了翻天覆地的变化，她现在和姐姐一起住在宫中。玛丽的地位起初十分稳固，她恢复天主教信仰的决定最初很受欢迎。然而，这一次人们要从改革后的新教信仰回归传统的天主教信仰，许多人都难以承受这样的迅速转变。积怨已久的民众爆发了叛乱，1554年以小托马斯·怀亚特为首的叛乱者开始反对玛丽。最初，人们叛乱是为了反对玛丽与西班牙联姻以及西班牙王子成为英格兰的国王。但局势很快便发生逆转，出现了新的阴谋。伊丽莎白成为理性和启蒙的代表人物，与暴虐狂热的"血腥玛丽"形成了鲜明对比。叛乱者开始密谋废黜玛丽，支持伊丽莎白，然后让她与之前追求玛丽的爱德华·考特尼结婚。

　　叛乱被镇压后，伊丽莎白再次成为着重审问的对象。玛丽对她的不信任也许是源于对母亲的深厚感情，亨利曾因为

而他也是在1553年病重时，做出了违背亨利八世的决定，剥夺了两个姐姐的继承权……支持简·格雷夫人。

对页图 画家罗伯特·亚历山大·希林福德（Robert Alexander Hillingford）创作的布面油画《伦敦塔中的伊丽莎白公主》（*Princess Elizabeth at the Tower*）。

194   都铎王朝

跨页图 这幅引人注目的插图展示了伊丽莎白在伦敦泰
晤士河畔加冕游行的景象。女王已经证明，她不需要任
何人来帮她登上王位。

伊丽莎白的母亲安妮·博林无情地抛弃了她的母亲凯瑟琳。玛丽也难以忘记安妮对爱女的偏袒，这导致了父亲对她不管不顾。玛丽对伊丽莎白的怀疑早已根深蒂固，尽管没有证据表明她参与了叛乱，而且她甚至可能对考特尼的计划一无所知。1554 年 3 月 18 日，伊丽莎白被带到伦敦塔，在那里度过了两个月的时间。在此期间，她一直在为自己的清白和对姐姐的感情而辩驳，在经历了反复的审问后，她才得以离开监狱前往伍德斯托克宫，在那里她被软禁了近一年的时间。

在这段时间中，随着玛丽的宗教迫害行径愈演愈烈，更多人开始支持伊丽莎白。若不是玛丽在 1555 年发现自己怀孕了，伊丽莎白有可能会一直被软禁着。现在，玛丽的孩子将消除她带来的威胁。即使玛丽本身不愿意伊丽莎白继位，她也不得不面对实际问题。如果玛丽生下一个健康的孩子，伊丽莎白便基本失去了成为女王的可能。然而，由于怀孕的风险较大，如果玛丽死于分娩，她便需要妹妹来继承王位。最终，这些计划被证明是不必要的，玛丽从未怀上孩子，怀孕不过是她抑郁后的臆想。

玛丽的身体状况变得非常糟糕，1558 年 11 月 17 日，她去世了。根据亨利八世原先遗嘱中的条款，伊丽莎白成为她的继任者。

都铎王朝将开启伊丽莎白近四十五年的统治。她从父母、弟弟和姐姐那里学到了很多。她从父亲那里获得了凌驾于所有臣民之上的统治权，以及有效实现统治的领导力。关于母亲的记忆培养了伊丽莎白谨慎的性格，这意味着她很少做出轻率的决定。她亲眼见证了宗教动荡所导致的叛乱，因此她从宽处理了这些叛乱。获得民众和强大盟友的支持并非易事，但伊丽莎白已经逃脱了两次叛国罪的指控，有能力在必要时

196　都铎王朝

第六章 伊丽莎白一世：受人崇拜的童贞女王 197

进行相应的政治操纵。二十五岁的伊丽莎白继承了父母的优点，从姐姐和弟弟的错误中吸取了教训，她的所作所为使她成为民众崇拜的对象。

对页图 图中是身穿绣有都铎玫瑰花纹加冕袍的伊丽莎白。她的头发按照女王加冕时的传统样式散开，这也突出了她纯真的性格。

成为伊丽莎白一世

伊丽莎白成为统治者也存在着一些争议，她是一个女人，而且不信奉玛丽恢复的天主教信仰。尽管如此，整个国家还是为伊丽莎白成为女王而感到高兴。1559 年 1 月 15 日，女王举行加冕仪式。当时王国内到处都是人们的欢呼声，民众跳舞、奏乐，纷纷庆祝这一时刻的到来，这位年轻女王的耀眼光辉很快便驱散了血腥玛丽统治时期的黑暗阴霾。伊丽莎白向她的议会保证，她将听取他们的建议，并接受他们和民众的指正。她试图缓和宗教动荡，将国家统一在新教信仰之下，同时又保留着传统的天主教信仰，而不是像她的弟弟和姐姐那样偏激而迅速地进行改革。虽然这一决定受到了英格

忠臣：柏利勋爵威廉·塞西尔

威廉·塞西尔（William Cecil）在亨利八世、爱德华六世和玛丽一世时期都成功地在英格兰议会中获得一席之地，虽然他有时也会不受重用。塞西尔对都铎王朝的君主一向忠心耿耿，在伊丽莎白即位后不久便成为她的大臣。他在外交方面表现出色，能够表现出强硬的态度。塞西尔执行了一些伊丽莎白难以定夺的决定，包括处决苏格兰女王玛丽。塞西尔一生都在支持他的女王，他代表伊丽莎白执政，建立了一个情报部门，并开始为王室提供财政保障。他的儿子罗伯特后来也以类似的身份效忠于伊丽莎白，塞西尔家族的两名成员都成为英国首相。

伊丽莎白顺从民意废除了异端法——玛丽之前根据该法做出了许多伤天害理之事。

兰民众的欢迎，但王国也可能因此面临传统天主教国家的威胁，这些国家可能会对异端的英格兰发动攻击。伊丽莎白似乎没有坚定的宗教信仰：如果她对新教大力支持，这在天主教徒看来是不合法的，她父母的婚姻也没有受到天主教会的认可；如果伊丽莎白选择支持天主教，她便会受到王位合法继承者的反对，其中就包括苏格兰女王玛丽。宗教仍将持续影响伊丽莎白女王日后的统治。

伊丽莎白顺从民意废除了异端法——玛丽之前根据该法做出了许多伤天害理之事。她确实在 1559 年通过了《统一法案》(Act of Uniformity)，规定人们必须去教堂并遵守《公祷书》，但该法案对违反规定的处罚比爱德华或玛丽统治时期温和了许多。伊丽莎白成为英格兰教会的最高首领（女性成为教会领袖在当时是一件十分出格的事情，即使她是女王），为此她在 5 月 8 日又颁布了新的《至尊法案》。

女王逐渐到了生育和适婚的年龄，她的丈夫人选问题很快便引发了巨大的争论。但是，伊丽莎白将遵从自己的内心，并在接下来的二十五年里与她的议会和众多追求者们周旋。

"宁做单身乞丐，不当已婚女王"

历史上关于伊丽莎白对婚姻的态度有大量记载，人们一直以来也都在探究这个问题。伊丽莎白见证了父母破碎的爱情以及姐姐出于政治利益联姻的后果，因此她难免在选择丈夫时保持谨慎。更令人惊讶的是，她不打算通过生下自己的后代来延续都铎家族的血统。

伊丽莎白为何从不屈服于议会压倒性的意见，又是出于什么原因不愿通过结婚生下继承人的方式来延续都铎王朝的血统，关于这两个问题有许多说法。有些人认为是身体原因，例如她的身体可能无法生育，伊丽莎白自己也提到了这一点，在听说苏格兰女王玛丽生下儿子詹姆斯后，她称自己为"不育之人"。其他人则认为，她早年与阴险的托马斯·西摩相处，这样的经历使她对男人失去了兴趣。用伊丽莎白自己的话说，她只打算嫁给她的国家，并按照她的座右铭"永远不变"地生活。后来，这位富有魅力的女王将她的童贞当作一个极为巧妙的筹码，使自己变得高人一等。另一方面，伊丽莎白是出了名的拿不定主意，也许她只是无法做出决定。

虽然伊丽莎白似乎下决心要永不结婚，但她确实有许多追求者，其中的一些人受到了她的鼓励，她甚至看起来非常喜欢他们。直到今天，人们仍对她不为人知的私生活感到好奇，越来越多的电影和书籍都开始讨论这个问题。伊丽莎白聪慧过人，容貌出众，在脆弱的外表下有一颗强大的内心，在年轻时便掌控了一个王国，这样的一位女性吸引了许多人的关注，至今仍是一个难解之谜。

上图 这幅戏剧性的插图展示了罗伯特·达德利的妻子艾米·罗伯萨特（Amy Robsart）的死亡。达德利与伊丽莎白结婚当然能获得许多好处，但女王不愿意声誉受损，更不会允许一个男人来影响她的地位。

达德利：永远的宠臣

罗伯特·达德利（Robert Dudley）是伊丽莎白的丈夫人选之一，他在女王心中的地位无人能及。两人自小时候起便是朋友。由于父亲约翰·达德利支持简·格雷夫人成为爱德华的继任者，引发王室不满，整个达德利家族都受到了怀疑，罗伯特也因此在伦敦塔中度过了一段时间。伊丽莎白继位后，他于1558年被任命为御马官，后来成为女王枢密院中的一员，不久之后又担任了廷臣。达德利一直是女王的宠臣。他当时已经结婚了，但人们早就坚信他会在妻子艾米去世后与

9月8日，艾米被发现死在家中，她的尸体躺在楼梯的底部，脖子被扭断。

伊丽莎白结婚。艾米已经病了一段时间，因此她没有和丈夫一起住在宫中。这使得达德利和伊丽莎白更有机会暗通款曲。如果艾米就这样因病去世，谁知道他们的关系会如何发展？然而，艾米死亡的情形十分可疑。

宫中的传言称已婚的达德利和未婚的女王之间有了感情，在伊丽莎白拒绝了几次其他人的求婚后，这种传言更是甚嚣尘上。就在1560年，这些传言变成了丑闻。9月8日，艾米被发现死在家中，她的尸体躺在楼梯的底部，脖子被扭断。

这一天是当地举办集市的日子，艾米坚持要求所有的仆人都离开家。当时，达德利与伊丽莎白一起待在温莎城堡，因此排除了他直接参与此事的嫌疑。经调查，艾米是死于意外。然而，达德利的自负和肆意妄为早就引起了许多人的反感。达德利的死敌威廉·塞西尔散布了他密谋毒死艾米的谣言，一时间在达德利的众多反对者间盛行起来。虽然伊丽莎白相信他，但面对如此大的争议，如果她当时与达德利结婚，国内便会有爆发大规模叛乱的危险。伊丽莎白曾亲眼见证姐姐当时为了结婚的愚蠢行径以及之后遭受的痛苦，她不愿意用自己的统治权冒险，即使是为了她所爱的人。

艾米自知健康状况恶化，这也可能促使她在担惊受怕的痛苦中做出绝望的举动。

我们无法判断艾米是否死于他杀。也许艾米希望自己的死看上去像是他人有意为之，想以这样的方式让她不忠的丈夫受到怀疑和指责。此外，艾米自知健康状况恶化，这也可能促使她在担惊受怕的痛苦中做出绝望的举动。她的死成了街谈巷议的丑闻，达德利因此不可能再与伊丽莎白结婚。

在妻子去世后的十八年中，达德利一直都没有再婚。他拒绝与苏格兰女王玛丽结合，即使女方同意了这个提议，因为她认为这是自己接替伊丽莎白王位的唯一办法。当他真的再婚时，伊丽莎白仍然对此感到非常嫉妒，甚至禁止他的新婚妻子莱特斯·诺莉斯（Lettice Knollys）进宫。尽管经历了种种动荡与阴谋，两人仍然是亲密的朋友，这段感情一直维持到1588年达德利去世。许多人认为，如果伊丽莎白真的要选择一名丈夫，那这个人一定是罗伯特，但他们的爱情永远不会成为现实。

罗伯特·达德利

达德利和伊丽莎白的感情起起伏伏，但两人仍对彼此保持忠诚，在许多方面都表现得像一对夫妻。当他与另一个女人结婚时，伊丽莎白十分难过，因为他曾多次表示对她忠贞不渝。

当伊丽莎白在蒂尔伯里（Tilbury）进行那场充满魅力的演讲时，为她牵马的正是达德利。当时，这位勇士女王穿上了盔甲，面对西班牙无敌舰队的进攻，向她的士兵们发表了著名讲话。

他与伊丽莎白的私人关系掩盖了他政治生涯的功绩，达德利是处决苏格兰女王玛丽的议会成员之一，他替伊丽莎白完成了她不愿做的事情。达德利也是一位公认的艺术赞助人，他是原牛津大学出版社的创始人之一。他有自己的演出公司，还对埃德蒙·斯宾塞（Edmund Spenser）[1] 的诗歌创作给予了支持。

据说在他死后，伊丽莎白连续几天都把自己关在房间里。十五年后，伊丽莎白去世，人们在她的私人物品中发现了达德利给她的最后一封信。

伊丽莎白在位期间不断抛弃众多的追求者，在宫廷里最潇洒、最迷人、最英俊的男人中挑选自己的最爱。伊丽莎白既慷慨宽容，又无情挑剔，在保持冷漠的同时，也陶醉在他们骑士般的关注中。与往常一样，这位童贞女王利用她的花言巧语和性别魅力来获得她想要的东西。同时，她拥有君主的权力，因此可以轻易地摆脱那些令她厌烦的男人。

---

① 埃德蒙·斯宾塞（1552—1599），英国文艺复兴时期的伟大诗人。——译者注

右图 图中是苏格兰女王玛丽和她的丈夫法国国王弗朗索瓦二世。1560 年 12 月，弗朗索瓦去世，当时他们结婚还不到三年。

苏格兰女王玛丽拥有苏格兰的王位，因此人们都担心法国会通过苏格兰入侵英格兰，利用它们之间的老同盟关系发动战争，让英格兰再次回到天主教统治者的手中。

FRANCIS II MARIE STUART AMBOISE 1560

与苏格兰不和

伊丽莎白没有健在的（合法）兄弟姐妹，但她仍然担心篡位者的出现。她的亲戚苏格兰女王玛丽拥有苏格兰的王位，因此人们都担心法国会通过苏格兰入侵英格兰，利用它们之间的老同盟关系发动战争，让英格兰再次回到天主教统治者的手中。玛丽在法国宫廷中度过了漫长时光之后，1558 年嫁给了法国国王弗朗索瓦二世，1561 年，她以执政女王的身份回到了苏格兰。

高尔夫：女王的运动

　　玛丽以喜爱高尔夫运动而闻名，是苏格兰最早从事并定期参加这项运动的女性之一。童年时，她在法国宫廷中学会了高尔夫，在回到苏格兰后也会继续参与这项运动。虽然人们能接受女王进行这种健康的户外运动，但在第二任丈夫亨利·斯图亚特（Henry Stuart）被残忍杀害仅几天后，玛丽便又开始打高尔夫，因此遭到了国内的严厉谴责。她漠不关心的态度和对传统哀悼礼仪的回避都加重了她的谋杀嫌疑。

　　为了避免玛丽对自己的王位提出任何要求，伊丽莎白试图强迫她与罗伯特·达德利结婚；她也想通过这场婚姻密切监视玛丽，以此避免与苏格兰发生战争。然而，这场婚姻最终没能促成。玛丽的令人担忧之处还在于她拒绝签署避免与法国开战的有关条约。玛丽不在国内时，苏格兰建立了新教教会，她对此感到非常厌恶。玛丽也拥有都铎家族的血统，她的外祖母是亨利八世的姐姐玛格丽特·都铎，因此她也有英格兰王位的继承权。在天主教徒看来，玛丽比伊丽莎白拥有更优先的继承权。尽管伊丽莎白做出了最大的努力，但她的统治权还是没能像她所希望的那样稳固。幸运的是，玛丽对丈夫的选择很快便使她失去了民心。

Dornley of Lennox
AO OM 1567

达恩利勋爵：谋杀的企图

1565 年，苏格兰女王玛丽嫁给了达恩利（Darnley）勋爵亨利，斯图亚特家族的一员。1513 年，苏格兰国王詹姆斯四世去世，王后玛格丽特·都铎随后不到一年便改嫁阿奇博尔德·道格拉斯，而亨利是两人的外孙，因此对英格兰的王位拥有继承权。亨利·斯图亚特虚荣、愚蠢、自私，行事恣意妄为。

玛丽不愿授予斯图亚特同等的王位，因为这意味着两人将共享统治权，而且如果玛丽去世时没有子女，他就将继承王位。斯图亚特对此十分愤怒，他曾期望顺从的妻子能直接将权力交给他。尽管他桀骜不驯、妄自尊大，酗酒问题也日益严重，玛丽还是在两人婚后不久怀孕了。然而，有传言称

对页图 苏格兰女王玛丽的第二任丈夫——潇洒的达恩利勋爵亨利。他是一个好斗而傲慢的人，他希望玛丽完全服从他的权威，并不惜使用暴力来达到他的目的。

下图 图中描绘了大卫·里奇奥（David Rizzio）被谋杀时触目惊心的景象。显然，谋杀发生在女王的寝宫中，里奇奥遭到了残忍的对待，身中数刀。虽然达恩利没有亲手刺杀里奇奥，但他一定参与了这个阴谋。

都铎时期的穿衣之道

　　伊丽莎白拥有精致华丽的礼服，这使她比身边的任何女人都更为耀眼，宫廷中那些风度翩翩的男人也是一身华服——都铎王朝的贵族穿衣都十分讲究。亨利八世为人们熟知的方正外形是由于他穿了一件短而肥大的外套，露出了大部分包裹在紧身裤中的腿部。相比之下，贵族妇女则偏爱更为立体的外形。她们会穿硬挺的紧身胸衣（部分为钢制），与她们下身肥大的裙子形成对比，使她们呈现出三角形的身材。

　　平民们会穿颜色柔和且更具实用性的衣服，因为这比色调丰富的豪华丝绸和天鹅绒要便宜得多。他们的衣服也由更廉价保暖的材料制成，例如羊毛。画像中的伊丽莎白（以及当时的许多贵族）都戴着飞边，这是一种戴在脖子周围的织物褶边。飞边的宽度可达一英尺（约 30.5 厘米），且具有易更换的实际用途，穿戴者因此可以更长时间地穿着其他衣服。

斯图亚特并非玛丽肚中孩子的父亲。据说孩子的父亲是玛丽的意大利秘书大卫·里奇奥，人们认为两人之间有过一段私情。玛丽十分欣赏里奇奥，但由于里奇奥是一名外来的天主教徒，而且在玛丽的宫中身居要职，他很快便树敌无数。许多人嫉妒他与女王的关系，这一点也导致新教叛乱者开始反对他。人们认为，亨利·斯图亚特是这件事的主谋，他甚至希望通过里奇奥之死来打击玛丽，从而导致她流产。

第六章 伊丽莎白一世：受人崇拜的童贞女王   207

叛乱者冲进玛丽的寝宫，当时怀孕七个月的女王正在那里设宴招待里奇奥，他们要求玛丽交出他。据说，里奇奥躲在他怀孕的情人身后，乞求他们放他一条生路。玛丽起初不从，自己迎着枪口顶上。叛乱者残忍地刺了里奇奥五十多刀，直到他再也无法发出哀求声。随后，他们抢走了他身上所有的贵重物品，将他的尸体丢下了楼梯，最后扔在了爱丁堡荷里路德（Holyrood）的墓地里。

下图 玛丽的第二次婚姻甚至比第一次更为短暂。1567 年 2 月，达恩利勋爵在婚后不到两年便死于非命。请注意图片右上方达恩利勋爵和他男仆的尸体，这说明两人都在夜间逃离了房子。

离奇死亡

里奇奥被杀的真正原因引起了人们的猜测。达恩利勋爵嫉妒心强，脾气暴躁，确实有能力杀死妻子的情人。有传言称，伊丽莎白本人也支持这个打击苏格兰女王的计划，尽管她不太可能让人拿枪指着怀孕数月的玛丽。但事实证明，玛

里奇奥被杀的真正原因引起了人们的猜测。

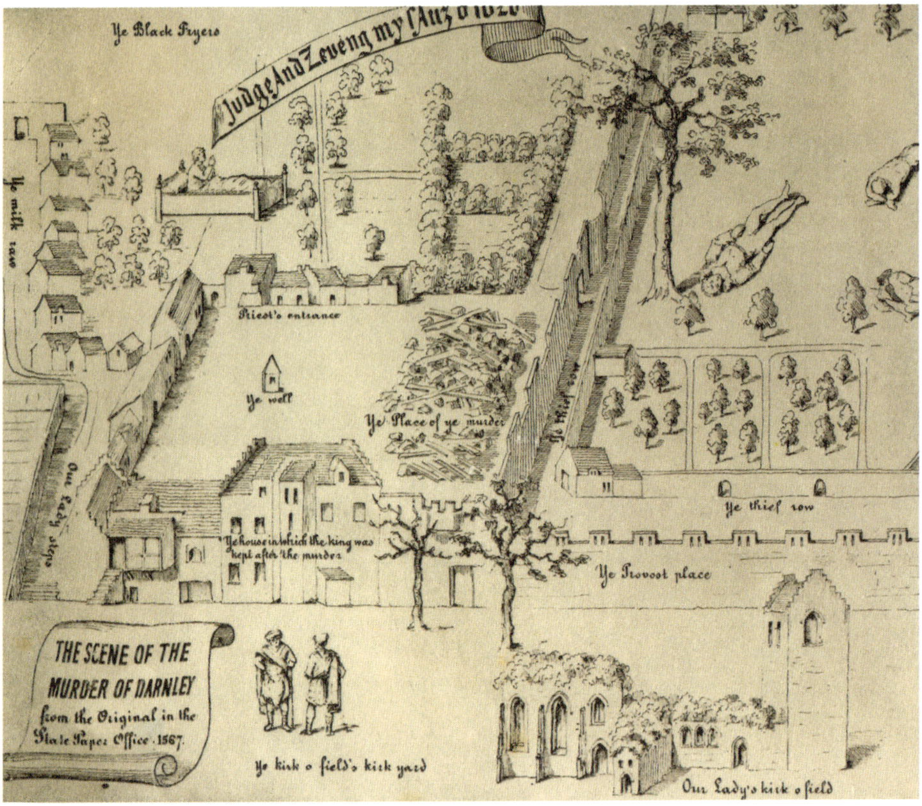

人们发现达恩利勋爵和他的侍从并非死于爆炸……他们都是被勒死的。

丽是坚强的。她挺过了那场可怕的袭击，并安全地生下了她的孩子。不幸的是，这位苏格兰女王要经历的还有很多。

达恩利勋爵一向不受欢迎，现在几乎没有人愿意支持他。虽然他和玛丽之间的关系因儿子詹姆斯的出生而有所缓和，但他仍然要求女王赋予他同等的王位，企图争夺国王的绝对权力。然而，关于玛丽和她的男人们的争议仍在继续。1567年2月10日，达恩利勋爵被安排住在爱丁堡附近的一座名为柯克·欧菲尔德（Kirk O'Field）的别墅中，这座别墅是玛丽名下的财产。那天一切照常，直到凌晨时分，两桶直接置于达恩利勋爵卧房地基下的火药突然发生了爆炸。更奇怪的是，人们发现达恩利勋爵和他的侍从并非死于爆炸。他们躺在地上，达恩利勋爵还穿着睡衣。两具尸体的附近有斗篷、外衣、匕首和椅子。经过仔细检查，他们都是被勒死的，事情因此变得更加离奇。

赫博恩：对权力的妄想

1567年5月15日，赫博恩和玛丽结婚……无论他们是出于何种原因结婚，这段婚姻都是备受争议的，导致上议院和国家内出现了激烈的意见冲突。

斯图亚特死后，玛丽受到了人们的猜疑——她的第二次婚姻没给她带来任何好处。1567年5月15日，距离达恩利勋爵被杀仅仅过去了三个月，这位遇人不淑、识人不善的女王便嫁给了博思韦尔（Bothwell）伯爵詹姆斯·赫博恩（James Hepburn），她想摆脱前夫令人心悸的阴影，可后来却发现自己又陷入了更多的阴谋之中。赫博恩被控谋杀达恩利勋爵，接受了审判，但最终被宣判无罪。

这次婚姻仍存在不少争议。当时，玛丽最后一次在斯特灵（Stirling）探视了她的儿子詹姆斯，随后她起程返回爱丁堡。4月24日，玛丽在途中被赫博恩和他的手下绑架。她被告知，他们是来保护她的生命免遭谋害的。赫博恩随后将玛丽带到他在邓巴（Dunbar）的城堡。据说，为了让玛丽顺从，他在那里强奸了她。这件事仍然存在争议，因为关于玛丽的绑架究竟有几分是出于自愿不得而知，毕竟人们认为她之前是喜欢赫博恩的。1567年5月15日，他和玛丽结婚。无论他们是出

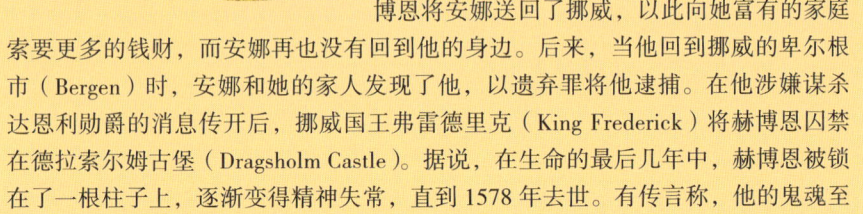

第六章　伊丽莎白一世：受人崇拜的童贞女王　　209

博思韦尔伯爵的妻子们

在对玛丽女王采取卑鄙行径之前，詹姆斯·赫博恩（如图）便作恶多端。当他得到女王的芳心时，他仍处于与第二任妻子吉恩·戈登（Jean Gordon）的婚姻中。随后，赫博恩在 5 月 7 日与吉恩离婚，理由是自己与她的一个仆人通奸，而八天后他与玛丽结婚了。更可疑的是，按照挪威法律，赫博恩早已经结过婚。他在 1559 年就与安娜·瑟伦森（Anna Throndsen）结了婚，并把她从挪威带回了苏格兰。在花光了所有积蓄后，赫博恩将安娜送回了挪威，以此向她富有的家庭索要更多的钱财，而安娜再也没有回到他的身边。后来，当他回到挪威的卑尔根市（Bergen）时，安娜和她的家人发现了他，以遗弃罪将他逮捕。在他涉嫌谋杀达恩利勋爵的消息传开后，挪威国王弗雷德里克（King Frederick）将赫博恩囚禁在德拉索尔姆古堡（Dragsholm Castle）。据说，在生命的最后几年中，赫博恩被锁在了一根柱子上，逐渐变得精神失常，直到 1578 年去世。有传言称，他的鬼魂至今还出没于城堡之中。

于何种原因结婚，这段婚姻都是备受争议的，导致上议院和国家内出现了激烈的意见冲突。6 月，冲突爆发，赫博恩在这段时间逃到了国外，再也没有见过玛丽。他最后回到了挪威，在那里他因为以往的罪行被逮捕，在监狱中度过了余生。

玛丽的错误

由于赫博恩的所作所为，玛丽选择逃往英格兰来躲避国民的愤怒，剩下的支持者对她软弱的行为感到失望。她被囚禁在利文（Leven）湖中央孤岛上的城堡里。更糟糕的是，她流产了，随后才发现她原本将拥有一对双胞胎。不久之后，玛丽被迫退位，将王位传给了当时只有一岁的儿子詹姆斯。

下跨页图　1567 年 7 月，苏格兰女王玛丽被迫退位，当时她反复无常地做出鲁莽的决定，连她的支持者都无法再为她辩解。图中，即使处在这样的紧张氛围下，玛丽在把王国传给她的儿子詹姆斯前，也仍是一脸轻蔑地看着她的指控者。

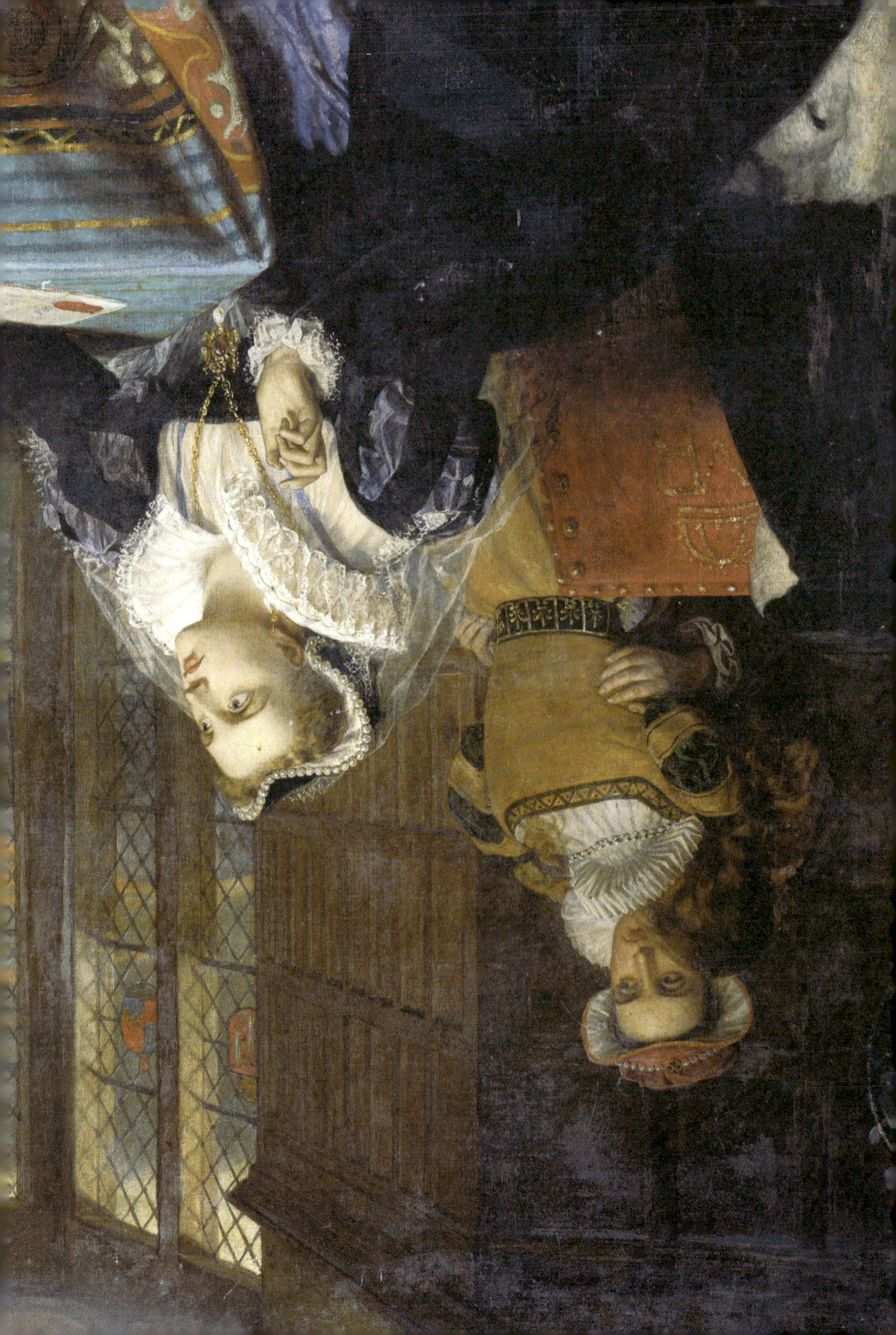

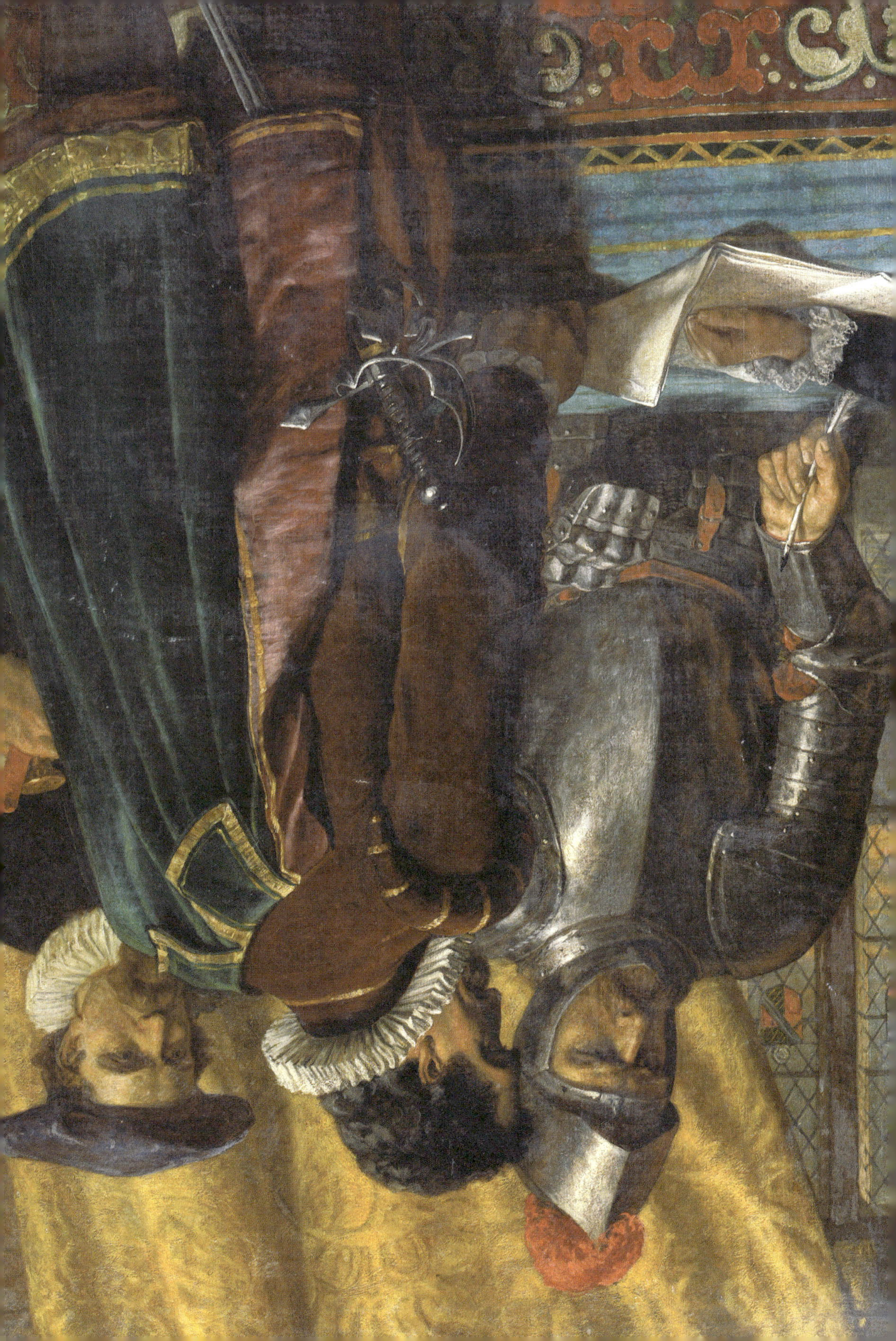

　　1568 年 5 月，玛丽从利文湖城堡逃脱。仍有一些支持者希望恢复她的女王地位，但她的军队在兰赛德（Langside）战役中被同父异母的哥哥苏格兰摄政詹姆斯·斯图尔特（James Stewart）①击败，因此她逃往英格兰寻求庇护。她又犯了一个错误。她认为表亲伊丽莎白值得信任，于是请求她帮助自己夺回苏格兰王位。在接下来的一年中，玛丽几乎遭到软禁，她被转移到不同的地方，这些地方与苏格兰和伦敦都有一定距离，而伊丽莎白则在这段时间中对这位苏格兰女王的命运做出了决定。伊

————————

①　第一代莫里伯爵詹姆斯·斯图尔特（约 1531—1570），苏格兰摄政，玛丽的父亲詹姆斯五世与玛格丽特·道格拉斯的私生子。——译者注

跨页图 图中的利文湖城堡看起来十分宁静，颇具诗情画意。然而，城堡被湖水包围，位置偏僻，因此成为监狱的理想地点。玛丽之所以能够逃脱，是因为她得到了城堡主人的兄弟威廉·道格拉斯（William Douglas）爵士的帮助。

在接下来的一年中，玛丽几乎遭到软禁，她被转移到不同的地方……而伊丽莎白则在这段时间中对这位苏格兰女王的命运做出了决定。

丽莎白进行了调查，在此期间，玛丽和赫博恩之间的信件被曝光，尽管这些信件的真实性尚未得到证实。调查之后无果而终。詹姆斯·斯图尔特继续担任苏格兰的摄政，他的新教政府上台，而玛丽则在英格兰的囚禁中苦苦挣扎。由于没有任何指控得到证实，玛丽得到了良好的待遇，但她的行动受到了很大的限制，这位行事诡异的女王被密切监视起来。

1571 年，担任伊丽莎白间谍首领的弗朗西斯·沃尔辛厄姆（Francis Walsingham）揭发了一个刺杀女王以玛丽取而代之的阴谋。苏格兰女王已经成为天主教不同政见者聚集的象征。托马斯·霍华德是第四代诺福克公爵，也是伊丽莎白的表亲，他曾想与玛丽结婚。但伊丽莎白拒绝了他，并在 1569 年将他关进了伦敦塔，以此来磨灭他的感情。为了报复，霍华德与佛罗伦萨的银行家罗伯

托·里多尔菲（Roberto di Ridolfi）联手勾结，招募外国军队，想要废黜伊丽莎白，让英格兰在玛丽和霍华德的领导下恢复天主教信仰。两人志同道合，主要是因为他们都遭到了伊丽莎白的严苛对待，并且两人都渴望拥有权力。里多尔菲的阴谋获得的支持越来越多，如果伊丽莎白的间谍组织没有上报，那这个阴谋就很可能会对伊丽莎白构成真正的威胁。里多尔菲的信使在抵达多佛（Dover）时被捕，在遭受酷刑后交代了整个阴谋。霍华德被关进了伦敦塔，并在 1572 年被处决，里多尔菲因为没有回到英格兰而逃过了一劫。

第六章 伊丽莎白一世：受人崇拜的童贞女王　215

匣子里的信

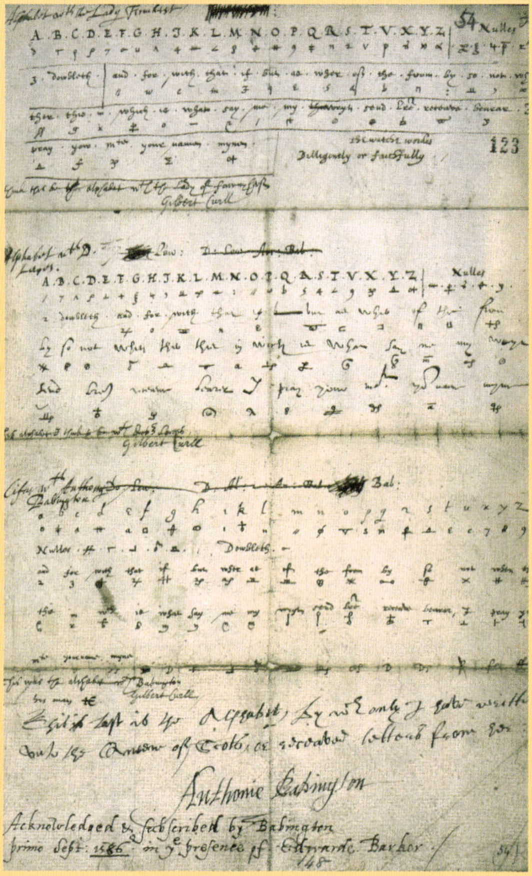

左图　苏格兰女王玛丽和她同谋之间的"秘密通信"往往是以暗号或暗码的方式书写的。图中的例子显示了组成暗号的不同符号和字母，沃尔辛厄姆派出的间谍发现了巴宾顿（Babington）的这封信。

1567年，一个装有玛丽和赫博恩信件的银匣子被发现，这将有利于伊丽莎白对她进行指控。莫里（Moray）伯爵将这些信件作为玛丽密谋杀害达恩利勋爵的证据，因为这些信件显然是她亲手写的，她在信中提到希望赫博恩能帮助她尽快摆脱达恩利勋爵。当时，这些信件基本上被鉴定为真迹，然而玛丽坚持认为信件是伪造的。后来，历史学家猜测，伪造的文字可能被添加到了玛丽的真信中。据说，信件的原件在1584年被玛丽的儿子、当时的苏格兰国王詹姆斯六世烧毁，所以我们可能永远也无法得知真相了。

　　然而，伊丽莎白还不能完全放松警惕。只要玛丽还活着，她就有可能成为天主教叛乱者名义上的领袖，而这些势力不容小觑。1583年，玛丽仍被软禁在英格兰，弗朗西斯·斯罗克莫顿（Francis Throckmorton）和他的父亲尼古拉斯（Nicholas）与法国、西班牙的政要密谋让玛丽取代伊丽莎白，以让英格兰回归天主教信仰。后来，斯罗克莫顿在1584年因叛国罪被处决。经过这一事件，加上之前

对页图　当救她的人将她带出囚禁地时，玛丽向他们投去了赞许的目光。这幅画是威廉·克雷格·希尔雷夫（William Craig Shirreff）于1805年绘制的。当时，人们已经忘记了玛丽的许多轻率言行，视她为浪漫主义故事中的女主人公。

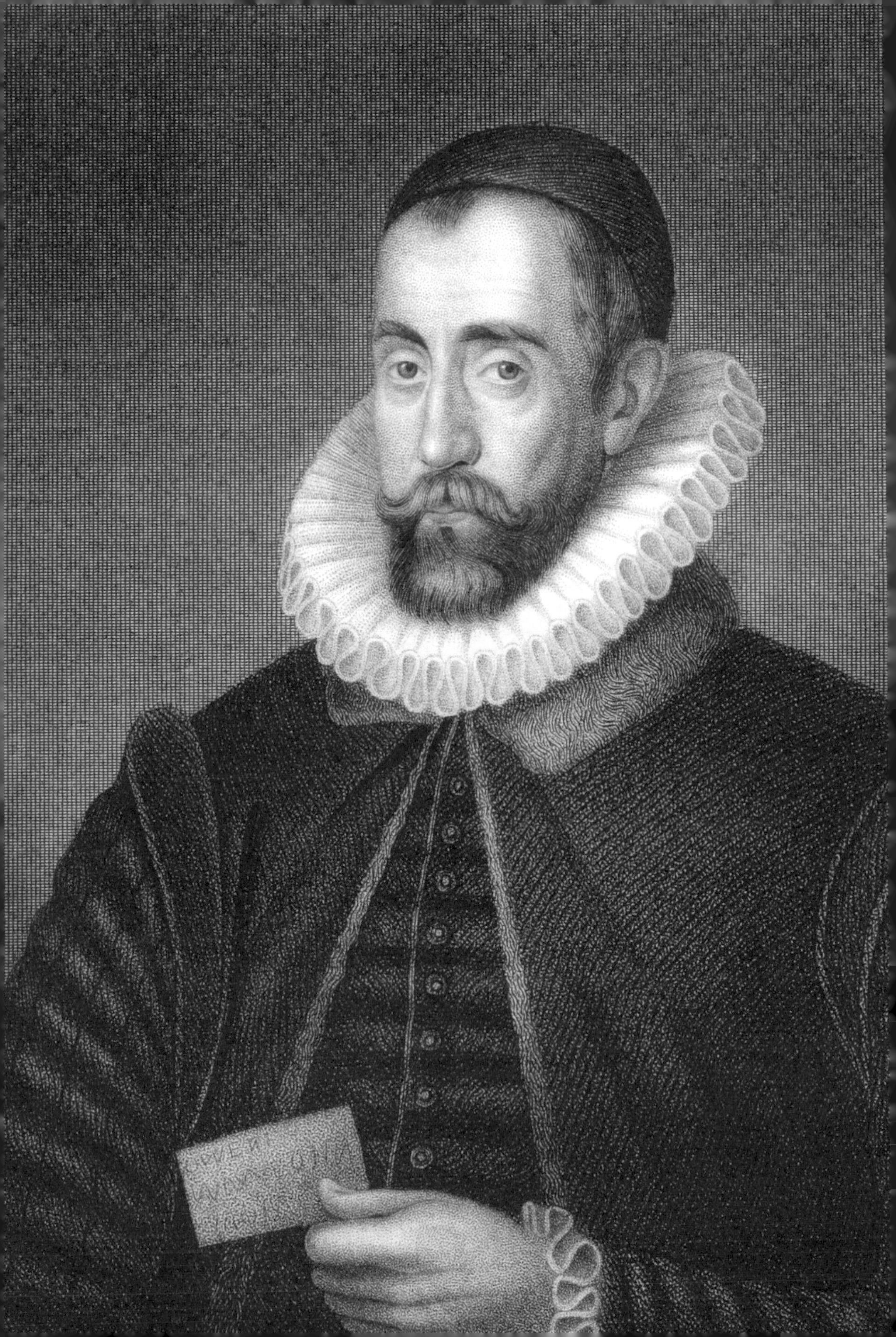

里多尔菲阴谋，议会在同年通过了《联盟契约》(*Bond of Association*)，规定企图废黜或暗杀伊丽莎白一世者都将被处以死刑。该契约还规定，任何有权继承王位者能被剥夺继承权并受到处决，即使阴谋是在他们不知情的情况下实施的。如果伊丽莎白决定实行契约的规定，那么她现在便有了处决玛丽所需的依据，根据这一契约玛丽甚至无法再辩称对这些阴谋一无所知。

尽管这些举措保护了伊丽莎白，但 1586 年仍出现了另一个以玛丽取代她的阴谋——巴宾顿阴谋。在该阴谋中，由西班牙国王腓力二世牵头，法国、西班牙再次联手企图废黜女王，让英格兰在玛丽的领导下恢复天主教信仰。在姐姐死后，伊丽莎白曾拒绝与腓力二世结婚。忠诚的沃尔辛厄姆安排了一位双重间谍偷运信件给玛丽，想以这样的方式让她自露马

《联盟契约》规定企图废黜或暗杀伊丽莎白一世者将被处以死刑。

对页图 图中为伊丽莎白一世的间谍首领弗朗西斯·沃尔辛厄姆。沃尔辛厄姆确信玛丽参与了推翻伊丽莎白的阴谋。1586 年，他的猜测得到了证实。

左图 图中的托马斯·霍华德迫切希望与苏格兰女王玛丽结婚，但伊丽莎白不愿满足他的野心，因为他们的婚姻将导致玛丽获得明确的继承权。霍华德贪求权力，参与了里多尔菲推翻伊丽莎白的阴谋，后来因此遭到处决。

218   都铎王朝

上图 伊丽莎白看到苏格兰女王玛丽参与废黜阴谋的确凿证据后，最终签署了她的死刑令。玛丽被处决后，伊丽莎白大发雷霆，表示她从未想过要对她执行死刑。

脚，然后根据《联盟契约》的条款逮捕她。这个计策非常成功，沃尔辛厄姆很快便获得了玛丽亲手写下的信件作为证据。1587 年 2 月 8 日，玛丽被斩首，她的表亲伊丽莎白女王签署了她的死刑令，在这之前共有十六人因叛国罪被处决。

殉道者玛丽

　　在受处决前，玛丽穿着十分讲究，从始至终表现出自己天主教殉道者的身份，尽管她曾有过不堪的婚姻往事和篡位密谋。她的手和脖子上各有一个十字架。脱去黑色斗篷后，她的身上剩下一件长裙，裙子的颜色是象征宗教殉道者的深红色。

　　玛丽在走向刽子手的同时向上帝祈祷，还鼓励众人与她一同祈祷。斧头挥动三下之后，她的头被砍了下来。玛丽一直将她的小狗藏在长裙里，在她死后，小狗一直在长裙中动弹，因此人们以为是她的无头尸体在移动。

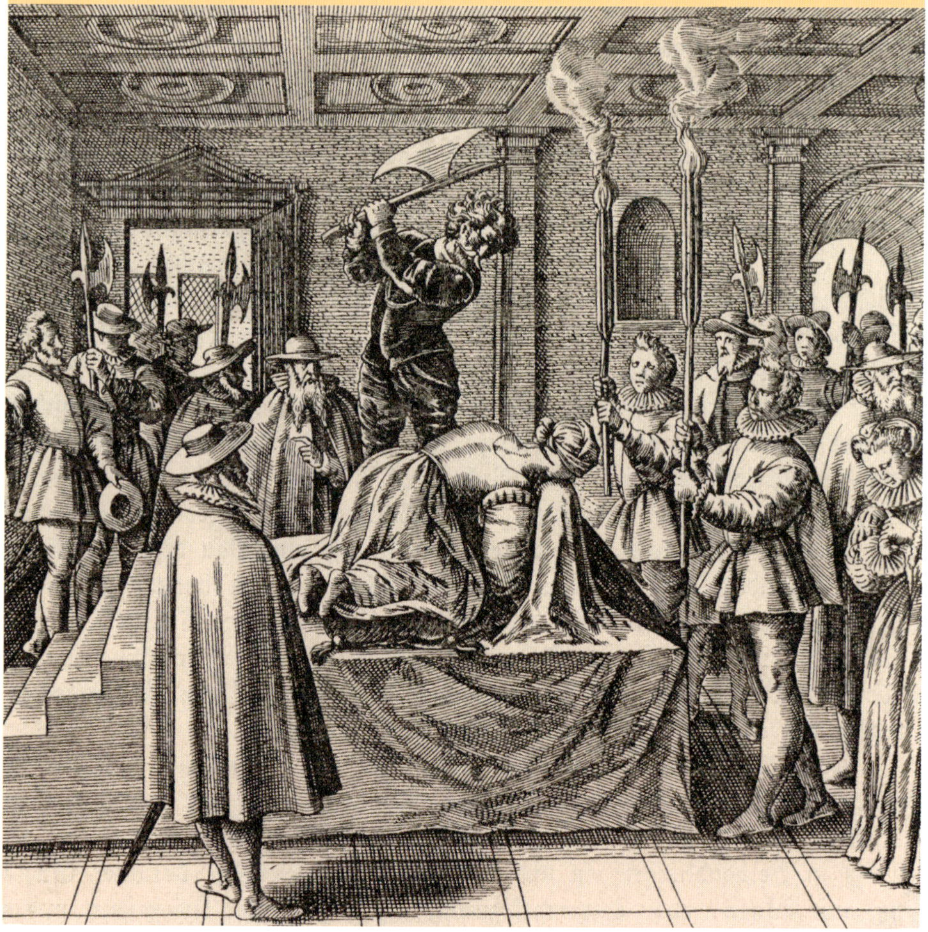

上图 尽管有西班牙的支持，休·奥尼尔在爱尔兰发动的起义最终还是被伊丽莎白的军队击溃。图中描绘了奥尼尔在 1603 年向英格兰军投降的场景。在爱尔兰起义得到彻底镇压之前，伊丽莎白便去世了，最终是詹姆斯一世结束了这场战争。

在这场灾难中，仅芒斯特省便有超过三万名男子、妇女和儿童死于饥荒。

史无前例的起义

提及伊丽莎白的统治，最先出现在人们脑海中的往往是层出不穷的暗杀阴谋、女王神秘的私生活以及西班牙无敌舰队的覆灭，但她对爱尔兰起义雷厉风行的镇压也不应该被忘记。由于爱尔兰大部分民众信仰天主教，在与英格兰共同经历了宗教改革后，他们对英格兰君主强迫他们遵循新教教义感到极度厌恶。此外，伊丽莎白还担心爱尔兰会支持西班牙从他们的边界入侵英格兰。因此，爱尔兰的所有土地都被交由英格兰贵族管理，以此来控制他们，并削弱该民族联合反抗的机会。然而，各地的起义最终迫使伊丽莎白在 1582 年实行了焦土政策。在该政策下，土地被烧毁，农作物以及依靠土地的一切生计都遭到了破坏。在这场灾难中，仅芒斯特省（Munster）①便有超过三万名男子、妇女和儿童死于饥荒。起义愈演愈烈，局势在 1594 年达到了剑拔弩张的地步。

――――――――――

① 芒斯特省，爱尔兰四个历史省份之一，爱尔兰南部面积最大的省区。——译者注

爱尔兰人饱受焦土政策的摧残，烧焦的恶臭味随处可闻，在他们的脑海中挥之不去。最终，他们在 1594 年对英格兰发动了九年战争，这场战争一直持续到伊丽莎白去世。尽管族长们前些年由于分散各地无法联合反抗，但他们中名叫休·奥尼尔（Hugh O'Neill）和休·罗·奥唐奈（Hugh Roe O'Donnell）的两位族长缔结了同盟，共同反抗长期迫害他们的英格兰统治。许多人早已对伊丽莎白在爱尔兰国内推行的焦土政策感到不满，加之许多天主教徒想要脱离新教，因此奥尼尔在爱尔兰获得了大批的支持者，他聚集的力量让英格兰对其边界的安危感到担忧。此外，奥尼尔还向苏格兰雇佣军和伊丽莎白一直以来的对手腓力二世寻求帮助。他的支持者，加上苏格兰的援军以及爱尔兰的雇佣军，使得军队的总人数超过了八千人，这是以往攻击英格兰的势力中从未有过的强大兵力。1601 年时，许多爱尔兰起义军已经窘迫到断粮，同年西班牙援军的到来才使战争得以继续。

在伊丽莎白后期的统治中，九年战争成为长期的军事问题，直到詹姆斯一世继任后才得以解决，和平才得以实现。这其中的部分原因是战争的巨大开支严重损害了英格兰的经济。和平是更理想的结局，而它往往需要付出如战争般高昂的代价。

经过多年的谈判与争吵，爱尔兰军在耶洛福德（Yellow Ford）战役中取得了胜利，这场战争中有两千名英格兰士兵被杀。爱尔兰各地的起义力量也因此进一步壮大。对此，伊丽莎白在 1599 年派遣罗伯特·德弗罗（Robert Devereux）率领一万七千名英格兰士兵前往爱尔兰镇压起义。他是达德利的继子，当时正深受女王宠爱。然而，他在短暂地占领了爱尔兰一段时间后便被击败。他的部队过于分散，导致许多兵力遭遇伏击，不够卫生的生活环境也使数千人死于疾病。德弗罗与奥尼尔达成了休战协议，伊丽莎白要求他驻守爱尔兰，但他违抗了女王的命令，在 1599 年回到了英格兰。女王对他回国的行为感到非常不满，他在向女王汇报军情时，发现自己已被指控擅离职守罪。塞西尔和雷利（Raleigh）想联手除掉他，但由于他的影响力以及他在伊丽莎白心目中的地位，女王宽恕了他。

1601 年，德弗罗和他的手下试图闯入女王的寝宫，这意味着他宣判了自己的死刑。随后，他被逮捕并受到了审判，最终因叛国罪遭到处决。据说，他是最后一位在格林塔上被斩首的人，但这个说法并未得到证实。

德弗罗的接任者乔治·卡鲁（George Carew）来到了爱尔兰，他成功地在 1601年前粉碎了最严重的一次叛乱。直到伊丽莎白去世，人们才逐渐忘记了战争带来的巨大代价和伤害。女王证明了她在逆境中的残忍与果断——这在她与西班牙无敌舰队的战争冲突中早已得到证明。

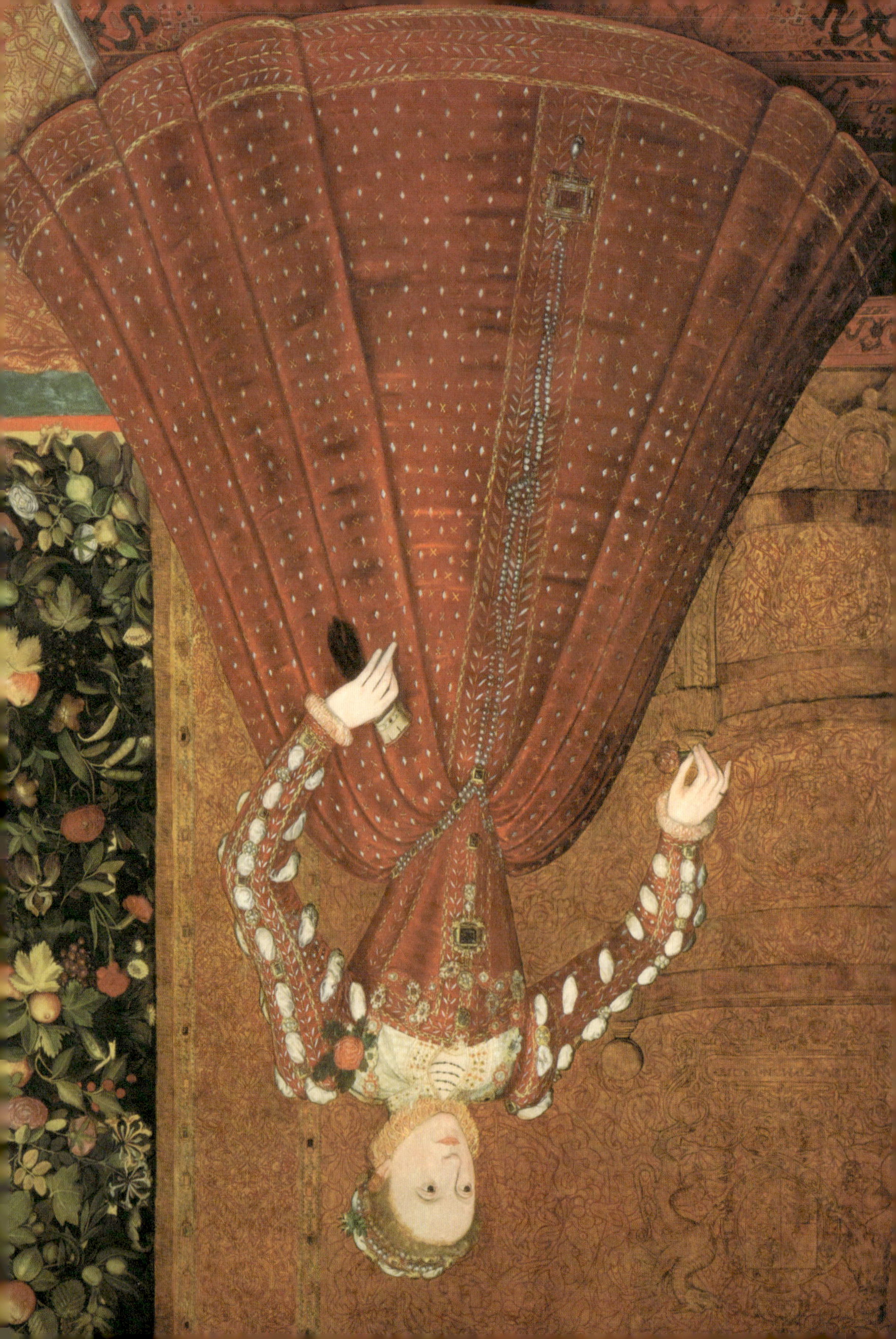

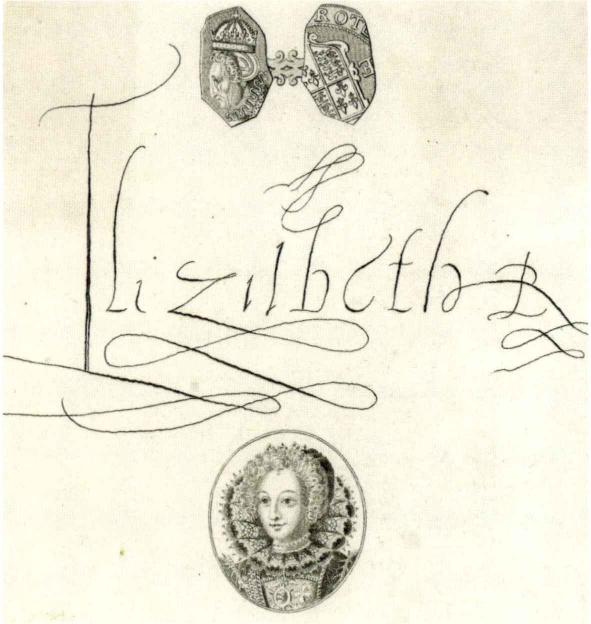

左图 这是伊丽莎白的签名，从中隐隐透露出她大胆而坚定的性格。巧合的是，这是女王在罗伯特·德弗罗死刑令上的签名。对于这位曾经的宠臣，伊丽莎白照例选择了抛弃，而不是顺从。

对页图 图中是伊丽莎白著名的形象，一身深红色长裙的她看起来十分迷人。这个颜色也体现在了画作的其他部分中。女王被有意塑造成一个强大的掌权者形象，她傲慢的表情让任何人都不敢违抗她的权威。

一位真正的女王

受到父亲影响，伊丽莎白会有片面和自私的决定，但人们仍然认为玛丽才是"血腥"恶毒的女王，这也许是因为她摧残了他们的信仰。然而，伊丽莎白也绝没有被视为完美无瑕。她虚荣、善妒、暴躁，对宗教事务漠不关心，性格反复无常，这使她受到了整个欧洲的鄙视和嘲笑，她的议会成员们也常为此心烦。但是，这位女王富有魅力，给国家带来了巨大的荣耀，她深爱着国民，还非常善于言辞，因此受到了人们的爱戴，几乎成为许多人崇拜的对象。自她的统治开始起，对"童贞女王"的崇拜就成为英国文化中的一部分，而历史上鲜少出现这样的情况。一般而言，在去世多年后，一个人的形象才会被塑造成受人爱戴的崇拜对象（例如亨利六世成为"奇迹创造者"）或邪恶的力量（"血腥玛丽"）。而伊丽莎白在去世前便已经成为传奇人物，这体现了她自身的人格魅力，说明她能以恰当的方式来展示自己的能力。尽管伊丽莎白已经去世，但她拥有着无穷的魅力，至今仍让人为之着迷。

她虚荣、善妒、暴躁，对宗教事务漠不关心，性格反复无常……她的议会成员们也常为此心烦。

第七章

伊丽莎白一世：
都铎王朝的
遗产

Elizabeth I: The Tudor Legacy

　　伊丽莎白消除了篡位者的威胁，粉碎了邻国入侵的阴谋，顺利地领导她的议会长达二十多年，现在她要把统治权扩张到海洋上。西班牙可能会前来与英格兰争夺霸权，但这位荣光女王打算将他们赶出海洋。当她注视着英格兰的版图扩张时，她亲爱的臣民则是将目光集中在这位女王身上。一个艺术、戏剧和文学的黄金时代即将在英格兰拉开帷幕，而伊丽莎白便是其中的主角之一。

The Chancellors Seat

"我或许不是狮子，但作为狮子的孩子，我有一颗狮子的心。"

长期以来，西班牙一直利用贸易路线和据点，以探险和外贸的方式获得财富。在 15 世纪获得美洲的土地后，西班牙开始在新大陆开拓殖民地。克里斯托弗·哥伦布（Christopher Columbus）在向殖民地传播基督教恩典的同时，也奴役了殖民地人民，掠夺了大量的财富，屠杀了许多人。

弗朗西斯·德雷克（Francis Drake）出身于农民家庭，但受到爱德华六世时期宗教起义的影响，他们全家从德文郡搬到了肯特（Kent）郡，他也从此走上了航海之路。他表现出水手的天赋，后来与西班牙军的冲突又激起了他的复仇心，他也是通过此役一战成名的。1572 年，德雷克以伊丽莎白的名义首次出海航行，他的目标是占领巴拿马的一个城镇作为英格兰的据点。虽然德雷克没有成功，但他和他的船员通过掠夺获得了大量的财富，回国时他已经变得十分富有。

伊丽莎白对这位传奇的探险家感到十分满意，她迫切希望从西班牙长期占据的贸易路线中分一杯羹。她赞助了德雷克的航海事业，要求他探索新大陆以外的陆地，并在 1577 年进行

对页图 这幅精美的画作展示了伊丽莎白一世在议会中的形象，她与之前所有伟大的国王一样掌握着绝对权力。尽管统治期间出现了阴谋、宗教争端和叛乱，但这位英明女王还是受到了议会和国家的爱戴。

伊丽莎白明确表示，在这次任务中，希望他能在一定程度上削弱西班牙的制海权。

跨页图 1581年，尼古拉·范·西普（Nicola van Sype）绘制了这幅令人赞叹的地图，图中有德雷克自1577年开始的环球航行路线（浅色虚线）。即使西班牙对德雷克不同寻常的航行并不在意，但他获得了英格兰民众的支持。

环球航行。伊丽莎白明确表示，在这次任务中，希望他能在一定程度上削弱西班牙的制海权。德雷克对此自然是十分乐意。

12月，五艘船从英格兰出发，但由于天气恶劣，这些船无法一同航行，因此"金鹿号"［Golden Hind，原名"鹈鹕号"（Pelican）］独自完成了环球航行。这次远征用了近三年的时间。1580年9月26日，德雷克回到英格兰，在码头上受到了女王的接见。女王十分欣赏他，立即授予了他爵士的称号。人们认为这次的远征成果丰硕。远征途中，"金鹿号"俘获并掠夺了西班牙大帆船"无玷始胎圣母号"（Nuestra Senora de la Conception）。当人们看到德雷克拿出的财宝时，这次远征更

第七章 伊丽莎白一世：都铎王朝的遗产 229

右图 1580 年，在弗朗西斯·德雷克完成环球航行后，伊丽莎白一世在"金鹿号"上授予他爵士称号。这是一幅出色的宣传画，画中将伊丽莎白描绘成了一位强大的君主，她的臣民将为她走遍世界的各个角落。

是被当作了一个上帝的奇迹。有了这六吨黄金，伊丽莎白获得的资金足以还清她的全部外债。德雷克日后还将在与西班牙无敌舰队的战争中保卫国家，帮助英格兰取得胜利。

1585 年，伊丽莎白再次召见这位受她信任的海盗船长。这次，德雷克要带领二十五艘船进入西班牙海域，他要做的是尽可能地破坏西班牙在新大陆的征收活动。德雷克的破坏工作成效显著，他在西印度群岛占领了几座城市，其中便包括西班牙新大陆的繁华之都圣多明各（San Domingo）。德雷克手下的海盗对一些城市进行了掠夺、破坏和勒索，严重地损害了西班牙的信用和贸易，他也因此臭名远扬。

战斗前的保龄球赛

当第一支西班牙舰队在普利茅斯（Plymouth）出现时，英格兰陷入了紧张的备战状态。据说，德雷克当时没有立即开始保卫他心爱的国家。相反，这位潇洒的大盗不慌不忙地结束了他正在参加的保龄球赛（见下图），然后才去迎战强大的无敌舰队。他对当地的潮汐规律了如指掌，因此认为没有必要急于应战。

虽然德雷克表现得毫不在意，但实际上他本人是反对天主教并憎恨西班牙的，在他早期的航海生涯中，西班牙人伤害过他的许多船员。

1587年，德雷克再次出征，围攻西班牙西南部的加的斯（Cadiz）。这一次，德雷克要攻击的是西班牙舰队，而腓力二世正准备通过该舰队对英格兰发动进攻。1587年4月，以德雷克率领的"伊丽莎白·博纳文图尔号"（Elizabeth Bonaventure）为首的舰队所向披靡，横扫西班牙舰队，击退了企图拦截的西班牙大帆船，摧毁和俘虏了数艘敌船。这些船只造价高昂，建造耗时数月，而西班牙军仅在几小时内就失去了它们。

离开加的斯后，德雷克的舰队前往葡萄牙，他们袭击并摧毁了沿途所有的西班牙船只，强大的船队一路势不可当。因此，西班牙人称德雷克为恶龙，腓力二世甚

第七章　伊丽莎白一世：都铎王朝的遗产　　231

至亲自出高价悬赏德雷克的首级。然而，德雷克拥有海盗的运气，他又俘获了自西印度群岛返航的葡萄牙船只"圣菲利普号"（São Filipe），这使得他又积累了一笔包括黄金、丝绸和香料在内的财富。他消灭的西班牙船只达一百艘，西班牙的入侵计划因此被推迟了整整一年。

上图　画中的海域充斥着危险与紧张。1587 年 4 月，加的斯的西班牙舰队在面对突袭时便是这样的感受，这次突袭导致无敌舰队的进攻推迟了近一年。

打压天主教徒

即使伊丽莎白已经对德雷克下达了打击西班牙舰队的明确命令，她仍旧为保障英格兰的安全做出了相应的准备。1585 年，根据《诺斯切条约》(Treaty of Nonsuch)的签署约定，罗伯特·达德利被派往尼德兰。腓力二世视这一条约的签署为宣战行为。1585 年，腓力任命的尼德兰总督帕尔马(Parma)公爵亚历山德罗·法尔内塞(Alessandro Farnese)围攻安特卫普(Antwerp)，赶走了城中的新教徒，因此信奉天主教的西班牙得以控制尼德兰的大部分地区。之后，英格兰和尼德兰签订了该条约。条约中，伊丽莎白勉强答应向尼德兰提供足够的部队来结束西班牙的包围，同时提供所需的资金来支持他们的部队，以此制止腓力二世不断扩张的王朝版图。

达德利对这份委派充满热情，尽管他的所作所为收效甚微，但他给尼德兰提供了足够的支持和资金，确保了英

下图 伊丽莎白决心对抗腓力二世，捍卫英格兰利益，她拒绝信仰天主教，这引起了罗马教廷的愤怒。图中，教皇庇护五世(Pope Pius V)颁布了一道教宗训谕，将伊丽莎白逐出了教会。与父亲一样，即使代表上帝的教皇对她感到愤怒，伊丽莎白也没有动摇。

The Popes bull against the Queene.

第七章 伊丽莎白一世：都铎王朝的遗产　233

格兰不会受到任何威胁。但达德利感到为难，因为受压迫的尼德兰人希望他的军队与其一起反抗西班牙的侵略者，而这与伊丽莎白原本的要求不符。他战败了，伊丽莎白在一封信中公开训斥了他，达德利违抗她的意愿接受了大总督的头衔，她对此非常生气。她并非看不到达德利的缺点，知道野心常常导致他轻率行事。伊丽莎白也在犹豫自己是否该为尼德兰提供太多的公开支持，因为英格兰仍在与西班牙进行和平谈判（尽管德雷克打击了西班牙舰队，但伊丽莎白通常对此事拒不承认）。不过，一切和平的可能性很快将不复存在。

> 达德利感到为难，因为受压迫的尼德兰人希望他的军队与其一起反抗西班牙的侵略者，而这与伊丽莎白原本的要求不符……

西班牙无敌舰队

都铎时期，英格兰与西班牙之间的争端反反复复，伊丽莎白继任后，两国不稳定的联盟关系破裂，爆发了彻底的战争。伊丽莎白深知，腓力二世支持一切推翻她的阴谋，以换取一个拥有天主教信仰的英格兰君主。尽管伊丽莎白没有全力支持尼德兰的新教起义，但天主教徒还是对新教在欧洲的传播感到担忧，这进一步激怒了西班牙。西班牙的海外贸易因为尼德兰的起义而受限，其贸易路线和新大陆的据点也受到了攻击，老谋深算的女王迫切想为英格兰赢得这些资源，从而进一步削弱西班牙在全球的影响力。

> 伊丽莎白深知，腓力二世支持一切推翻她的阴谋，以换取一个拥有天主教信仰的英格兰君主。

1570 年，伊丽莎白因异端罪被教皇庇护五世逐出教会，时任教皇西克斯图斯五世（Pope Sixtus V）也全力支持腓力二世以强迫英格兰回归天主教为目的的入侵，甚至承诺提供资金支持（尽管这位狡猾的教皇表示，这个承诺在西班牙舰队真正登陆英格兰海岸时才能兑现）。压垮骆驼的最后一根稻草是德雷克，他在 1587 年袭击了加的斯，摧毁了一支即将入侵英格兰的西班牙舰队。这一点，加上《诺斯切条约》的签订以及对伊丽莎白一直以来藐视腓力权威的报复心理，便足以成为他发动战争的导火索。"无敌舰队"是时候向英格兰进发了。

> 时任教皇西克斯图斯五世也全力支持腓力二世以强迫英格兰回归天主教为目的的入侵。

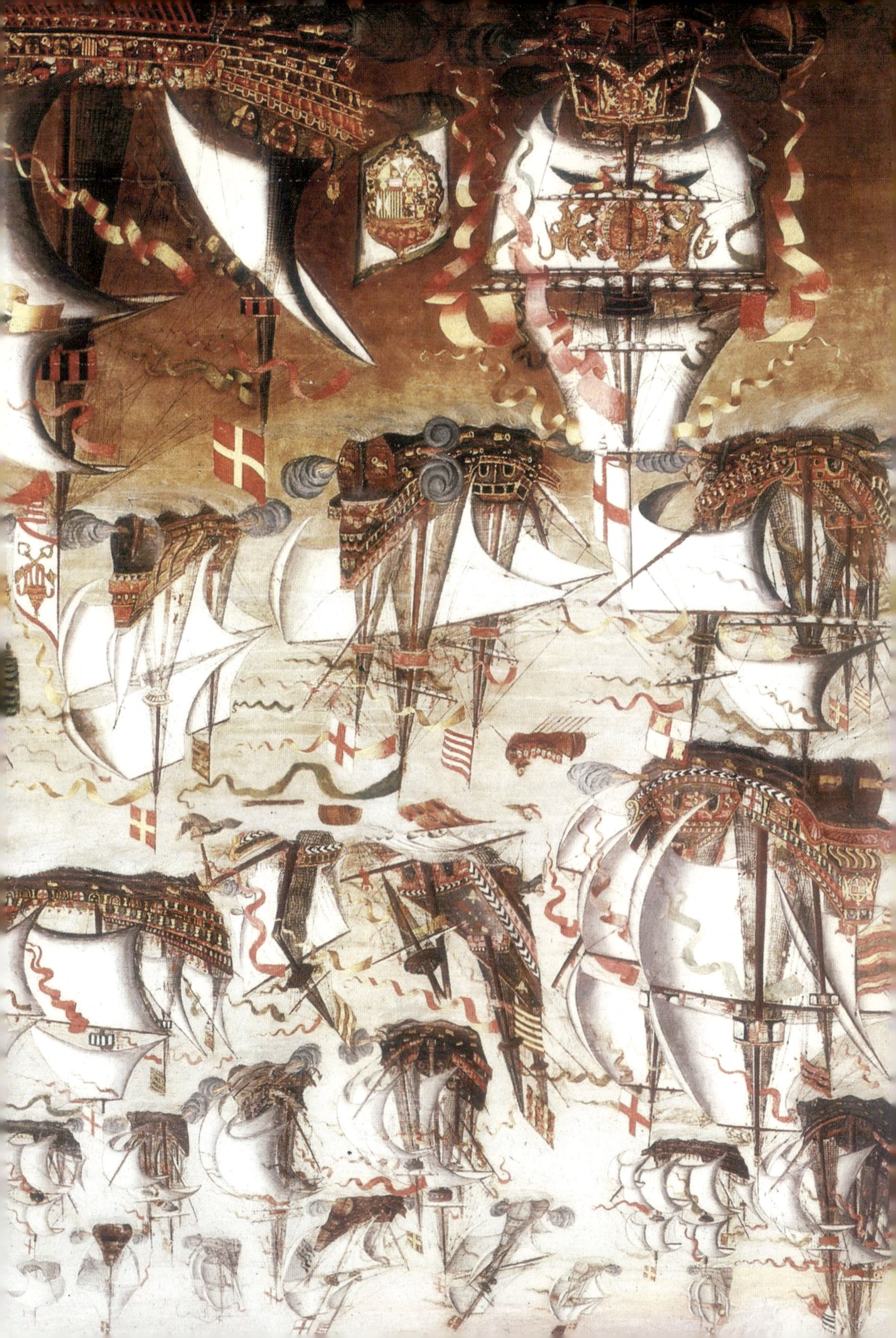

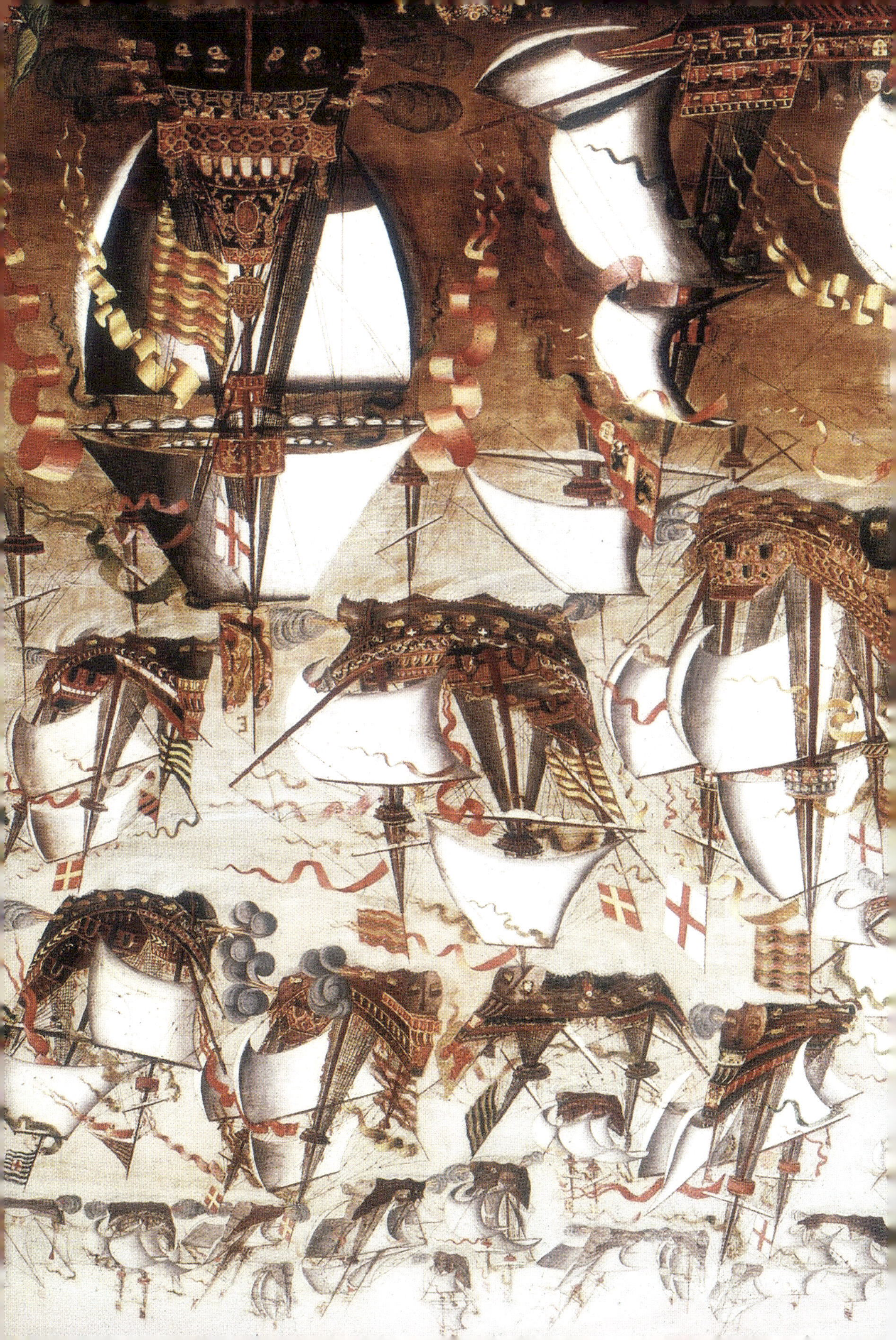

上跨页图 在无敌舰队进攻的过程中，西班牙船只在波涛汹涌的海面上面对着英国海军的强大力量。腓力号称"无敌舰队"的海军敌不过德雷克手下老练的水手，在运气和恶劣天气的帮助下，德雷克带领的英格兰海军在 1588 年击溃了西班牙舰队。

西班牙开战

在梅迪纳·西多尼亚（Medina Sidonia）公爵的带领下，西班牙计划在 1588 年入侵英格兰。梅迪纳是一位伟大的将军，但他非常缺乏海战经验，是几个月前刚刚上任的指挥官。5 月 28 日，由一百三十艘船和大约一万八千名士兵组成的舰队从葡萄牙的里斯本出发，耗时两天才离开港口。这支舰队中还有来自西属尼德兰[①]（Spanish Netherlands）的三万人，这样一支庞大的力量正在向英格兰的港口进发。最初，西班牙和英格兰之间的谈判持续了整个 6 月，但到 7 月 16 日时，双方便放弃了谈判，那时英格兰的舰队已经在普利茅斯集结完毕。紧张的局势急剧发展：英格兰军有两百艘船，该数量远超西班牙，但西班牙军持有更多可用来进攻的火力。

埃芬厄姆（Effingham）的霍华德勋爵担任英格兰军指挥，弗朗西斯·德雷克为副司令。德雷克战斗经验丰富，他很快便进行了有效的指挥工作。相比之下，缺乏经验的梅迪纳·西多尼亚公爵在自然条件不利的情况下仍在遵守着腓力的指示。最终，大自然在战争中发挥了很大的作用，西班牙舰队没能按照预期时间到达普利茅斯，其中有几艘船甚至没有完成这段旅程。西班牙军继续向怀特（Wight）岛航行，7 月 19 日，英格兰的舰队追上了它们。虽然英格兰军的武器装备不如西班牙军，但他们利用船只在速度和机动性方面的优势，避免了近距离战斗。但是，7 月 21—22 日，德雷克试图在夜色的掩护下返航来劫掠一些被遗弃的西班牙船只，战局由此发生了逆转。

西班牙军前往加来，意在与帕尔马公爵的军队在英吉利海峡会合。他们发现收发通信比预想中要困难得多，因此

[①] 西属尼德兰，约 1579—1713 年间西班牙王国霸占的低地国家南部省份，大致地区相当于现在的比利时和卢森堡。——译者注

舰队不得不停下等待，迫切地希望得到消息和支援。趁着他们还没有行动，德雷克发挥了英格兰军的优势。他下令将八艘英格兰战舰改为火船打头阵。他们在这些大船中装满可燃物，在船只驶向西班牙舰队之前将其点燃。火船压境，无敌舰队四散奔逃，许多战舰失去了防卫能力。时机已到，英格兰舰队随即开始厮杀。德雷克和他的海员利用剩余的火药烧毁了许多西班牙战舰，同时他又与这些战舰保持一定的距离，避免了敌军靠近登船的情况——这是西班牙海军惯用的战术。英格兰军在逐渐精疲力竭时便撤退了，这时他们已经在强大的无敌舰队上炸出了一个大洞。

> 他下令将八艘英格兰战舰改为火船打头阵……这些大船中装满可燃物，在船只驶向西班牙舰队之前将其点燃。

伊丽莎白获胜，西班牙战败

经过一段时间的休整，西班牙舰队中的大多数人感到筋疲力尽，他们已经做好了回国的准备。这时，伊丽莎白来到了蒂尔伯里，准备召集她忠诚的士兵进行最后的决战。她在这里发表了最著名的演说，稳固了自己在忠实的臣民心中的地位。说实话，这次演说几乎是不必要的，因为西班牙军已经做好了回国的准备，他们又饿又累，还要接受厄运和恶劣天气的进一步考验。然而，伊丽莎白指挥若定、气势磅礴的话语展现出了她令人信服和值得赞扬的品质，动人地表达了她的热忱与勇气。她的演说在今天仍能引起人们的共鸣。战斗前夕，这位将自己视为民众母亲的女王身披铠甲，骑马面对着她忠诚的部队，发表了激情澎湃的演说：

> 说实话，这次演说几乎是不必要的，因为西班牙军已经做好了回国的准备，他们又饿又累，还要接受厄运和恶劣天气的进一步考验。

有人曾出于安危的考虑，让我在面对持有武器的你们时保持谨慎，担心叛国者的出现；但我向你们保证，我发自内心地信任我忠诚和热爱的人民。让那些暴君去担心背叛吧。在上帝面前，我总是说，你们的忠心和善意便是我最大的力量和保障；因此，如你们所见，我来到了你们中间，在这样的时刻，我不是为了娱乐消遣而来，而是决心参与激烈的战

对页图 伊丽莎白一世被描绘成勇士女王的形象。画中的伊丽莎白身处蒂尔伯里，她骑在一匹白色的骏马上，正在鼓励她的军队在战争中取胜，达德利和德弗罗站在她的左右。

斗，与大家同生共死；为了我的上帝，为了我的王国和人民，为了我的荣誉和血统，即便战死也无怨无悔。

我知道，我不过是一个弱女子；但作为英格兰国王，我有着君主的雄心壮志，帕尔马、西班牙和欧洲其他的国家居然胆敢侵犯我们的领土，这是多么大的耻辱，这更甚于对我个人的侮辱。因此，我将拿起武器，成为你们的统帅和法官，奋勇杀敌的战士们，我要嘉奖你们的勇敢。

我知道，你们一路披荆斩棘，应该得到赏赐与嘉奖；看看腓力二世那儿的情况，我向你们担保，西班牙军将难敌善战的你们。我的中将代表我，以前腓力从未如此重视过他。请相信，跟随我的中将，团结勇敢地战斗吧，我们将很快迎来巨大的胜利，那些与我的上帝、我的王国和我的人民为敌的人将很快被我们打败。

"你们一路披荆斩棘，应该得到赏赐与嘉奖；看看腓力二世那儿的情况，我向你们担保，西班牙军将难敌善战的你们。"

伊丽莎白发表了这段意义非凡的演说。之后没过多久，溃败的西班牙舰队便开始返程。他们选择了苏格兰和爱尔兰的公海，不愿意在英格兰附近的英吉利海峡上航行。然而，不可思议的是，剩余的舰队受到了大风和暴雨的摧残，最终因恶劣天气损失的士兵和船只数量比战争中损失的还要多。这或许是巧合使然，许多人认为这是上帝的旨意。当年从西班牙出发的"无敌舰队"，最终只有一半人顺利地回到了故国，其中许多人在回到西班牙后还死于传染病。

相比之下，英格兰的损失较小（尽管英格兰也遭受了传染病的肆虐），尽管德雷克的舰队没有赢得彻底的胜利。不过，舰队已经发挥了自身的优势，出色地应对了极具威胁性的对手，将其打得溃不成军。人们感受到了强烈的民族自豪感，伊丽莎白也确保了她在历史和人民心中至高无上的地位。人们认为上帝是支持女王的，一时间新教信仰盛行，尽管这样的迷信原本是天主教的传统观念。有了辉煌的胜利，伊丽莎白进一步扩张海军并向西班牙派遣舰队的时机已经成熟。尽管这次的反击战收效甚微，但英格兰国内仍旧保持着高涨的民族自豪感。

有了辉煌的胜利，伊丽莎白……向西班牙派遣舰队的时机已经成熟。

C.L. Doughty

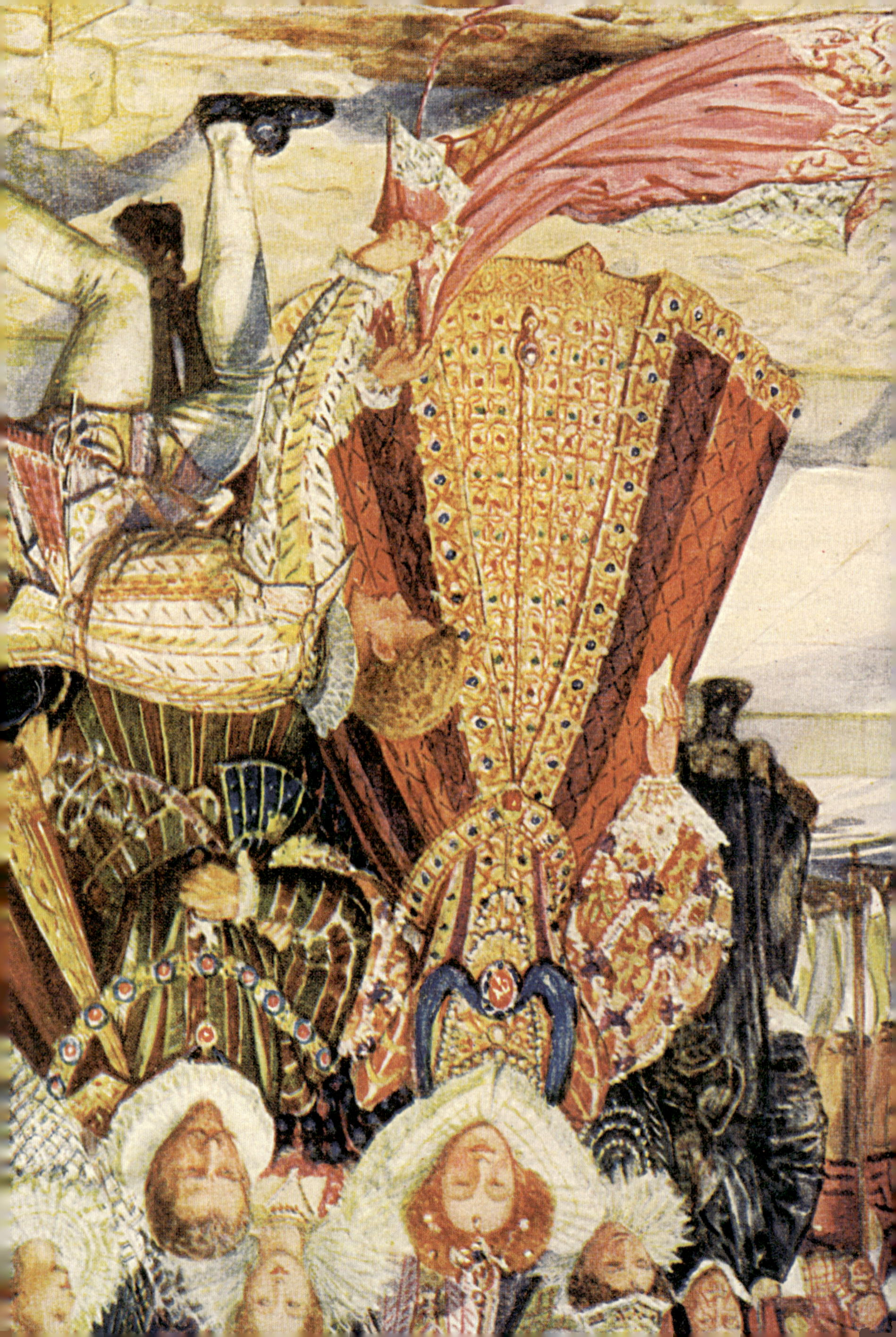

第七章　伊丽莎白一世：都铎王朝的遗产　241

私掠船船长

私掠船船长是海盗的别称。经政府批准，一名私掠船船长有权在战争期间攻击外国船只。动用私掠船船长能使王室从专属的私人船只以及航程中获益，而无须支付船只或官员的费用。对于私掠船船长而言，由于任何战利品都是由船员们共同瓜分，他们也能从中获得大量的财富。

德雷克可能是英国最著名的私掠船船长，但除此之外还有许多和他一样的人勇敢地在海上探险寻宝，享受他们的工作以及从中赢得的战利品。

尽管伊丽莎白领导英格兰成功地击退了西班牙军的入侵，但敌对的两国之间仍没有回归和平。伊丽莎白往往不愿意发动不必要的战争。与她以战争为荣的父亲不同，伊丽莎白极力避免将她的国家卷入毫无结果且代价高昂的冲突当中，也许她从玛丽一世对加来的错误中吸取了教训。然而，她将不惜一切代价保卫英格兰的安全，在必要时也会采取残酷的破坏性手段。

对页图　另一幅精心设计的伊丽莎白肖像画，这一标志性的场景捕捉到了具有骑士精神的沃尔特·雷利在女王的路上扔下新斗篷的时刻，避免她的脚被泥泞水坑弄脏。

雷利：高贵的骑士

沃尔特·雷利（Walter Raleign）在爱尔兰服兵役期间引起了伊丽莎白的注意。他很快便成为女王的另一名宠臣，据说他将自己的斗篷铺在伊丽莎白经过的路上，以此来让她的脚保持干净，这体现出他谦卑的骑士精神。雷利将新大陆视为英格兰版图未来的扩张方向，并于 1584 年前往北卡罗来纳（North Carolina）的罗阿诺克岛（Roanoke），打算在弗吉尼亚（Virginia）建立一个殖民地。他没有成功，但伊丽莎白并没有因此冷落他，而是将这位新宠臣留在了身边。1587 年，雷利被任命为警卫队长，随后他又在 1600 年成为泽西岛总督。德弗罗在女王面前诋毁他，毫不隐瞒自己对雷利的嫉妒，试图动摇女王对他的看法。尽管如此，伊丽莎白还是授予了雷利管控葡萄酒买卖和布匹出口的权力，使他获得了财富与权势。雷利一路平步青云，如果他没有结婚，甚至可能会取代自负的德弗罗在女王身边的位置。

雷利的失宠

伊丽莎白过于自负，甚至到了自恋的地步，她期望宠爱的臣民心中只有她一人。因此，当得知雷利与他的爱人伊丽莎白·斯罗克莫顿（Elizabeth Throckmorton，更糟糕的是，她是弗朗西斯·斯罗克莫顿的亲戚，而后者过去因密谋推翻伊丽莎白遭到了处决）秘密结婚时，伊丽莎白十分恼火。她将雷利及其妻子伊丽莎白都关进了伦敦塔，并剥夺了雷利的重要头衔和财富来源。即便如此，雷利仍然能够用现有的财富过上自由的生活，但他失去了在宫中的地位。

下图 1584 年，伊丽莎白又一次取得重大胜利——沃尔特·雷利以她的名义在弗吉尼亚建立了殖民地。尽管雷利抱有希望，但该殖民地从未有过什么发展。在雷利瞒着女王结婚后，他被剥夺了特权。

塞翁失马，焉知非福，虽然雷利被驱逐出宫，但他也因此获得了自由，能够前往新大陆圭亚那（Guyana）。雷利希望在那边建立起据点，他远征也是为了找到传说中的"黄金之城"埃尔多拉多①。他从未发现这座城市，但仍然相信它的存在。1617 年，他与儿子沃尔特［Walter，也被称为瓦特（Watt）］一起回到新大陆。这次的航行是一场灾难，他的儿子瓦特在途中去世。之后，雷利本人也被詹姆斯一世处决，因为在伊丽莎白去世后，詹姆斯

---

① 埃尔多拉多（来自西班牙语"El Dorado"，意为"黄金国"）是神话中南美洲的一片盛产黄金的土地。这个神话首次出现于 1536 年，相信它的西班牙征服者很快将其传播。——译者注

第七章　伊丽莎白一世：都铎王朝的遗产　　243

左图　尽管雷利因为秘密结婚失去了伊丽莎白的青睐，但在伊丽莎白的晚年，他还是与这位反复无常的女王缓和了关系。后来，雷利再次与西班牙产生了冲突，对詹姆斯一世来之不易的和平造成了威胁，这一次他没有再受到命运的眷顾。1618年，雷利被判处极刑。

雷利希望在那边建立起据点，他远征也是为了找到传说中的"黄金之城"埃尔多拉多。他从未发现这座城市，但仍然相信它的存在。

已经与西班牙达成和平协议，而雷利的所作所为有再次引发战争的危险。

在伊丽莎白去世前，雷利再次回到她的身边，成为德文郡、多塞特郡和康沃尔郡的议员。他的探险经历使他获得了民众的支持，尽管许多贵族和议会成员都反对他。雷利是英格兰的英雄，他一直是一名富于幻想的勇士，总是对自身行动寄予厚望，尽管这些从未成为现实。

244　都铎王朝

右图 图中为伊丽莎白一世与她的间谍首脑兼大臣弗朗西斯·沃尔辛厄姆，这是两人在发现巴宾顿阴谋后商议对策的场景。起初，伊丽莎白不愿意判处苏格兰女王玛丽死刑。

沃尔辛厄姆：间谍首脑

　　伊丽莎白的首席秘书兼间谍首脑弗朗西斯·沃尔辛厄姆帮助他心爱的女王击碎了许多旨在推翻她的阴谋。他认为女王是合法的君主，是带领英格兰摆脱教皇专制的救世主。他与塞西尔一样，担心伊丽莎白被天主教的统治者取代，而在她担任女王的几十年中，英格兰一直被统一在新教信仰之下。虽然与伊丽莎白相比，沃尔辛厄姆的宗教观念更偏向于清教，但他支持她循序渐进的想法，因为这样便不会重蹈玛丽的覆辙，能够避免可怕流血事件的发生。沃尔辛厄姆是贵族出身，起初担任外交使臣，他是伊丽莎白最出色的间谍，能够隐秘而敏锐地收集情报，这是他对伊丽莎白的最大用处。1570 年的里多尔菲阴谋，以及后来斯罗克莫顿和巴宾顿废黜伊丽莎白的阴谋，都是他发现的。沃尔辛厄姆甚至利用他的间谍网络诱使苏格兰女王玛丽自投罗网，为伊丽莎白及其议会提供了玛丽参与阴谋的确切证据。

沃尔辛厄姆的间谍遍布欧洲，远至北非，贵族、商人甚至大使的顾问都能为他所用。他一向警惕，利用间谍网络来获取有关西班牙无敌舰队的情报。他的手下既提供情报又操纵信息，会借机向敌方散布错误信息。沃尔辛厄姆是伊丽莎白以及英格兰的狂热支持者，经常利用自己的财富和资源获取信息。他诸多间谍中比较有名的是剧作家克里斯托弗·马

下页图 图中为罗伯特·塞西尔，他是伊丽莎白所信任的顾问和朋友威廉·塞西尔的儿子。改朝换代有时会出现一些棘手的难题，而塞西尔总能对此做出恰当的应对，他见证了都铎王朝君主制的结束以及詹姆斯一世斯图亚特时代的开始。

马洛之死

克里斯托弗·马洛的一生充满神秘色彩，有传言称莎士比亚的几部剧作是由他代笔的。他的死亡也是一个谜。1593 年 5 月 18 日，议会发出了对马洛的逮捕令。两天后，马洛向议会自首，他被告知，在接到新指令前每天都需要来到议会。这种情况一直持续到 5 月 30 日。那天，在一次看起来像是酒后闹事的争吵中，马洛突然被恶毒地刺死。当时，他与沃尔辛厄姆的同僚一起喝酒，其中一位名叫英格拉姆·费瑟（Ingram Frizer）的人与他就"结账"问题发生了争执。费瑟声称他刺死马洛是出于自我防卫，并受到了审判，但不久后他便获得了赦免。关于马洛的死有许多传言，比如他的死亡是为了帮助他隐藏身份而伪造的，又或者下令除掉他的是雷利、塞西尔甚至伊丽莎白本人。无论真相如何，马洛华丽的戏剧作品与他声名狼藉的私生活使他至今仍是人们心中的传奇人物。

洛（Christopher Marlowe）。由于工作性质特殊，任何间谍都不会暴露自己的身份，但人们都知道马洛曾参与过国家"事务"。因为作为学生的他十分富有，并且塞西尔在1592年免除了他伪造货币的指控。

尽管沃尔辛厄姆常年身体状况不佳，但到1590年去世前，他都在继续从事情报工作，对女王也一直忠心耿耿。他的女儿弗朗西丝（Frances）有过三次婚姻，第二任丈夫是伊丽莎白的宠臣罗伯特·德弗罗。沃尔辛厄姆去世时留下了巨额的债务，这可能是他在担任间谍首领期间的支出所导致的，这些资金本应由王室承担。此外，他还留下了一份具有争议的遗产。显然，沃尔辛厄姆多次挽救了伊丽莎白一世的性命，但他的许多事迹仍旧是疑点重重，毕竟他是一个为达目的不惜使用诱骗或武力手段的人。然而，对于这位伊丽莎白最难以捉摸的手下，我们对他的实际性格还知之甚少。

显然，沃尔辛厄姆多次挽救了伊丽莎白一世的性命，但他的许多事迹仍旧是疑点重重……

罗伯特·塞西尔：调停者

沃尔辛厄姆去世后，伊丽莎白新的宠臣将接替空缺的大臣职位。罗伯特·塞西尔（Robert Cecil）是柏利（Burghley）勋爵威廉·塞西尔的儿子。自 1591 年以来，他一直是枢密院的一员。1598 年，他的父亲去世，自那以后，罗伯特便与父亲一样，成为伊丽莎白最信任的顾问。在女王动荡的统治期间，塞西尔家族一直忠心地支持着她。他们在议会中具有稳定的地位，这是那些更大胆而潇洒的朝臣们所不具备的优势。罗伯特·塞西尔的优势还在于他懂得变通，这对都铎王朝任何一位政治家来说都是一个有益的品质。伊丽莎白享受被容貌出众的奉承者簇拥的感觉，但是塞西尔并不像她的大多数宠臣那样引人注目或是英俊潇洒。

女王称塞西尔为"小矮人"或"小精灵"，因为他驼背且身材瘦小。罗伯特·德弗罗视他为争夺女王宠爱的对手，并利用塞西尔的身体畸形来攻击他。

然而，塞西尔拥有出色的管理能力与协调能力，与德弗罗相比，他能更好地看准时机。1601 年，德弗罗因叛国罪受到审判，这位自大的伯爵终于遭到了塞西尔的报复。

下图 埃塞克斯伯爵罗伯特·德弗罗是一个富有魅力且性格强势的人。他认为自己在伊丽莎白心中拥有无可取代的位置，因此对她十分放肆，但女王总是会原谅他。他也有疯狂的嫉妒之心，曾试图挑拨伊丽莎白与雷利和塞西尔之间的关系。

罗伯特·塞西尔还与苏格兰的詹姆斯六世保持了数年的秘密通信，与他的合作确保了自己在伊丽莎白去世后在王朝中的位置。他谨慎地考虑女王的年龄以及她对继任者的想法，巧妙地确保了自己日后在斯图亚特王朝的议会中能享有一席之地。1605年，继任的英格兰国王詹姆斯一世封他为索尔兹伯里伯爵，任命他为间谍首脑，充分地发挥了他敏锐和耐心的品质。

德弗罗：莽夫

1587年，埃塞克斯伯爵罗伯特·德弗罗成为伊丽莎白的宠臣，并在同年取代达德利成为御马官。当时，达德利在父亲去世后便迎娶了德弗罗的母亲莱特斯·诺莉斯。1588年，达德利去世。在这之后，德弗罗代替达德利继续征收葡萄酒的关税，这是王室巨大的收入来源之一。1593年，他成为枢密院的成员。德弗罗富有魅力，易于亲近，但他傲慢地认为自己在伊丽莎白心中有特殊的位置。他的年轻和口才吸引了年迈的女王，和达德利一样，他让伊丽莎白感受到了曾经的年轻与美丽。虽然他在女王的身边和议会中拥有一席之地，但德弗罗行事鲁莽轻率。他梦想成为一名运筹帷幄的伟大将领，毫不夸张地说，这位莽夫有如此雄心壮志真令人难以置信。

1594年，德弗罗确实发现并阻止了一个推翻伊丽莎白的阴谋。当时女王的宫廷医生罗德里戈·洛佩斯（Rodrigo Lopez，被认为是莎士比亚笔下夏洛克的灵感来源）与西班牙密谋要毒死她。但德弗罗并没有因此获得人们的赞美或支持，尽管他认为这是自己应得的。据说，伯爵对伊丽莎白授予其他人高于他的权力地位感到愤怒。他获得了不少机会，之后在九年战争期间被派往爱尔兰对抗休·奥尼尔。这场战争成了一场灾难，德弗罗缺乏战争的经验，许多士兵因此而白白牺牲。伊丽莎白要求他进攻爱尔兰叛军，但他无视了女王的命令，转而与奥尼尔讨论休战事宜。随后，他又提前撤回到伦敦，伊丽莎白严厉指责了他不遵守命令的傲慢行为。

第七章　伊丽莎白一世：都铎王朝的遗产　　249

最终，德弗罗因为太过放肆遭到了软禁，但伊丽莎白还没决定好如何处理这位自负的伯爵。即便这是来自女王的命令，德弗罗也无法接受惩罚，他在 1601 年初策划了一场推翻女王的政变。没有人愿意支持他。整个王国都看清了德弗罗的真面目，他若是掌握大权必将造成灾难，而这是伊丽莎白一直以来都没有意识到的问题。女王终于无法再忍受德弗罗的行为，为了避免造成更大的危害，于 2 月 25 日将他斩首。

上图　德弗罗得到了挽回自己诸多过失的机会，伊丽莎白派他前往爱尔兰结束九年战争。可他无视命令，计划与休·奥尼尔会面讨论休战事宜。这幅插图是两人在 1599 年会面时的场景。

安茹公爵：耐心的追求者

伊丽莎白不愿像姐姐那样为了与他国结盟而联姻，尽管议会之前已经对女王的丈夫设立了相关的限制性条款，只允尽管年龄存在差距，但经历了两人长期的亲密关系后，安茹公爵成为继达德利后最可能与女王结婚的追求者。

下图 图中，伊丽莎白的"青蛙"看上去是一位富有魅力、穿着讲究的年轻人，他正是女王四十六岁时的理想丈夫人选。然而，即便是他也未能俘获女王的心。

许他在婚姻期间拥有英格兰国王的权力。事实上，她拒绝的第一个外国追求者便是玛丽的丈夫腓力二世，他在伊丽莎白加冕后不久便向她求婚。根据她自己的想法以及议会的建议，伊丽莎白很快便与奥地利大公查理二世（Charles II）进行了持续近十年的联姻谈判。后来，英格兰与哈布斯堡家族之间的联盟关系变得不再重要，这场谈判才得以结束。

伊丽莎白还有怀孕能力（只是可能）时，就被迫先后与安茹公爵亨利——后以亨利三世（Henry III）的身份继承法国王位——及其弟弟兼继任者安茹公爵弗朗索瓦协商婚约，兄弟两人都是亨利二世和凯瑟琳·德·美第奇（Catherine de Medici）的儿子。当二十四岁的安茹公爵弗朗索瓦向伊丽莎白求婚时，伊丽莎白已经四十六岁了。事实上，伊丽莎白怀孕生产的可能性极低，也没有明确的继承人，因此她的顾问们认为这场婚姻是不明智的，他们不希望英格兰受到法国的控制。然而，伊丽莎白看起来至少当初是喜欢弗朗索瓦的，她戏称对方为她的"青蛙"，因为她被赠给了一只青蛙形状的耳环。

尽管年龄存在差距，但经历了两人长期的亲密关系后，安茹公爵成为继达德利后最可能与女王结婚的追求者。虽然她起初可能是为了加强与法国的联盟关系，但他们的关系很快便发展成了带有暧昧和浪漫的感情。有趣的是，这和玛丽与腓力的婚姻有一些相似之处：两位女王的伴侣都是来自外国的天主教徒。若两人结婚，伊丽莎白便不得不与安茹公爵共同统治她心爱的国家，这也很

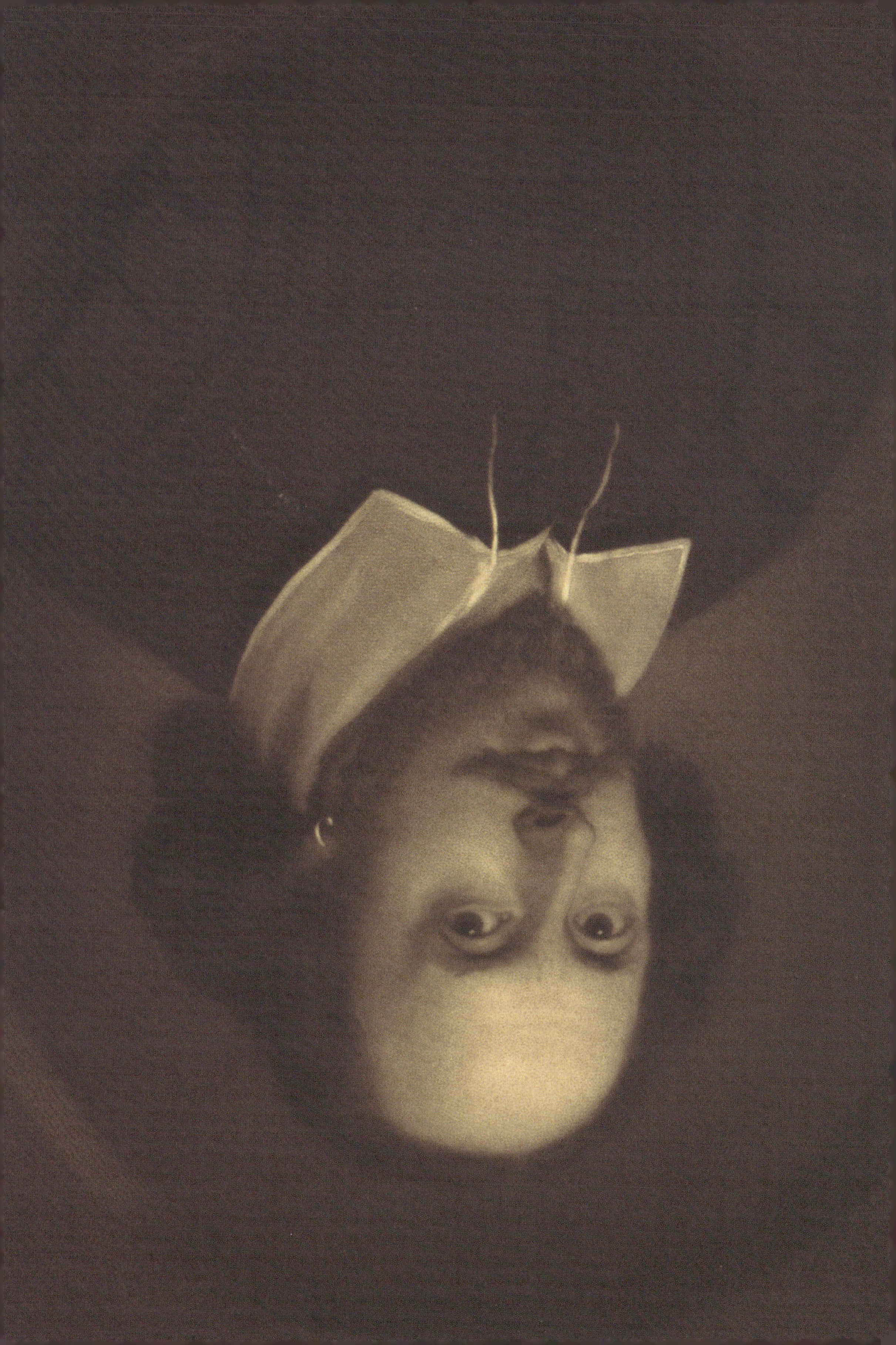

上页图 剧作家威廉·莎士比亚为伊丽莎白创作了几部戏剧，其中都铎家族及其先人都扮演了形象正面的重要角色。

女王爱好风流韵事，她将自己想象成一名可怜的少女，因为对外界情况无能为力而被迫与心上人分开。

可能让她不能再如往日那般风流。此外，十分关键的一点是伊丽莎白生下孩子和继承人的可能性已经越来越小，这场婚姻也因此变得毫无意义。

女王看人一贯秉持着较高的标准，因此作为丈夫人选的弗朗索瓦并没有达到人们的期待。他是国王的弟弟，小时候曾患过天花，在皮肤上留下了疤痕，他的身材也非常矮小。然而，弗朗索瓦很快便用法国人的翩翩风度和高雅举止取悦了女王。他们在宫中共同度过了浪漫的时光，断断续续地互相陪伴了三年。

安茹公爵在英格兰王宫中住了几个月，在这期间议会翻来覆去地争论他与伊丽莎白的婚姻问题。伊丽莎白可能就是想选择这样一位具有争议的伴侣来拖延时间，她不会找一个可靠且受人尊敬的英格兰男人作为丈夫，因为这样议会便会毫不犹豫地让她结婚。然而，她似乎真的越来越喜欢对方，保留着他寄来的情书，还跟人热情地谈论他。1581 年 11 月，弗朗索瓦回到宫中，为这桩婚姻做出了最后的努力。在一段时间中，他似乎是成功的，伊丽莎白公开宣称将嫁给他，甚至向他赠送了一枚戒指作为承诺。

然而，伊丽莎白的热情很快便冷却了，她重新开始考虑政治局势与议会的建议。议会的态度无疑给了她一个很好的借口，因为许多成员仍然在反对这桩婚事，他们向女王保证，这场婚姻肯定会引起民众的强烈不满。安茹公爵表现出的愤怒并不会有利于他的求婚，但他已经失去了耐心，而且其愤怒也是情有可原的。女王爱好风流韵事，她将自己想象成一名可怜的少女，因为对外界情况无能为力而被迫与心上人分开。弗朗索瓦最终在 1582 年离开了伊丽莎白与英格兰，女王迟疑不决、反复无常的态度打破了他对婚姻的一切期望。讽刺的是，在他离开时，伊丽莎白为他写了一首充满爱意的诗，题为《此君离别后》（*On Monsieur's Departure*），并在诗中表达了她出于女王责任放弃爱情后内心的"真实"情感。

环球剧场

伊丽莎白可以命令整个剧团来为她演出，但平民和其他没有特权的人只能在环球剧场（Globe theatre，下图是 19 世纪的一位画家想象中的剧场情形）观看演出。如今，环球剧场矗立在伦敦泰晤士河畔。该剧场最初建于 1598 年，但在 1613 年演出《亨利八世》期间被大火焚毁。后来，人们根据其原有的圆形露天造型重建了剧场，该剧场于 1997 年开放。

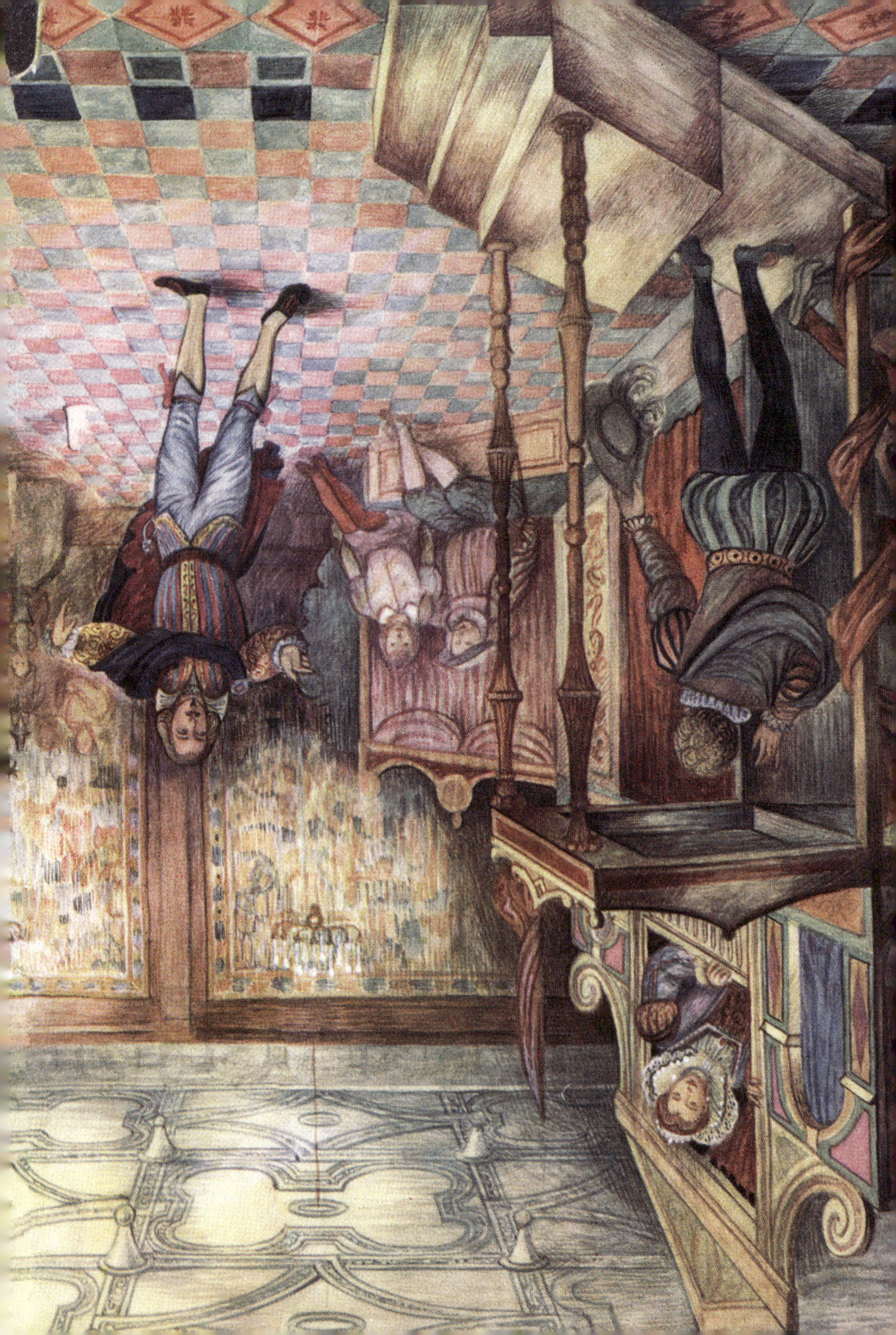

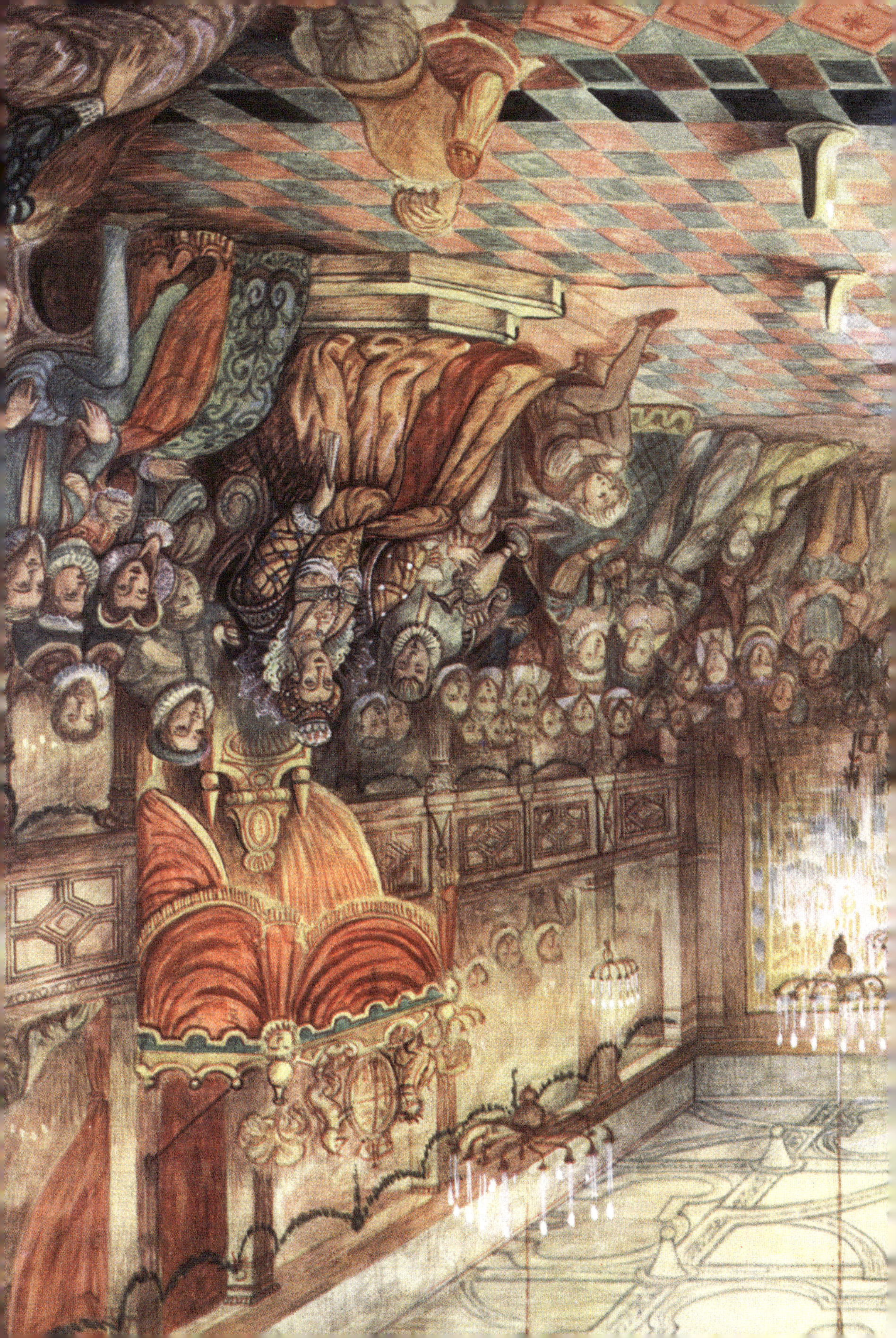

上跨页图 1594 年 12 月 26 日的圣斯蒂芬日（St. Stephen's Day），格林威治宫华丽上演了一部莎士比亚的戏剧。插图中，张伯伦勋爵剧团正在为女王和宫中众人们表演《维洛纳的二位绅士》（Two Gentlemen of Verona）。

莎士比亚为伊丽莎白创作了许多戏剧，这些作品会出现在重大的宫廷演出中……

黄金时代

伊丽莎白的统治时期被称为"黄金时代"——这是人人皆知的概念——当时英格兰涌现了大量的戏剧与散文作品，女王自己也留下了诗作。经历了都铎王朝和前几个世纪的发展变迁，英格兰文艺复兴时期的到来可谓是恰逢其时。当时，英格兰宗教统一，政府高效，还在不久前打败了令人恐惧与憎恨的西班牙。文学、艺术、戏剧、音乐、探险以及科学发现百花齐放，其中几位最为著名和受欢迎的人物对英格兰产生了重要影响。

伟大的威廉·莎士比亚可以说是这一时代最为出名的艺术创作者，其戏剧和诗歌至今仍受到人们的喜爱。莎士比亚为伊丽莎白创作了许多戏剧，这些作品会出现在重大的宫廷演出中，主要的观众便是女王和她宠爱的臣民。著名的张伯伦（Chamberlain）勋爵剧团[①]由亨利·凯里（Henry Carey）创立，他负责为伊丽莎白招募宫廷表演者。据说，伊丽莎白非常喜爱《亨利四世》（Henry IV）的上下篇，以及《爱的徒劳》（Love's Labour's Lost）。在女王表达了对福斯塔夫（Falstaff）这个人物的喜爱之后，莎士比亚便又以他为主角创作了《温莎的风流娘儿们》（The Merry Wives of Windsor）。剧作中，这位肥胖自大的骑士想占有富绅的妻子，由此遭到了她们滑稽的戏弄。莎士比亚精心创作的戏剧题材广泛，涉及了魔法、神秘和想象中的世界，而他笔下的悲剧和历史剧则囊括了人类从幸福到绝望的全部情感。莎士比亚是历史上作品被他人引用最多的作家之一，关于他的传闻都十分有趣，他的生活和作品也仍然是人们灵感和民族自豪感的来源。

伊丽莎白时期涌现出了大量的文艺作品，人们认为这要归功于她实行宗教改革带领国家脱离了天主教会。弥撒仪式

---

① 张伯伦勋爵剧团是伊丽莎白一世时期伦敦最成功的剧团，以资助剧团的贵族命名，莎士比亚也是合伙人之一。——译者注

第七章 伊丽莎白一世：都铎王朝的遗产　257

斯宾塞的史诗：《仙后》

　　埃德蒙·斯宾塞的《仙后》这首诗最初于 1590 年出版，歌颂了女王非常欣赏的伊丽莎白时代的美德。诗中，象征着荣耀和美丽的仙后格罗丽亚娜（该名的寓意为伟大岛屿上的杰出女性）便代表着她。我们还看到了贬义的隐喻杜伊莎（Duessa，寓意谎言），这代表了苏格兰女王玛丽。诗中的人物可以分成两组，美德主要象征着新教教会，而教皇、罗马天主教会及其支持者则是邪恶的化身。甚至亨利八世也以狮子的形象出现，象征着荣誉。诗人将伊丽莎白描绘为永远年轻和美丽的格罗丽亚娜，这正是伊丽莎白希望自己能够留在人们记忆中的印象。

不再如之前那般隆重，许多宗教庆典也不再举行，人们需要寻求新的乐趣。剧院很快便成为人们的选择。虽然伊丽莎白本人从未像一些王室成员那样明确地成为艺术家的赞助人，但她乐于接受他们的崇拜。诗人埃德蒙·斯宾塞一直崇拜着女王，他的作品《仙后》（The Faerie Queene）将女王视为女神格罗丽亚娜（Gloriana）的象征。诗中，格罗丽亚娜如梦幻般美好，受到了人们的崇拜，骑士亚瑟（Arthur）希望能娶她为妻。有趣的是，《仙后》里的人物与几位王室成员以及都铎

伊丽莎白时期涌现出了大量的文艺作品，人们认为这要归功于她实行宗教改革带领国家脱离了天主教会。

对页图 图中是被称为"勇士女王""童贞女王"和"英明女王"的伊丽莎白，衰老的她失去了从前的美貌。这尊栩栩如生的雕像装饰着她在威斯敏斯特教堂的坟墓，看来即使是仙后也无法与时间抗衡。

家族的其他成员有一些相似之处，因此我们可以将其当作女王和新教视角下的 16 世纪英国生活寓言。

伊丽莎白是一名狂热的音乐爱好者，她喜欢亲自演奏。她在参与弥撒时必须要吟唱多首心爱的赞美诗，而这些赞美诗在爱德华六世时期曾遭到禁止。意大利作曲家葛塔诺·多尼采蒂（Gaetano Donizetti）①深受都铎王朝的影响，根据都铎家族的生活创作了许多歌剧。其中，《玛丽亚·斯图亚达》（*Maria Stuarda*）改编自弗里德里希·席勒（Friedrich Schiller）②的戏剧。该作品讲述了伊丽莎白与玛丽之间戏剧性的会面，尽管这实际上并未发生。除了多尼采蒂以外，还有许多音乐家、艺术家和作家也受到了都铎王朝生活的影响。都铎家族的故事还成为许多小说、电影、戏剧和电视节目的内容，其中关于伊丽莎白最出名的便是《黑爵士二世》（*Blackadder II*）③中的"女王"角色。女王形象甚至还出现在了电子游戏中。

遗产

1603 年 3 月 24 日，女王伊丽莎白一世去世。她最后将继任者指定为苏格兰的詹姆斯六世，后者由此成为英格兰国王詹姆斯一世，第一位同时统治两个国家的君主。与玛丽一世去世时的情形不同，这一次人们没有感到幸福和解脱，伊丽莎白忠实的臣民为失去心爱的君主而悲伤，因为他们知道女王死后稳定的生活将不复存在。伊丽莎白被葬于威斯敏斯特教堂，她躺在亲人的身边，与他们在死后实现了生前不曾有过的团聚。

---

① 葛塔诺·多尼采蒂（1797—1848），意大利著名歌剧作曲家，他的作品被视为 19 世纪初美声歌曲的典范之一，其代表作为《拉莫莫尔的露琪亚》。——译者注
② 弗里德里希·席勒（1759—1805），德国伟大的戏剧家、诗人、哲学家与历史学家，是与歌德齐名的德国启蒙文学家。——译者注
③ 1986 年播出的英国历史喜剧，共六集，故事承接第一季《黑爵士一世》，讲述了都铎王朝伊丽莎白一世时期的故事。——译者注

260 都铎王朝

上图 在这幅具有讽喻意味的画作中，亨利八世与他的子女们站在一起。爱德华手持正义之剑。左边的玛丽和腓力与战争之神玛尔斯（Mars）站在一起，而右边的伊丽莎白为英格兰带来了和平与富足，她的继位标志着不和谐的结束。

　　伊丽莎白清楚地知道该如何满足臣民的要求。这绝不是一个繁荣的时代，但在女王好奇心的驱使下，整个国家在各方面都取得了可观的发展。她早已民心在握，并且一直以来都能凭借自己出色的领导力获得众人的拥护。伊丽莎白被民众亲切地称为"英明女王"，她的一生是命运、幸运、权力和个性的传奇。

　　伊丽莎白将在历史上占有一席之地，这一点在她去世前便是可以肯定的。关于她生活的秘闻仍然令人着迷，尽管随着她的离世我们无法再得知真相。即使她的故事已经结束，但这位英明女王和整个都铎王朝还在散发着无限的神秘魅力，不断引起人们的兴趣与好奇。

对页图 图中为斯图亚特王朝的开国君主、英格兰国王詹姆斯一世兼苏格兰国王詹姆斯六世，该画像由佛兰德斯艺术家保罗·范·萨默（Paul van Somer）创作。詹姆斯将象征都铎王朝的玫瑰和象征苏格兰的蓟花结合在一起，统治苏格兰、英格兰和爱尔兰长达二十二年。